REFLEXIVES ENTWERFEN
REFLEXIVE DESIGN

T0338932

REFLEXIVES ENTWERFEN
REFLEXIVE DESIGN

Margitta Buchert (ed.)

a_ku   jovis

INHALT CONTENTS

PREFACE

Margitta Buchert

The formative role of research-based design strategies in architectural developments in the modern era up until today has hitherto only been partially recognized. At the same time, in Germany and in European contexts, increasing importance has been accorded in recent years to discourses about design research. This interest has led to a series of productive approaches, through academic events and publications in architecture and associated disciplines.[1] There are frequent references to research expectations imposed from the outside on architecture as an academic discipline, especially by politics and by current higher education development concepts, as reasons for the discourses. However, not enough attention is paid to the intrinsic qualities that can come to the fore by explicitly addressing the connections between design and research in architecture.[2]

How does a contemporary understanding of architecture and design manifest itself, when it is focused on from the perspective of research? In what ways is reflexivity part of the practice of design? What specific forms of knowledge, methods, and modes of perception, and what transferable possibilities for creative analysis and transformation does it open up within architectural design and research? In relation to this, this book seeks to show its scope and potential and to provide a stimulus for further discussion.

REFLEXIVE DESIGN puts forward an integrative approach to the genesis and interpretation of design and research in architecture, with regard to both theory and practice. The reflexive and reflexivity are in many ways an indication of the reciprocal nature of empirical and rational references to the world and to the self, and they also represent an in some cases critical consideration of the bases, premises, and potential of design and research practices in architecture and urban design and their cultural and projective contexts. REFLEXIVE DESIGN provides the opportunity to step back from specific expectations and requirements, through a high degree of open-endedness. This involves theory

VORWORT

Margitta Buchert

Die formative Rolle forschender Entwurfsstrategien für architektonische Entwicklungen der Moderne bis in die Gegenwart ist bislang nur in Teilen erkannt. Gleichzeitig wird entwurfswissenschaftlichen Diskursen in den letzten Jahren in Deutschland und in europäischen Kontexten eine deutlich wachsende Bedeutung beigemessen. Dieses Interesse hat zu einer Reihe von produktiven Ansätzen in wissenschaftlichen Veranstaltungen und Veröffentlichungen der Architektur und benachbarter Disziplinen geführt.[1] Wiederholt wird als Anlass der Diskurse auf von außen an die Architektur als akademische Disziplin herangetragene Forschungserwartungen verwiesen, vor allem von der Politik und von gegenwärtigen Hochschulentwicklungskonzepten. Dabei gerät jedoch in den Hintergrund, welche intrinsischen Qualitäten mit der expliziten Thematisierung der Zusammenhänge von Entwerfen und Forschen in der Architektur verbunden sein können.[2]

Wie zeigt sich ein zeitgenössisches Architektur- und Entwurfsverständnis, wenn es mit der Perspektive des Forschens fokussiert wird? Wo und wie ist das Reflexive mit der Praxis des Entwerfens verwoben? Welche spezifischen Wissensformen, Verfahren und Erkenntnisweisen und schließlich welche, auch transferfähigen, Möglichkeiten zur kreativen Analyse und Transformation öffnen sich im Blick auf das architektonische Entwerfen und Forschen? Vor diesem Hintergrund sucht das vorliegende Buch Reichweiten und Potenziale aufzuzeigen und impulsgebend zu wirken.

REFLEXIVES ENTWERFEN beschreibt ein integratives, theorie- und praxisrelevantes Handlungsfeld der Genese und Interpretation von Entwerfen und Forschen in der Architektur. Das Reflexive und die Reflexivität sind dabei auf vielfache Weise Hinweis auf eine Wechselwirksamkeit empirischer und rationaler Welt- und Selbstbezüge sowie auf eine durchaus auch kritische Reflexion der Grundlagen, Prämissen und Potenziale der Praktiken des Entwerfens und Forschens in Architektur und Städtebau und deren kulturellen

construction and a connection to practice, as well as a basic attitude of not necessarily answering questions, but also raising them, of not merely delineating subject areas, but of starting to think about iterative possibilities, to outline and conceptualize innovative formats, or to put it more simply: to think differently about design and research and how they interrelate.

The contributions originated at the symposium REFLEXIVE DESIGN at Leibniz University Hannover, which took place in June 2013 as part of the 3rd International Doctoral Symposium 'DARA. Design and research in architecture', at the Faculty for Architecture and Landscape Sciences, where the research focus 'Reflexive Design' has been developed for a number of years.[3] In the context of discussions that have been held recently about the connections between design and research in architecture and associated disciplines, the range of forms of knowledge and production in architectural design are studied from various perspectives, in terms of reflexivity, reflexive processes and characteristics, as well as the associated gain in qualities for individual and collective developments, in the cultural context of contemporary modernity.

A common aspect of all the contributions to this book is that they address the practice of design and research in architecture from the point of view of increasing individual and collective competence and possibilities. New paths are being explored, especially with regard to architecture-specific modes of thought and research that go beyond a pure understanding of design with a projective orientation and that provide a stimulus. This can also promote a clearer profiling of the discipline in relation to established academic structures.

The contributions are divided into three groups that outline, differentiate, and discuss the backgrounds, questions, processes, and various forms of knowledge production and insight generation in design contexts. They open up different perspectives on REFLEXIVE DESIGN in the context of a western and international tradition that sees the specific strength and potential of architecture in the fact that it can combine art and science, theory and practice, thoughts and feelings, analysis and imagination in syntheses in an exceptional way.[4] Reflection and production are thereby proven to have reciprocal effects, as well as being interlinked. The whole contentual spectrum of this approach can only be presented in part here. However, the presented contributions, and especially the many ways in which they overlap and are layered, so that the individual subject areas supplement

und projektiven Kontexten. Das Thema REFLEXIVES ENTWERFEN verbindet sich mit der Chance einer Loslösung von konkreten Erwartungen und Forderungen durch einen hohen Grad an Zieloffenheit. Theoriebildung und die Verbindung zur Praxis finden darin ebenso Raum wie die Grundhaltung, Fragen nicht unbedingt zu beantworten, sondern aufzuwerfen, Thematisierungen nicht unbedingt zu fixieren, sondern zu beginnen, iterative Möglichkeiten zu denken und innovative Formate zu skizzieren und zu konzeptualisieren oder einfacher formuliert: Entwerfen und Forschen in ihren Relationen anders zu denken.

Die Beiträge gehen zurück auf das Symposium REFLEXIVES ENTWERFEN an der Leibniz Universität Hannover, das im Juni 2013 im Zusammenhang mit dem 3. Internationalen Doktorandensymposium ‚DARA. Entwerfen und Forschen in der Architektur' an der Fakultät für Architektur und Landschaft stattfand, wo der Forschungsschwerpunkt ‚Reflexives Entwerfen' seit einigen Jahren entwickelt wird.[3] Im Kontext von Diskussionen, welche in der jüngeren Vergangenheit um die Verknüpfung von Entwerfen und Forschen in der Architektur und in benachbarten Disziplinen geführt wurden, wird hier die Vielfalt von Wissens- und Produktionsformen, wie sie mit dem architektonischen Entwerfen zu verbinden sind, differenzierter fokussiert im Hinblick auf Reflexivität, reflexive Prozesse und Eigenschaften sowie auf den damit für individuelle und kollektive Entwicklungen zu verbindenden Zugewinn an Qualitäten in der kulturellen Situation der gegenwärtigen Moderne.

Allen Beiträgen dieses Buches ist gemeinsam, die Praxis des Entwerfens und Forschens in der Architektur im Sinne einer Schärfung der individuellen und kollektiven Kompetenzen und Möglichkeiten zu thematisieren. Neuland wird insbesondere im Blick auf architekturspezifische Denk- und Forschungsweisen erkundet, die über ein reines Verstehen des Entwerfens mit einer projektiven Orientierung impulsgebend hinausreichen. Nicht zuletzt kann so auch eine schärfere Profilbildung der Disziplin gegenüber etablierten Wissenschaftsstrukturen befördert werden.

Die Beiträge sind in drei Gruppen zusammengefasst, die Anlässe, Fragen, Prozesse und verschiedene Formen der Wissensproduktion und Erkenntnisgenese in Entwurfszusammenhägen skizzieren, differenzieren und diskutieren. Sie öffnen exemplarisch unterschiedliche Perspektiven auf das REFLEXIVE ENTWERFEN im Kontext eines westlich-internationalen Überlieferungszusammenhangs, nach dem das spezifische Potenzial der Architektur darin zu sehen ist, dass sie Kunst und Wissenschaft, Theorie und Praxis, Denken und Fühlen, Analyse und Imagination in Synthesen in ungewöhnlicher Weise verbinden kann.[4]

each other, indicate the dynamic nature and the wide scope of this forward-looking field of research. They encourage the investigation and observation of issues, processes, and practices, combined with the aim of putting forward reflexive modes of thought and design, in order to stimulate and support individual expertise and positioning, and of contributing to continual innovation of the discipline. This can ultimately bring about changes in the built environment, through the spaces and places shaped by architecture.

The chapters of the book are divided into three sections: Creativity | Knowledge, Practices | Facets, and Focus Modernity, providing a differentiated presentation of particular scopes of the closely interlinked fields of action within design and research in architecture. The first contributions by Lara Schrijver, Wolfgang Jonas, and Margitta Buchert, in the subject area of CREATIVITY | KNOWLEDGE, are dedicated to the relationship between design, research, and reflexivity, and their references to institutional, disciplinary, knowledge-specific, and design theory contexts. They advocate the exploration and explicit promotion of the vague and unclear relations and connections between creativity and knowledge, which to a certain extent interlink and interact, as a particular characteristic of design, with a view to generating innovative ideas and high-quality projects. The contributions by Sophie Wolfrum, Manuel Scholl, and Alban Jonson in the subject area PRACTICES | FACETS address, from unfamiliar perspectives and with different objectives, a range of practices that take a reflexive approach to design, thereby outlining facets of the comprehensive and wide-ranging research-led projective practice. The third section FOCUS MODERNITY, with contributions by Angelika Schnell, Ullrich Schwarz, and Christoph Grafe, provides further rich and varied perspectives, presenting a wide range of approaches to design processes and contents. This encompasses innovative, reflexively (re)constructive research procedures, as well as critical interpretations of design actions within the sphere of architectural and cultural science in the modern era.

The main focus is on western and international architectural design contexts and therefore on a specific segment of reality, encompassing concepts of reality from the perspective of the beginning of the twenty-first century. The collection of presented aspects, approaches, and interpretations reveals the scope of the REFLEXIVE DESIGN phenomenon, encouraging further discussion. It shows that the link between design and research in architecture involves and generates a variety of forms of knowledge, interpreting and processing this knowledge creatively in a number of ways. As is the case with other design disciplines, its specific

Reflexion und Produktion zeigen sich dabei ebenso als wechselwirksam wie miteinander verflochten. Das inhaltliche Gesamtspektrum dieses Ansatzes kann hier nur ausschnitthaft dargeboten werden. Doch verweisen bereits die vorliegenden Beiträge und insbesondere deren zahlreiche Berührungen und Überlagerungen in wechselseitiger Ergänzung der einzelnen Thematisierungen auf die dynamische Konstitution und die immensen Spannweiten eines zukunftsweisenden Forschungsfeldes. Sie laden ein, Fragestellungen, Prozesse, und Praktiken zu erproben und zu beobachten und dies mit dem Ziel zu verknüpfen, reflexiv Denk- und Entwurfsweisen hervorzubringen als Stimulation und Unterstützung individueller Expertise und Positionierung ebenso wie zur kontinuierlichen Erneuerung der Disziplin beizutragen. Nicht zuletzt kann dies auch in der gebauten Umwelt über die von der Architektur eingerichteten Räume und Orte Wirkungen entfalten.

Die Kapitel des Buches sind in drei Sektionen strukturiert: Kreativität I Wissen, Praktiken I Facetten und Fokus Moderne, wodurch einzelne Bereiche der vielfältig miteinander verknüpften Handlungsfelder von Entwerfen und Forschen in der Architektur differenzierter beleuchtet werden. Die ersten Beiträge zum Themenbereich KREATIVITÄT I WISSEN von Lara Schrijver, Wolfgang Jonas und Margitta Buchert widmen sich den Relationen von Entwerfen, Forschen und Reflexivität sowie ihren Bezügen zu institutionellen, disziplinären, wissenschaftsspezifischen und entwurfstheoretischen Zusammenhängen. Sie treten dafür ein, die verschiedenen Formen der zum Teil ineinandergreifenden und interagierenden vagen und unscharfen Relationen und Verknüpfungen von Kreativität und Wissen als besondere Eigenart des Entwerfens und der Architektur auszuloten und nachdrücklich zu fördern im Hinblick auf die Genese zukunftsweisender Ideen und qualitätsvoller Projekte. Aus unvertrauten Perspektiven und mit unterschiedlichen Zielen thematisieren die Beiträge des Abschnitts PRAKTIKEN I FACETTEN von Sophie Wolfrum, Manuel Scholl und Alban Janson unterschiedliche Praktiken der reflexiven Annäherung an das Entwerfen und skizzieren damit Facetten der Reichhaltigkeit und Spannweiten einer forschend begleiteten projektiven Praxis. Mit der Thematisierung verschiedener Denkweisen und Entwurfsverfahren wird in der dritten Sektion FOKUS MODERNE in den Beiträgen von Angelika Schnell, Ullrich Schwarz und Christoph Grafe ein weiteres vielfältiges Segment bereichernd dargeboten. Dieses schließt neuartige reflexiv re-konstruierende Forschungsverfahren ebenso ein wie kritische Interpretationen entwerferischer Handlungsansätze im Horizont architektur- und kulturwissenschaftlicher Wirkdimensionen der Moderne.

strengths can provide inspiration, guidelines, and support for the designers themselves, for individual designs for objects and projects, for the development of the discipline, as well as for shaping the future.[5] The associated dynamic is like a circle, spinning and forming further circles, achieving qualitative diversity without exhausting itself.

First of all we would like to thank the authors for their contributions to this publication. We thank Jovis Publishers and especially Philipp Sperrle and Susanne Rösler for the excellent cooperation. We are grateful to Felix Hoepner for organizing the symposium and to Julius Krüger for his assistance in developing and realizing the layout and graphics. Furthermore, thanks goes to the translators of the contributions, Lynne Kolar-Thompson and Stephanie Rupp, as well as to the Faculty for Architecture and Landscape Sciences and to Leibniz University Hannover for supporting the symposium and the publication.

ANMERKUNGEN NOTES **1** Vgl. z.B. | Cf. e.g. Sabine Ammon/Eva Maria Froschauer (eds.), Wissenschaft Entwerfen. Vom forschenden Entwerfen zur Entwurfsforschung der Architektur, München: Wilhelm Fink 2013; Andri Gerber et al. (eds.), Forschende Architektur, Luzern: Quart 2010; Simon Grand/Wolfgang Jonas/Ralf Michel (eds.), Mapping design research, Basel: Birkhäuser 2012; Lorenz Engell/Bernhard Siegert (eds.), Zeitschrift für Medien- und Kulturforschung 1(2012): Entwerfen, Hamburg: F. Meiner; Fakultät für Architektur der TU Graz/Urs Hirschberg (ed.), Graz Architecture Magazine 2(2005): Design science in architecture, Wien et al.: Springer 2005; Richard Foqué, Building knowledge in architecture, Brüssel: Univesity Press Antwerp 2010; Ute Frank et al. (eds.), EKLAT. Entwerfen und Konstruieren in Lehre, Anwendung und Theorie, Berlin: Universitätsverlag 2011; Bryan Lawson, How designers think. The design process demystified, 4.ed. Amsterdam et al.: 2006; John Zeisel, Inquiry by design. environment/behavior/neuroscience in architecture, interiors, landscape, and planning, New York et al.: Norton 2006 **2** Vgl. | Cf. Simon Grand/Wolfgang Jonas (eds.), Mapping design research, Basel: Birkhäuser 2012 **3** Vgl. z.B. | Cf. e.g. Margitta Buchert/Laura Kienbaum (eds.), Einfach entwerfen. Wege der Architekturgestaltung | Simply design. Ways of shaping architecture, Berlin: Jovis 2013; Hille von Seggern et al. (eds.), Creating knowledge. Innovationsstrategien im Entwerfen urbaner Landschaften, Berlin: Jovis 2008 **4** Vgl. dazu auch | Cf. Gerd de Bruyn, Die enzyklopädische Architektur, Zur Reformulierung einer Universalwissenschaft, Bielefeld: Transcript 2008, 21–23 **5** Vgl. dazu auch | Cf. also Nigel Cross, From design science to a design discipline. Understanding designerly ways of knowing and thinking, in: Ralf Michel (ed.) Design research now, Basel et al.: Birkhäuser 2007, 41–54, 47

Insgesamt ist der Fokus vor allem auf westlich-internationale Architekturentwurfskontexte gerichtet und damit auf einen spezifischen Ausschnitt der Wirklichkeit, und er umschließt Wirklichkeitskonzepte aus der Perspektive des beginnenden 21. Jahrhunderts. In der Zusammenschau können die aufgezeigten Dimensionen, Handlungsansätze und Interpretationen auf die Spannweiten des Phänomenbereichs REFLEXIVES ENTWERFEN hinweisen und zu weiteren Thematisierungen ermuntern. In alledem wird deutlich, dass die Verbindung von Entwerfen und Forschen in der Architektur unterschiedliche Wissensformen einschließt und generiert und dieses Wissen in verschiedenster Weise kreativ interpretiert und behandelt wird. Die darin liegende Spezifik und Stärke kann, wie auch bei anderen gestalterisch entwerfenden Disziplinen zur Impulsgeberin, Wegbereiterin und Promotorin werden für die Entwerfenden selbst, und für einzelne Objekt- und Projektentwürfe ebenso wie für die Entwicklung der Disziplin und darüber hinaus für vielfältige Zukunftsgestaltungen.[5] Die damit angesprochene Dynamik ist vergleichbar einem Kreis, der sich dreht und weitere Kreise ziehen kann bis hin zu einer qualitativen Mannigfaltigkeit – und sich darin doch nicht erschöpft.

Ein großer Dank geht an erster Stelle an die Autorinnen und Autoren für ihre Beiträge zu dieser Publikation. Dem Jovis Verlag und dort insbesondere Philipp Sperrle und Susanne Rösler danken wir für die hervorragende Zusammenarbeit. Felix Hoepner sei gedankt für die Organisation des Symposiums und Julius Krüger für die Mitentwicklung und Umsetzung von Layout und Grafik. Nicht zuletzt richtet sich ein freundlicher Dank an die Übersetzerinnen der Beiträge Lynne Kolar-Thompson und Stephanie Rupp sowie an die Fakultät für Architektur und Landschaft und die Leibniz Universität Hannover für die Unterstützung des Symposiums und der Veröffenlichung.

„Unsere Hauptaufgabe – wahrlich groß genug – besteht einfach darin, die Möglichkeiten für die Zukunft offen zu lassen oder sie vielleicht sogar ein wenig zu erweitern, indem wir der Vielfalt etwas Neues hinzufügen und neue Nischen schaffen" | 'Our essential task – a big enough one to be sure – is simply to keep open the options for the future or perhaps even to broaden them a bit by creating new variety and new niches.'

Herbert A. Simon

KREATIVITÄT I WISSEN   CREATIVITY I KNOWLEDGE

Relations between creativity and forms of knowledge are considered very important in design research, as well as in the theory of science. The common objective of the following contributions is to convey an understanding of the process of design as a particular form of creative knowledge production and as a projective practice, as a highly integrative and creative knowledge culture that combines various forms of knowledge with reflection and production. Margitta Buchert seeks to outline scopes and various readings of the reflexive and how they can be integrated into architectural design, by pointing out a range of features and contents of design and cognitive processes that can only partly be fixed within a logical framework, but which play an important role in the generation of the 'new'. Based on a brief description of the contemporary western and international architecture discipline and its status within higher education, research institutes, and funding bodies, Lara Schrijver presents various discursive issues from the field of international research, and by taking the example of Robert Venturi/Denise Scott Brown, Oswald M. Ungers, and Rem Koolhaas. These analytical points are accompanied by thoughts that encourage the modification of stereotypical notions of science and knowledge. The contribution by Wolfgang Jonas, a contemporary protagonist of design research, presents a form of science that incorporates design as far as possible, by discussing different concepts of knowledge in our society, distinguishing research about and for and research through design, and encouraging creative and bold hypotheses. In reference to much-cited views on theories of design and science, which can include and promote analog and integrative approaches, he indicates the potential opened up by combining a range of innovative interpretations and courses of action. MB

Relationen von Kreativität und Wissensformen wird in der Entwurfsforschung ebenso wie in der Wissenschaftstheorie große Aufmerksamkeit beigemessen. Den nachfolgenden Beiträgen gemeinsam ist das Ziel, das gestaltende Entwerfen in seiner Spezifik als ein besonderes Format kreativer Wissensproduktion und projektiver Praxis zu verstehen, als eine hochgradig integrative und kreative Wissenskultur, die verschiedene Wissensformen mit Reflexion und Produktion verbindet. Einer Skizzierung der Dimensionen und Lesarten des Reflexiven wie sie mit dem architektonischen Entwerfen verbunden werden können, nähert sich Margitta Buchert durch das Aufspüren verschiedener Eigenschaften und Inhalte von Entwurfs- und Erkenntnisprozessen, die nur in Teilen in einem logischen Rahmenwerk zu fixieren sind, bei der Generierung des ‚Neuen' gleichwohl eine wichtige Rolle spielen. Lara Schrijver diskutiert ausgehend von einer Beschreibung der Architekturdisziplin, wie sie gegenwärtig westlich-international erscheint, und ihrer Positionierung im Kontext von Hochschulen, Forschungsinstitutionen und Förderstrukturen verschiedene diskursive Dimensionen im internationalen Forschungskontext und am Beispiel von Robert Venturi/Denise Scott Brown, Oswald M. Ungers und Rem Koolhaas. Begleitet werden diese analytischen Darlegungen von impulsgebenden Gedanken zur Modifikation stereotyper Vorstellungen von Forschung und Wissenschaft. Wolfgang Jonas, einer der gegenwärtigen Protagonisten der Designforschung, denkt in seinem Beitrag über eine Form der Wissenschaft nach, die durch größtmögliche Integration des Entwerfens geprägt wird, indem er unterschiedliche Wissensbegriffe in unserer Gesellschaft diskutiert, Unterscheidungen von Forschung über und für und Forschung durch Entwerfen benennt und zu kreativen, mutigen Hypothesen ermuntert. In Referenz zu vielzitierten entwurfs- und wissenschaftstheoretischen Positionen, die analoge integrative Handlungsweisen enthalten und befördern können, weist er hin auf die Potenzialität der Kombination vielfältiger und neuartiger Lesarten und Handlungsweisen. MB

REFLEXIVE DESIGN?

Topologies of a research field

Margitta Buchert

The conceptual density of 'Reflexive Design' can provide a stimulus for observing, activating, and gaining a better understanding of research approaches, knowledge generation, and creative processes in the context of design. The application of reflection, the reflexive, and reflexivity in various fields of science, with their different emphases, is identified and presented accordingly. The generative potential of the different interpretations is highlighted and abstracted with regard to architectural design.[1] The approaches are wandering. The seemingly disparate field of research that emerges has topological characteristics. It features certain interrelated and generalizable aspects, but at the same time also variables and uncertainty.[2] The dynamic layering of clarity and vagueness opens up the potential to provide a starting point for going beyond complexity and the relational multitude of notions and systems with new projective perspectives.

REFLEXIVES ENTWERFEN?

Topologien eines Forschungsfeldes

Margitta Buchert

Die begriffliche Verdichtung ‚Reflexives Entwerfen' kann einen Anreiz bilden, Forschungs-
aspekte, Wissensgenerierung und schöpferische Prozesse im Zusammenhang des Entwerfens zu beobachten, besser zu verstehen und zu aktivieren. Reflexion, das Reflexive und
Reflexivität werden nachfolgend zunächst in ihrer Verwendung in einigen wissenschaftlichen Bereichen aufgespürt und in ihren unterschiedlichen Akzentuierungen vorgestellt.
Mit Blick auf das architektonische Entwerfen wird das generische Potenzial der Lesarten
hervorgehoben und abstrahiert.[1] Es sind schweifende Annäherungen. Das dabei skizzenhaft aufscheinende Forschungsfeld hat topologische Eigenschaften. Es zeigt einige Verknüpfungen, einige verallgemeinerbare Eigenheiten und gleichzeitig auch Variablen und
Unbestimmtheit.[2] Die dynamische Überlagerung von Klarheit und Vagheit birgt das Potenzial, Ausgangspunkt zu sein, um Komplexität und relationale Vielheit von Vorstellungen
und Systemen mit neuen Perspektiven projektiv zu überbieten.

25

REFLEXIVE PRACTICE   One interpretation of reflexive design focuses on practice in order to qualify the situational reaction, in the sense of feedback during the design process, for example through the particular reaction to the program, location, and technical and constructional requirements, and as an open work process that incorporates the generation of ideas, as well as various conditions, dialogs, and cooperations. From this praxeological point of view, reflexion as a metaphorical analogy to physical reactions, like the reflection of light in optics or of sounds in spatial acoustics, as well as reflection in the sense of contemplation, have different variations and emphases. In the nineteen-eighties, the American scientist and urbanist Donald Schön presented the theoretical idea of a 'reflection-in-action'.[3] His research interest was in identifying forms of knowledge in practice that were not based only on technical rationality or on logical transparency. His inquiry comprised numerous empirical studies and protocols of practices in areas such as architecture, medicine, law, economics, and education. His concept of the reflexive was a knowledge-based and at the same time improvisatory approach to complex practical re-quirements, whose objective was to find a satisfactory solution for the particular project. This leads to an extension of the empirical knowledge gained by and applied to practical courses of action. Schön describes the reflexive in action as research in the context of practice.[4] This research is instrumental and has a strong practical orientation, and the form of reflection has a situational, episodic quality.

REFLEXIVE PRAXIS   Eine Lesart des reflexiven Entwerfens fokussiert die Kompetenz
der situativen Reaktion in der Praxis im Sinne von Rückkopplungen im Entwurfsverlauf,
beispielsweise in der konkreten Reaktion auf Programm, Ort und technisch-konstruktive
Aufgabe und als offenen Arbeitsprozess, der die Ideenfindung sowie verschiedene Bedingungen, Dialoge und Kooperationen einschließt. Reflexion in metaphorischer Analogie zu
physikalischen Verständnissen, wie sie beispielsweise als Reflexion des Lichts in der Optik
oder als Schall in der Raumakustik zu finden ist, und Reflexion im Sinne eines Nachdenkens treten in diesem praxeologischen Blick in unterschiedlichen Streuungen und Ver-
dichtungen hervor. Der amerikanische Wissenschaftler und Urbanist Donald Schön hatte
in den 1980er Jahren die theoretische Idee einer ‚reflection-in-action‘ präsentiert.[3] Sein
Forschungsinteresse galt dem Aufspüren von Wissensformen in der Praxis, die nicht allein
auf technischer Rationalität beruhen oder in logischer Nachvollziehbarkeit erscheinen.
Zahlreiche empirische Studien und Protokolle von Praktiken aus Bereichen wie Architektur, Medizin, Recht, Wirtschaft oder Pädagogik bildeten sein Untersuchungsfeld. Mit dem
Reflexiven charakterisierte er ein wissensbasiertes und gleichermaßen improvisatorisches
Handeln bei komplexen Anforderungen in der Praxis mit dem Ziel der jeweils zufrie-
denstellenden projektbezogenen Lösungsfindung. Eine Erweiterung des im praktischen
Handeln erworbenen und angewandten Erfahrungswissens folgt daraus. In Aussagen, mit
denen Schön das Reflexive in der Aktion als ein Forschen im Praxiskontext beschreibt, ist
dieses Forschen instrumentell und unmittelbar praktisch ausgerichtet, und die Form der
Reflexion von situativ basierter, episodischer Qualität.[4]

IMPLICIT KNOWLEDGE   Schön's empirically based and very influential study, along with the theories by the Hungarian natural scientist and philosopher Michael Polanyi from the nineteen-sixties, which Schön also refers to, contributed significantly to the identification of forms of knowledge and especially to the outlining of a concept of knowledge called 'implicit knowledge', which plays an important role in many processes, such as architectural design.[5] Contrary to explicit knowledge, meaning describable, definite, and established knowledge that can comprise facts, hypotheses, theories, and insight into procedures, implicit knowledge – also called silent or tacit knowledge – cannot be fully described or objectivized. It always contains more information than any description can express, and it is influenced by continuously changing degrees of awareness.[6] It is only results and interim results that are consciously perceived. It is integrated into courses of action informally, which cannot be replaced by a formal action.[7] Those involved in this perceive themselves as intuitive, which is often also associated with the notion of creativity. An overemphasis on specific practice due to the primacy of action may also restrict the scope and depth of reflections, as well as processes of understanding and development. Constants, which can be seen as essential for a reflexive approach to the situation in practice, such as overarching theories by which phenomena are conceived, the repertoire of possibilities for solving tasks and evaluating alternatives, the attributes of the employed media, the method of communication, and finally the understanding of roles in communicative situations – constitute fundamental aspects of the courses of action and have distinctive characteristics in the individual professional practices. Schön considered these aspects to be highly relevant as starting points for 'reflection-in-action' and also for pioneering research.[8]

IMPLIZITES WISSEN   Mit seiner empirisch entwickelten und sehr einflussreichen Studie hat Schön neben den Theorien des ungarischen Naturwissenschaftlers und Philosophen Michael Polanyi aus den 1960er Jahren, auf die er auch Bezug nimmt, maßgeblich zur Differenzierung von Wissensformen und insbesondere zur Konturierung einer ‚implizites Wissen' genannten Wissenskonzeption beigetragen, die für viele Handlungsweisen wie beispielsweise das architektonische Entwerfen eine wichtige Rolle spielt.[5] Gegenüber explizitem Wissen, das ein beschreibbares, aufzählbares und geteiltes, veröffentlichtes Wissen meint und Fakten, Hypothesen, Theorien und Wissen über Vorgehensweisen enthalten kann, ist implizites Wissen – auch stilles oder stummes Wissen genannt – nicht vollständig zu beschreiben oder zu objektivieren. Es ist immer informationsreicher als jede Beschreibung es auszudrücken vermag, und es ist mit kontinuierlich wechselnden Graden der Bewusstseinsbildung verbunden.[6] Ins Bewusstsein gelangen nur Ergebnisse und Zwischenergebnisse. In das Handeln wird es in einem informellen Akt integriert, der nicht durch eine formale Aktion ersetzt werden kann.[7] Die Handelnden empfinden sich dabei als intuitiv, was oftmals auch mit dem Begriff Kreativität verbunden wird. Eine Überbewertung der konkreten Praxis durch das Aktionsprimat kann die Reichweite und Tiefe von Reflexionen ebenso wie Verstehens- und Entwicklungsprozesse aber auch beschränken. Konstanten, die für den reflexiven Umgang mit der Situation der Praxis als essenziell gesehen werden können wie übergreifende Theorien, mit denen Phänomene verstanden werden, das Repertoire der Möglichkeiten für die Lösung von Aufgaben und für Evaluationen von Alternativen, die Eigenschaften der verwendeten Medien, die Art der Vermittlung und schließlich das Rollenverständnis in kommunikativen Situationen, bilden grundlegende Anteile der Aktionen und sind in den einzelnen Berufspraktiken spezifisch geprägt. Als Ausgangspunkte der ‚reflection-in-action' wies Schön diesen Themen eine hohe Relevanz insbesondere auch für zukunftsweisende Forschungen zu.[8]

'Research provides deeper insight into a topic, better understanding of a problem, more clearly defined opportunities for and constraints on possible action.'

„Forschung erzeugt einen tieferen Einblick in ein Thema, ein besseres Verständnis eines Problems, klarer definierte Möglichkeiten und Grenzen für potentielle Aktionen."

John Zeisel

PROCESSES In some parts presented in more detail, in other areas merely implied, Schön put forward a concept that was the subject of further research as a design process model in the decades to follow, especially in the English-speaking world, also promoted by the strongly supported design research in academic contexts since the nineteen-eighties and increasingly in the following decades.[9] In this respect, architectural design can be described as an iteratively structured development, in which knowledge acquisition and information phases are layered with design ideas and syntheses. Not only a basic analysis and interpretation of the task, mostly at the beginning of the design process, but also evaluation, revision, and restarts over the course of the process, constitute reflexive considerations from a distance, including in repeated sequences. Sequences of reflexive and creative activity, decision-making, and adaptation form a non-linear process of movement and transformation within the network of explicit and implicit knowledge.[10] In this process, those involved in the design focus on a problem and on the design results from the outside, rather than on the stages of the design process itself or on their reflexive aspects.[11]

Explicit reference should be made here once again to the individual basic concepts of the designers, in the sense of a direction and attitude that accompanies the various project designs, forming a relative constant and interacting with the prevailing situational circumstances in each case. It evolves in a lengthy process from knowledge bases within the discipline, as well as from biographical, social, and cultural contexts, and it can be significantly enhanced and qualified through research phases. This development process also generates a growing body of knowledge about how these principles and concepts can be realized through design.[12] The proposed design and its features also correspond to the nature of the knowledge that was gathered for example in archives, sketchbooks, photographic documentations, linguistic notations, or places of remembrance . As expert research shows, such a background determines professional competence to a significant degree.[14]

PROZESSE   In einigen Teilen differenzierter vorgestellt, in anderen Bereichen nur ange-
deutet, präsentierte Schön ein Konzept, das als Entwurfsprozessmodell in den nachfolgenden Jahrzehnten vor allem im englischsprachigen Raum weiter erforscht wurde. Befördert wurde dies nicht zuletzt durch die dort seit den 1980er und noch verstärkt in den
folgenden Jahrzehnten nachdrücklich unterstützte Entwurfsforschung in akademischen
Kontexten.[9] Danach kann der Architekturentwurf als iterativ aufgebaute Entwicklung beschrieben werden, in der Wissenserwerbs- und Informationsphasen mit Entwurfsideen
und Synthesen wechselwirkend miteinander verbunden sind. Nicht nur eine grundlegende Analyse und Interpretation der Aufgabe, die meist am Anfang des Entwurfsprozesses
steht, auch Evaluation, Revision und Neubeginn im Prozessverlauf bilden in distanzierter
Haltung erfolgende reflexive Anteile, und dies auch in wiederholten Passagen. Sequenzen
reflexiver und schöpferischer Aktivität, Entscheidung und Anpassung konstituieren vor
dem Netzwerk expliziten und impliziten Wissens einen nicht-linearen Prozess aus Bewegung und Transformation.[10] Dabei fokussieren die entwerfend Handelnden nach außen auf
ein Problem und auf die Entwurfsergebnisse, nicht auf die entwerferischen Handlungs-
schritte selbst oder gar deren reflexive Anteile.[11]

Ausdrücklich sei hier noch einmal auf die individuelle Grundkonzeption der Entwerfenden
verwiesen im Sinne einer die verschiedenen Projektentwürfe begleitenden Prägung und
Haltung, die eine relative Konstante bildet und als Position mit den jeweils aktuellen
situativen Gegebenheiten dann wechselwirksam verknüpft wird. Sie wird in langen Prozessen aus Wissensgrundlagen der Disziplin sowie biografischen sozialen und kulturellen
Kontexten aufgebaut, und sie kann durch Forschungsphasen maßgeblich gestärkt und
qualifiziert werden. Dieser Aufbauprozess erzeugt gleichzeitig einen wachsenden Wis-
senskorpus darüber, wie man diese Prinzipien und Konzepte durch Entwerfen realisieren
kann.[12] Der vorgeschlagene Entwurf und seine Qualitäten entsprechen dabei auch der
Natur des Wissens, das beispielsweise in Archiven wie Skizzenbüchern, fotografischen
Dokumentationen, sprachlichen Notationen oder an Gedächtnisorten gesammelt wurde.[13]
Wie Expertiseforschungen zeigen, bestimmt dieser so gebildete Hintergrund einen wichtigen Anteil beruflicher Kompetenz.[14]

REFLEXIVITY as a THEORY OF PRACTICE   The scientific theory concept of reflexivity, as has been discussed increasingly on an international level in recent decades and based on research by the French sociologist Pierre Bourdieu, indicates the involvement of the researchers in the implications of their research, relations between observation, action, and knowledge, as well as knowledge generation.[15] Bourdieu primarily researched the foundations of a general anthropology, with empirically oriented subtopics that mostly referred to daily realities. Analogies to design in architecture can be found in the close relationship to the everyday world as a sphere of experience, action, and knowledge, and in the basic understanding of research as a practice that explores and generates something new. Bourdieu's concept of 'reflexivity' emerged by focussing on the questions of what it means to research something that one is closely acquainted with and of how the subjective and objective can interrelate in the production process of science. In order to generate 'scientific' knowledge that is adequate to practical knowledge, reflexivity should have a mediating effect, as an individual and collective, self-critical way of thinking in design practice.[16]

Going against internalized patterns of apparent self-evidence and routine use, those involved in research are required to explicitly question and reflexively contemplate the identification of subjects, the generation and interpretation of information, including implicit aspects of knowledge, and the bases for evaluation. This also addresses the social implications and the contextual influence in research processes. In other words, it is about research that is aware of the conditions and limits of its research, even if the ultimate objective is to transcend these.[17] As regards the concepts for a critical science associated with this form of reflexivity, there is an emphasis on distance towards the object of knowledge and subject matter.[18] What forms this distance may take, how it may be determined and how it may evolve, remains an open question in terms of design. The requirement of integrating a reflexive mode into one's own practices and of establishing it collectively indicates a network of correlations whose reactive and proactive characteristics can have a generative impact on the process structure for design and the research-based development of future projects.

REFLEXIVITÄT als THEORIE DER PRAXIS Auf die Verwicklung der Forschenden in Zusammenhänge ihrer Forschung, auf Relationen von Beobachten, Handeln und Wissen bzw. Wissensgenerierung reagiert das wissenschaftstheoretische Konzept der Reflexivität, wie es ausgehend von Forschungen des französischen Soziologen Pierre Bourdieu in den letzten Jahrzehnten international verstärkt diskutiert wurde.[15] Bourdieu erforschte übergreifend Grundlagen einer allgemeinen Anthropologie mit Subthemen, die zumeist auf Alltagswirklichkeiten bezogen und empirisch orientiert waren. Analogien zum Entwerfen in der Architektur und im Design finden sich in der Nähe zur Alltagswelt als Erfahrungs-, Handlungs- und Wissensbereich und im Grundverständnis des Forschens als einer Neues entdeckenden und hervorbringenden Praxis. Im Fokus der Frage, was es heißt, wenn man etwas erforscht, das man gut kennt, und im Weiteren, wie sich Subjektives und Objektives im Produktionsprozess der Wissenschaft verknüpfen können, entstand bei Bourdieu das Konzept der ‚Reflexivität'. Um ein dem praktischen Wissen angemessenes ‚wissenschaftliches' Wissen zu generieren, soll Reflexivität als individuelles und kollektives selbstkritisches Nachdenken in der Forschungspraxis vermittelnd wirken.[16]

Gegen verinnerlichte Muster scheinbarer Selbstverständlichkeiten und routinierten Gebrauchs sind die forschenden Akteure aufgefordert, Themenfindung, Generierung und Interpretation von Informationen inklusive impliziter Wissensdimensionen sowie Wertungshintergründe explizit zu befragen und reflexiv aufzuzeigen. Thematisiert werden damit auch das soziale Eingebundensein und die Kontextabhängigkeit in Forschungsprozessen. Es geht mit anderen Worten um ein Forschen, das die Bedingungen und Grenzen seines Forschens kennt, auch dann, wenn es letztlich das Ziel ist, sie zu überschreiten.[17] Innerhalb der mit dieser Form von Reflexivität verbundenen Konzepte für eine kritische Wissenschaft wird konstitutiv das Ziel einer Distanz zum Erkenntnisgegenstand und Thema hervorgehoben.[18] Welche Formen diese Distanz annehmen, wie sie gesetzt und entwickelt werden kann, bleibt im Blick auf das Entwerfen eine noch offene Frage. Die Aufforderung, einen reflexiven Modus der eigenen Praktiken zu integrieren und auch kollektiv zu etablieren, weist auf ein Relationsgefüge, dessen reaktive und proaktive Eigenschaften insbesondere bezogen auf die Prozessstruktur für das Entwerfen und das forschende Entwickeln von Zukunftsprojekten generativ wirken können.

REFLEXIVE MODERNIZATION   An iterative combination of reflection and
action can also be found within the theoretical framework of a reflexive modernization,
put forward since the nineteen-nineties. Based on sociological discourses, this notion of
a contemporary cultural condition of self-transformation in industrial societies has been
attracting increasing international attention. Reflexive modernization is understood as
a process whose central focus is the self-critical alteration of habitual ways of thinking
and acting in the modern era and the questioning of its preconditions, problems, consequences, and limits.[19] Attention is drawn, for example, to the potential for conflicts
on a global scale, to the consequences of technology, climatic change, the risks of ge-
netic engineering, interconnection, individualization, as well as to a complex ensemble
of modernization schemes that challenge the established notion of a primarily western
and international modernity based on progress, rationality, and welfare. Reflexive can be
interpreted here as an attribute, as an opportunity to make distinctions, characterizing
the description of an alternative modernity, but can also indicate an understanding of
reflexivity as the basis for change.

Discourses that focus on reflexive modernization as the transition of modern society
to a knowledge, information, and service society, also point out a cognitive structural
change, in the sense of a reflexive questioning of knowledge hierarchies. In the context
of these circumstances, associated with a lack of clarity and vague decision-making processes, with controversy among the experts, and with debates about knowledge, lack of
knowledge, and rationality, great importance is accorded once again to the relevance and
research of implicit knowledge.[20] The objective of design and research, against this background, can be the analysis of implicit knowledge in design, action, and effects, as well
as the forward-looking conception of locally and globally effective, viable contributions
to contemporary tasks and developments in shaping the environment. The sociologist Ulrich Beck, internationally renowned in the discursive context of reflexive modernization,
optimistically described for example the ideal of a total work of art in the design of architecture and urban space, which succeeds in combining ecological and urban diversity,
and in integrating local references and identity formations into the public space, as well
as participation and encounters with the unfamiliar.[21] Reflexivity is thereby interpreted
as a linking, mediating approach, which makes it possible to identify spheres of freedom,
to open up options, and to change conditions.

REFLEXIVE MODERNISIERUNG   Eine iterative Verbindung von Reflexion und Aktion findet sich ebenfalls in dem seit den 1990er Jahren dargebotenen Theorierahmen einer reflexiven Modernisierung. Ausgehend von soziologischen Diskursen wird diesem Konzept zeitgenössischer kultureller Kondition als Selbstveränderung der Industriegesellschaften international zunehmend Aufmerksamkeit zugemessen. Reflexive Modernisierung wird als Prozess verstanden, innerhalb dessen die selbstkritische Transformation vertrauter Denk- und Handlungsweisen der Moderne und die Befragung ihrer Voraussetzungen, Problemlagen, Folgen und Grenzen im Zentrum stehen.[19] Das Augenmerk wird beispielsweise gelenkt auf Konfliktpotenziale globaler Dimension wie Technologiefolgen, Klimaveränderungen, gentechnische Risiken, Vernetzung und Individualisierung sowie auf ein komplexes In- und Nebeneinander von Modernisierungsoptionen, die das Selbstverständnis der auf Fortschritts-, Rationalitäts- und Wohlfahrtsschemata gegründeten, vor allem westlich-internationalen Moderne veränderten. Reflexiv kann hier als Attribut, als eine Möglichkeit zu unterscheiden interpretiert werden, mit der die Zustandsbeschreibung einer anderen Moderne markiert wird, kann aber auch ebenso verweisen auf ein Verständnis rückbezüglicher Reflexivität als Grundlage von Veränderungen.

Im Zusammenhang mit Diskursen, die reflexive Modernisierung als Übergang moderner Gesellschaften zu einer Wissens-, Informations- und Dienstleistungsgesellschaft fokussieren, wird ebenfalls ein kognitiver Strukturwandel beschrieben im Sinne einer reflexiven Infragestellung von Wissensordnungen. Im Kontext dieser mit Unschärfen und Unbestimmtheiten von Entscheidungsprozessen, mit Kontroversen von Experten sowie mit Diskursen um Wissen, Nicht-Wissen und Rationalität verbundenen Kondition wird wiederum der Relevanz und Erforschung des impliziten Wissens eine hervorgehobene Bedeutung beigemessen.[20] Ziel eines vor diesem Hintergrund agierenden Entwerfens und Forschens kann neben der Untersuchung impliziter Wissensebenen in Entwurfs-, Handlungs- und Wirkungszusammenhängen ebenso die vorausschauende Konzipierung lokal und global wirksamer zukunftsfähiger Beiträge zu zeitgenössischen Aufgaben und Entwicklungen der Umweltgestaltung sein. Der in den diskursiven Zusammenhängen der reflexiven Modernisierung international renommierte Soziologe Ulrich Beck beschrieb für das Entwerfen von Architektur und Stadtraum in optimistischer Perspektive beispielsweise das Ideal eines Gesamtkunstwerks, dem es gelingt, ökologische und urbane Lebensvielfalt zu verknüpfen sowie Ortsbezüge und Identitätsbildungen im öffentlichen Raum ebenso zu integrieren wie die Partizipation und die Begegnung mit dem Fremden.[21] Reflexivität wird dabei als verbindende, vermittelnde Haltung interpretiert, die es ermöglicht, Freiheitsräume zu erkennen, Optionen zu öffnen und Bedingungen zu verändern.

THE PRACTICE OF REFLECTION   In the context of the analytical framework of reflexive modernization, if there is mention of the questioning of the primacy of reflection through reflexivity and of the devaluation of reflexive schemata through reflexive processes, it is also an thematization of the relationship between the two.[22] Reflection, in terms of reflexive mental actions and of the human understanding of the self and of the world in western culture, has been highly valued since antiquity.[23] It also refers to the focus of attention when thinking and the mental processes of this form of thought.[24] The process is characterized by a more conscious awareness of the particular content of an experience, a perception, or of thinking during, before, or after a course of action. In interpretations of reflection based on theory of cognition, one can find a whole host of positive connotations. Reflection is seen as a foundation of knowledge, as did the early Enlightenment philosopher René Descartes, amongst others. What is interesting is the broad interpretation by Immanuel Kant, who also explicitly associated reflection with an evaluatory knowledge gained through comparison and analysis. In this sense, the human capacity for reflection has an enlightening dimension, which leads to self-determination in thought and action.[25] In the context of contemporary concepts of reality based on systems theory, reflection appears as an additional impetus for the dynamics of cognitive or behavioural processes and as a qualitative action of articulation and condensation. These are just examples.

PRAXIS DER REFLEXION   Wenn im Zusammenhang des Analyserahmens reflexiver Modernisierung von der Infragestellung des Primats der Reflexion durch Reflexivität, von der Entwertung von Reflexionsschemata durch reflexive Prozesse gesprochen wird, dann thematisiert das auch die Relationen dieser beiden.[22] Reflexion im Sinne reflexiver geistiger Akte wurde im Zusammenhang mit dem Selbst- und Weltverständnis der Menschen in der abendländischen Kultur seit der Antike ein hoher Wert beigemessen.[23] Übergreifend wird damit eine Aufmerksamkeitshaltung im Nachdenken beschrieben und zudem der mentale Prozess dieser Denkform.[24] Der Prozess ist charakterisiert durch eine bewusstere Aufnahme des jeweiligen Inhaltes eines Erlebnisses, einer Wahrnehmung oder eines Denkens in der Aktion oder außerhalb der Aktion. In erkenntnistheoretischen Interpretationen von Reflexion findet sich eine Reihe von positiven Konnotationen. So wird Reflexion unmittelbar als Fundament des Wissens gesehen wie unter anderem bei dem frühen Aufklärer René Descartes. Interessant ist die Interpretationsbreite bei Immanuel Kant, der Reflexion auch explizit mit einem über Vergleich und Analyse gewonnenen, gewichtenden Wissen in Verbindung bringt. In diesem Sinne wird dem menschlichen Vermögen der Reflexion eine aufklärerische Wirkung zugesprochen, die zu einer Selbstbestimmung im Denken und Handeln führt.[25] Im Zusammenhang zeitgenössischer systemtheoretischer Wirklichkeitskonzeptionen erscheint Reflexion als Zusatzmoment zur Dynamik von Erkenntnis- oder Verhaltensprozessen und als qualitative Aktion der Artikulation und Kondensierung.[26] Das sind nur Beispiele.

'To reflect is to recover the unreflected.'

„Reflektieren ist Rückgang auf das Unreflektierte."

Maurice Merleau-Ponty

It remains open as to whether a guarantee of rationality or objectivity can also be associated with reflexive actions, as is often the case in habitual scientific notions, in the sense of 'normative' reflection. Reflection, which can contribute significantly towards liberating oneself from naïve opinions and prejudices, opens up the potential for gaining more refined and complex cognitive abilities, thereby initiating changes.[27] This can increase competence in dealing with productive actions, even if this process also has destabilizing phases. Furthermore, in the context of questions about the position and orientation of humankind in the world, there has been repeated emphasis on the sensory and on perception as further cognitive sources of reflection, for example by Immanuel Kant in the eighteenth century or by the French phenomenologist Maurice Merleau-Ponty since the nineteen-sixties.[28]

The forms of knowledge and action based on sensory experience have so far been researched very little and can represent forward-looking, integrative thoughts and actions, especially in those areas where the limits of scientific and technical authority are most apparent. Links between different modes of perception and levels of consciousness are inherent in an experiential concept that is promoted especially in esthetic theory and practice.[29] According to a somewhat different interpretation and orientation, there are also descriptions of interactive and integrative processes in cognitive science concepts of recent decades, in which abstract mental activity is characterized by sensory and spatial perceptions and experiences.[30] Insights from these two areas provide an impulse for the multidimensional perception, interpretation, and design of natural and manmade objects and spaces, as well as for the modification of generative cognitive practices. Design and research in architecture and associated disciplines can be based on and find sources in the focus on aesthetic dimensions and their interrelation with other forms of knowledge, as well as in a differentiated understanding of the creative human being and his aesthetic production and reception processes. It can integrate the knowledge gained in the process projectively.

Es bleibt offen, ob mit Akten der Reflexion zugleich eine Garantie für Rationalität oder Objektivität zu verbinden ist, wie sie in gängigen Vorstellungen von Wissenschaftlichkeit oftmals im Sinne von ‚normierender' Reflexion zu finden sind. Reflexion, die wesentlich dazu beitragen kann, sich von naivem Meinen und von Vorurteilen zu befreien, öffnet das Potenzial, zu verfeinerten und komplexeren Erkenntnisqualitäten zu gelangen und dadurch Veränderungen auszulösen.[27] Souveränität im Umgang mit dem produktiven Tun kann so gefördert werden, selbst dann, wenn dieser Prozess auch destabilisierende Phasen mit sich führt. Das ist noch nicht alles. Im Zusammenhang der Fragen nach der Verortung und Orientierung des Menschen in der Welt wurden wiederholt, von Immanuel Kant beispielsweise im 18. Jahrhundert oder von dem französischen Phänomenologen Maurice Merleau-Ponty seit den 1960er Jahren, als weitere, mit Reflexion zusammenwirkende Quellen von Erkenntnis Sinnlichkeit und Anschauung hervorgehoben.[28]

Die auf sinnlicher Erfahrung beruhenden Wissens- und Handlungsformen sind noch wenig erforscht und können gerade dort, wo Grenzen der wissenschaftlich-technischen Beherrschung deutlich hervortreten, zukunftsweisendes integratives Denken und Handeln konturieren. Verknüpfungen unterschiedlicher Wahrnehmungsweisen und Bewusstseinsebenen sind konstitutiv für einen Erfahrungsbegriff, wie er vor allem in der ästhetischen Theorie und Praxis befördert wird.[29] In einer etwas anderen Interpretation und Ausrichtung finden sich Beschreibungen interaktiver und integrativer Prozesse ebenfalls in kognitionswissenschaftlichen Konzepten der letzten Jahrzehnte, denen zufolge die abstrakte Geistestätigkeit durch sinnlich-räumliche Wahrnehmungen und Erfahrungen geprägt ist.[30] Von Erkenntnissen aus beiden Bereichen geht der Impuls zu vieldimensionaler Wahrnehmung, Interpretation und Gestaltung natürlicher und von Menschen geschaffener Dinge und Räume ebenso aus wie zur Modifikation von Praktiken der Erkenntnisgenese. Entwerfen und Forschen in der Architektur und in benachbarten Disziplinen können in der Thematisierung der ästhetischen Dimensionen und ihrem Zusammenwirken mit anderem Wissen sowie in einem differenzierteren Verstehen des schöpferischen Menschen und seiner ästhetischen Produktions- und Rezeptionsprozesse Quellen finden, ergründen und das so gewonnene Wissen projektiv integrieren.

AESTHETIC REFLEXIVITY   The filmmaker Andrey Tarkovsky once described his aesthetic creation in the same way that a whole world can be reflected in a drop of water.[31] Metaphorically, he thereby indicated a constitutive aspect of artistic articulation and media specifics. Artistic work can reflect segments of world realities, mimetically and sensually or semiotically, as well as keep casting a new light on them by addressing and showing the unnoticed and unknown.[32] This makes it possible to experience a range of alternatives to explicable and conclusive knowledge, as well as a confluence of different modes of perception and thought. Creators of art also always deal with aspects that cannot be grasped conceptually and methodically.[33] They try to show something that is not easy to comprehend. Art can represent a reflection of human cognitive capacity, through the relative creative independence in how the world is experienced and by promoting the potential for further exploration.[34] Here a brief reference should be inserted to the concept of self-reflexivity, especially influential in the development of the fine arts, which the American theorist Clement Greenberg formulated in 1946. Going against the tendency towards performative amalgamations of the arts, he postulated a reflexive focus on the respective characteristic methods of the individual arts, representing a critical and also liberating approach that sought to establish artistic criteria and to strengthen one's own position and artistic discipline.[35]

ÄSTHETISCHE REFLEXIVITÄT Der Filmemacher Andrey Tarkovsky beschrieb einmal sein ästhetisches Schaffen mit der Weise, wie sich eine ganze Welt in einem Tropfen Wasser reflektieren kann.[31] Metaphorisch verwies er damit gleichermaßen auf ein konstitutives Merkmal künstlerischer Artikulation und Medienspezifik. Künstlerisches Tun kann Ausschnitte der Welt jeweils fokussierend mimetisch-sinnlich oder semiotisch spiegeln sowie mittels der Thematisierung und Darbietung von Unbeachtetem und Ungekanntem Weltwirklichkeit immer wieder in einem neuen Licht erscheinen lassen.[32] Darin wird ein Feld der Alternativen zu explizierbarem und eindeutigem Wissen ebenso erfahrbar wie ein Begegnungsfeld unterschiedlicher Wahrnehmungs- und Denkmodalitäten. Kunstschaffende beschäftigen sich immer auch mit dem, was sich einem begrifflichen und methodischen Zugriff entzieht.[33] Kunstschaffende versuchen etwas zu zeigen, was man nicht einfach begreifen kann. Kunst kann eine Reflexion menschlichen Erkenntnisvermögens leisten, indem sie auf relative schöpferische Selbstständigkeit im Erleben von Welt verweist und Potenziale der Weiterentwicklung herausfordert.[34] Kurz sei hier noch auf das für die Entwicklung insbesondere der bildenden Künste einflussreiche Konzept der Selbstreflexivität verwiesen, welches der amerikanische Theoretiker Clement Greenberg 1946 formulierte. Gegen die Tendenz performativer Vermischungen der Künste postulierte er eine reflexive Konzentration auf die jeweils charakteristischen Methoden der Einzelkünste, um über diesen kritischen und auch befreienden Blick künstlerische Kriterien zu entwickeln sowie die eigene Position und künstlerische Disziplin zu stärken.[35]

Architecture, which is always charged with the task of shaping the human habitat and has a fundamental influence on people's daily physical environment, has different possibilities than the fine arts due to its degree of freedom and its constructive and technical restrictions. Nevertheless there are also analogies.[36] Apart from its sheltering function, architecture acts in its own way as a mediator and horizon within the human living environment, which in the best case enables people to locate and orientate themselves, and it has mental and physiological foundations and associations.[37] Self-reflection can contribute to the generation of specific forms of knowledge, as an evaluating and comparative way of thinking and reassessment, in the sense of relativizing actions and contents related to the past, present, and future.[38] These can potentially provide insights and contexts for understanding, as well as projective building blocks in relation to architectural work and as an aspect or result of architectural design processes.[39] Reflection and design cooperate in a particular way in the respective design context. It is about a shift in emphasis. It is about insights that, through the possibilities opened up by design knowledge, increase the generative potential and qualities of architectural design competence in the individual and collective sphere, and which shape and convey these as specific forms of knowledge in such a way that they enable comprehension and transferability.[40]

REFLEXION : CREATION   A reflexive approach opens up options for conscious control during the research and design procedure and represents a stimulus for creativity. Creative leaps, as generative moments and phases within a process, do not emerge without cause. They are part of a conceptual and combinational genesis that is based on knowledge.[41] Creative work integrates a view of both the world and of the self, and incorporates both reflexivity and reflection, which potentially represent minimal differences. Even if design and research in architecture and associated disciplines specifically differ from (natural) sciences on the one hand and art on the other, and have their own focuses, practices, media, and contexts, the research field of 'Reflexive Design' perhaps represents a transdisciplinary area that can generate insights and shape cultural practices and environments. Thus the reflexive emerges as an important source of understanding, as a particular type of insight and cognitive content, whereby reflection and reflexivity represent a reference to and involvement with the realities of the world.

Architektur, die immer auch mit der Aufgabe betraut ist, das menschliche Habitat zu gestalten und die physische Alltagsumwelt der Menschen grundlegend prägt, unterscheidet sich in ihren Freiheitsgraden und ihrer konstruktiven und technischen Gebundenheit von den Möglichkeiten der bildenden Künste. Und doch zeigen sich auch Analogien.[36] Neben ihrer schutzbietenden Funktion wirkt Architektur auf ihre Weise im Lebensumfeld des Menschen als Vermittlerin und Horizont, der es den Menschen im besten Fall ermöglicht, sich zu verorten und zu orientieren, und sie hat mentale Grundlagen und Entsprechungen.[37] Selbstreflexivität als Vollzug eines prüfenden und vergleichenden Nachdenkens und Überdenkens im Sinne einer Vergegenwärtigung von Inhalten, Handlungen und Kontexten, die sich mit Vergangenem, Gegebenem und Zukünftigem verbinden, kann dazu beitragen, spezifische Wissensformationen zu erzeugen.[38] Ihre Potenzialität ist es dann, als Erkenntnisse und Verstehenskontexte sowie als projektive Bausteine zu wirken im Sinne einer Thematisierung architektonischer Arbeit und als Anteil oder Resultat architektonischer Entwurfsprozesse.[39] Reflexion und Entwerfen kooperieren dabei auf für den jeweiligen Forschungskontext spezifische Weise. Es handelt sich um eine Verschiebung in der Gewichtung. Es geht um Erkenntnisse, die mit den Möglichkeiten von Entwurfswissen generative Potenziale und Qualitäten architektonischer Entwurfskompetenz im individuellen wie kollektiven Bereich vergrößern und diese als spezifische Wissensformen so gestalten und vermitteln, dass Verstehen und Transferfähigkeit ermöglicht werden.[40]

REFLEXION : KREATION   Die reflexive Haltung öffnet Optionen zur bewussten Prozesssteuerung im Vorgang des Forschens und des Entwerfens und bildet eine stimulierende Komponente für Kreativität. Kreative Sprünge als generative Momente und Phasen in einem Prozess entstehen nicht voraussetzungslos. Sie sind vielmehr verbunden mit einer konzeptuellen und kombinatorischen Genese auf der Basis von Wissen.[41] Kreative Arbeit integriert dabei den gleichzeitigen Blick auf die Welt und auf sich selbst, integriert beides, Reflexivität und Reflexion. Potenziell handelt es sich dabei um minimale Differenzen. Auch wenn sich Entwerfen und Forschen in der Architektur und in den benachbarten Disziplinen spezifisch unterscheiden von (Natur-)Wissenschaften einerseits und Kunst andererseits und ihre eigenen Thematisierungen, Praktiken, Medien und Kontexte haben, liegt vielleicht im Forschungsfeld ,Reflexives Entwerfen' ein Disziplinen verknüpfender, transdiziplinärer Bereich zur Generierung von Erkenntnis und Gestaltung kultureller Praktiken und Umwelten. Das Reflexive erscheint dann als wichtige Quelle des Erkennens, als bestimmte Erkenntnisart und als Erkenntnisinhalt, und Reflexion wie auch Reflexivität zeigen sich als Bezug und Verwicklung mit den Wirklichkeiten der Welt.

ANMERKUNGEN NOTES **1** Vgl. hierzu auch | Cf. also Margitta Buchert, Formen der Relation. Entwerfen und Forschen in der Architektur, in: Ute Frank et al. (eds.), EKLAT, Berlin: Universitätsverlag TU 2011, 76–85 **2** Zur Charakterisierung topologischer Konfigurationen vgl. | For characterizations of topological configurations cf. Gilles Deleuze, Foucault, 7.ed. Frankfurt a.Main: Suhrkamp 2013, 169; Wolfgang Pichler, Topologische Konfigurationen des Denkens und der Kunst, in: id./Ralph Ubl (eds.), Topologie. Falten, Knoten, Netze, Stülpungen in Kunst und Theorie, Wien: Turia+Kant 2009, 13–66 **3** Donald A. Schön, The reflective practitioner. How professionals think in action (1983), 3.ed. London: Ashgate 2003 **4** Vgl. | Cf. ibid. 39–69 **5** Vgl. hierzu und zum Folgenden | Cf. Michael Polanyi, Implizites Wissen (engl. 1966), Frankfurt a.Main: Suhrkamp 1985; Georg Hans Neuweg, Könnerschaft und implizites Wissen, Münster et al.: Waxmann 1999, bes. 344–366 **6** Vgl. | Cf. Donald A. Schön 2003, op.cit. (Anm. | note 3), 276 **7** Vgl. | Cf. Michael Polanyi 1985, op.cit. (Anm. | note 5), 58 **8** Vgl. | Cf. Donald A. Schön 2003, op.cit. (Anm. | note 3), 270–281 **9** Vgl. | Cf. Nigam Bayazit, Investigating design. A review of forty years of design research, in: Design Issues 20(2004)/1, 16–29, 27–28 **10** Vgl. | Cf. Donald A. Schön, Educating the reflective practitioner. How professionals think in action, San Francisco et al.: Jossey-Bass 1987, 20 **11** Vgl. | Cf. Bryan Lawson, What designers know, Amsterdam et al.: Elsevier 2004, 112; Georg Hans Neuweg 1999, op. cit. (Anm. | note 5), 351 **12** Vgl. | Cf. Bryan Lawson 2004, op. cit. (Anm. | note 11) 113 **13** Vgl. ibid., 95–98 **14** Vgl. | Cf. Bernhard Hoesli, Konzeptualisieren, in: Jürg Jansen et al. (eds.), Architektur lehren. Bernhard Hoesli an der ETH Zürich, Zürich: GTA 1989, 40; Bryan Lawson, How designers think. The design process demystified, Amsterdam et al.: Elsevier 2006, 299–301; Georg Hans Neuweg 1999, op.cit. (Anm. | note 5), 332 **15** Vgl. z.B. | Cf. e.g. Andreas Langenohl, Zweimal Reflexivität in der gegenwärtigen Sozialwissenschaft, in: Qualitative Sozialforschung 10(2009) 4–17; David Farrugia, The reflexive subject: Towards a theory of reflexivity as practical intelligibility, in: Current Sociology 61(2003)/5, 283–90 **16** Pierre Bourdieu/Loïc Wacquant, Reflexive Anthropologie, Frankfurt a.Main: Suhrkamp 1996, 63–64 und 287 **17** Vgl. | Cf. Pierre Bourdieu, Praktische Vernunft. Zur Theorie des Handelns, Frankfurt a.Main: Suhrkamp 1998, 206–211; Pierre Bourdieu, Die Regeln der Kunst. Genese und Struktur des literarischen Feldes, Frankfurt a.Main: Suhrkamp 1999, 330–331; Pierre Bourdieu, Science de la science et réflexivité, Paris: Raisons d'agir Éditions 2001, 175–184 **18** Vgl. | Cf. Pierre Bourdieu/ Loïc Waquant, op.cit. (Anm. | note 16), 287–289 **19** Vgl. | Cf. Ulrich Beck/Boris Holzer, Reflexivität und Reflexion, in: id./ Christoph Lau (eds.), Entgrenzung und Entscheidung. Was ist neu an der Theorie reflexiver Modernisierung?, Frankfurt a.Main: Suhrkamp 2004, 165–192, 168–175 **20** Vgl. | Cf. Ulrich Beck, Wissen oder Nicht-Wissen? Zwei Perspektiven reflexiver Modernisierung, in: id/Anthony Giddens/Scott Lash, Reflexive Modernisierung. Eine Kontroverse, Frankfurt a.Main: Suhrkamp 1996, 289–315, 289; Ulrich Beck/Wolfgang Bonss/Christoph Lau, Einleitung, in: Ulrich Beck/Wolfgang Bonss (eds.), Die Modernisierung der Moderne, Frankfurt am Main: Suhrkamp 2001, 7–57, 13–14 **21** Ulrich Beck, Risiko Stadt. Architektur in der reflexiven Moderne, in: Ullrich Schwarz (ed.), Risiko Stadt? Perspektiven der Urbanität, Hamburg: Junius 1995, 33–56, 55–56 **22** Vgl. | Cf. Ulrich Beck/Boris Holzer 2004, op.cit. (Anm. | note 19), 190–191 **23** Vgl. | Cf. Lothar Zahn, Reflexion, in: Karlfried Gründer/Joachim Ritter (eds.), Historisches Wörterbuch der Philosophie, Bd. | vol. 8, Darmstadt:

Wissenschaftliche Buchgesellschaft 1992, 396–406 **24** Vgl. | Cf. Herbert Schnädelbach, Reflexion und Diskurs. Fragen einer Logik der Philosophie, Frankfurt a.Main: Suhrkamp 1977, 11–13 **25** Vgl. | Cf. ibid., 88–94; Peter Sloterdijk, Scheintod im Denken. Von Philosophie und Wissenschaft als Übung, Berlin: Suhrkamp 2010, bes. 41 und 114 **26** Vgl. | Cf. ibid., 30; Alain Badiou, Zweites Manifest für die Philosophie, Wien: Turia+Kant 2010, 74–75; Niklas Luhmann, Die Wissenschaft der Gesellschaft, Frankfurt a.Main: Suhrkamp 1992, 383, 545–547 **27** Vgl. | Cf. ibid., 547, 698–99 **28** Vgl. | Cf. Margitta Buchert, Spielräume im Unbestimmten, in: id./Carl Zillich (eds.), Inklusiv. Architektur und Kunst, Berlin: Jovis 2006, 53–59; Simone Mahrenholz, Kreativität. Eine philosophische Analyse, Berlin: Akademie Verlag 2011, 128–150; Maurice Merlau-Ponty, Phänomenologie der Wahrnehmung, Berlin: De Gruyter 1966, 282–283; **29** Vgl. z.B. | Cf. e.g. Rudolf Arnheim, Anschauliches Denken, Köln: DuMont 1996, 9–11 und 296; Hartmut Böhme, Einführung in die Ästhetik, in: Paragrana 4(1995)/32, 240–254, 247 **30** Vgl. | Cf. Mark Johnson, The meaning of the body. Aesthetics of human understanding, Chicago et al.: The University of Chicago Press 2007, 19–32; Juhani Pallasmaa, The thinking hand, Chichester: John Wiley & Sons 2009, 106–121, passim. **31** Andrey Tarkovsky, Sculpting in time, London: The Bodeley Head 1986, 110 **32** Vgl. | Cf. Peter Geimer, Selbstreflexivität. Befragung eines kunsttheoretischen Jokers. Vortrag im Rahmen der Tagung | Lecture in the context of the conference ‚Der Wert der Kunst', Sonderforschungsbereich 626 Ästhetische Erfahrung im Zeichen der Entgrenzung der Künste, FU Berlin 26.-28.8.2013 **33** Vgl. | Cf. Elke Bippus, Einleitung, in: id. (ed.), Kunst des Forschens. Praxis eines ästhetischen Denkens, Zürich et al.: Diaphanes 2009, 7–23, 14–16 und 37 **34** Vgl. | Cf. Georg Bertram, Kunst als Praxis der Reflexion, Vortrag im Rahmen der Tagung | Lecture in the context of the conference ‚Der Wert der Kunst', Sonderforschungsbereich 626 Ästhetische Erfahrung im Zeichen der Entgrenzung der Künste, FU Berlin 26.-28.8.2013 **35** Vgl. | Cf. Dieter Mersch/Michaela Ott, Tektonische Verschiebungen zwischen Kunst und Wissenschaft, in: ids. (eds.), Kunst und Wissenschaft, München: Wilhelm Fink 2007, 9–31, 24 **36** Vgl. | Cf. Margitta Buchert, Kunst Architektur Denkform, in: Thomas Kaestle (ed.), Wo ist die Kunst? Zur Geographie von Schnittstellen, Bielefeld: Kerber 2004, 100–104; Jane Rendell, Art & architecture. A place between, London et al.: J. B. Tauris 2006, 9–11 **37** Vgl. | Cf. Margitta Buchert, Einfach entwerfen. Fünf Beschreibungen, in: id./Laura Kienbaum, Einfach entwerfen. Wege der Architekturgestaltung, Berlin: Jovis 2013, 12–35, 25–27; Juhani Pallasmaa 2009 op.cit. (Anm. | note 30), 19–20 und 148 **38** Vgl. | Cf. Alain Findeli, Searching for design research questions. Some conceptual clarifications, in: Simon Grand/Wolfgang Jonas (eds.), Mapping design research, Basel: Birkhäuser 2012, 123–134; Simon Grand, Research as design: promising strategies and possible futures, in: ibid. 155–175 **39** Vgl. | Cf. Oswald Schwemmer, Reflexion, in: Jürgen Mittelstrass et al. (eds.), Enzyklopädie Philosophie und Wissenschaftstheorie, Bd. | vol. 3, Stuttgart et al.: Metzler 1995, 525–527 **40** Vgl. | Cf. Nigel Cross, Designerly ways of knowing, London 2006, 9–10; Richard Fouqué, Knowledge in architecture, Brüssel: University Press Antwerp 2010, 26–29 **41** Vgl. | Cf. Martina Plümacher, Alltägliche und organisierte Kreativität, in: Günter Abel (ed.), Kreativität, Berlin: Universitätsverlag TU 2005, Bd. | vol. 2, 337–347, bes. 342–343; Herbert Simon, Die Wissenschaften vom Künstlichen, Berlin: Kammerer & Unverzagt 1990, 77–80; John Zeisel, Inquiry by design, New York et al.: Norton 2006, 150–152

ARCHITECTURAL KNOWLEDGE: METHOD OR MYSTERY?

Lara Schrijver

Can architecture lay claim to a solid, methodical, and thus scientifically ratified, know-ledge base? This is a longstanding question that has recently become urgent again within the field. In a current societal tide that simultaneously demands the measurability of seeking knowledge, the economic viability of cultural endeavor, and the societal relevan-ce of intellectual inquiry, the discipline of architecture seems appraised as inadequate on each particular front. Does this do justice to the synthesis of various domains that is central to the practice of and research in architecture? This article questions the logic of methodological certainty as replacement for qualitative analysis, and as such suggests that perhaps the tide is turning in favor of a revaluation of practices that by their very definition remain outside of the measurable criteria of scientific production. This does not by extension mean that these domains are unscientific, but rather begs the question of what science might now learn from art.

ARCHITECTURE: BETWEEN ART, PROFESSION AND SCIENCE   A central question currently at stake in the domain of architecture, particularly within the institutional setting of the university, is whether architecture can lay claim to a traditional knowledge base, such as that typically attributed to the natural sciences. Does it make use of accepted scientific approaches and values, such as explicit hypotheses that can be tested through experi-

ARCHITEKTONISCHES WISSEN:
METHODE ODER MYSTERIUM?

Lara Schrijver

Ist die Architektur in der Lage, auf einen soliden, methodischen und folglich wissenschaftlich gerechtfertigten Wissensfundus zurückzugreifen? Diese schon seit geraumer Zeit diskutierte Frage hat letzthin in Fachkreisen an Aktualität gewonnen. In einem Gesellschaftsklima, das heute die Messbarkeit von Wissensschöpfung, die ökonomische Nutzbarkeit kultureller Bestrebungen und die gesellschaftliche Relevanz von intellektuellen Unterfangen einfordert, scheint man die Architektur als an jeder dieser Fronten unzulänglich einzustufen. Geschieht damit nicht der Synthese verschiedener Wissensgebiete, die sowohl für die Praxis als auch für die Forschung in der Architektur wesentlich ist, Unrecht? Dieser Artikel hinterfragt die Logik, nach der methodische Sicherheit eine qualitative Analyse ersetzen soll, und stellt in Aussicht, dass sich die Dinge möglicherweise zugunsten einer Neueinschätzung jener Praktiken entwickeln, die per definitionem außerhalb der messbaren Kriterien der Wissenschaftsproduktion liegen. Daraus lässt sich nicht folgern, dass diese Bereiche unwissenschaftlich sind, vielmehr stellt sich die Frage, was die Wissenschaft heute von der Kunst lernen könnte.

ARCHITEKTUR: ZWISCHEN KUNST, PROFESSION UND WISSENSCHAFT   Momentan wird im Bereich der Architektur und besonders in deren universitären Institutionen die Frage diskutiert, ob die Architektur über einen Wissensfundus im traditionellen Sinne verfügt, wie

ment? Does it reveal truths that more or less accurately predict behavior (of buildings, of occupants, of urban agglomerates)? Or should we instead see architecture as closer to the arts, with a more mystical denotation of the knowledge within its practices, whether that be identified as 'divine inspiration', 'artistic genius' or the 'creative spark'? Indeed, is there enough solid research in and about architecture to merit its place within the university? Or should we perhaps begin to consider a retreat from the holy ground of sciences, and rethink the education of the architect as that which should remain within the École des Beaux Arts?

In some sense, institutional concerns have exacerbated these tensions. As universities (particularly in the European context) struggle with decreasing funding from government bodies and compete for limited resources from scientific councils, they hope to increase the efficiency and success of their research investments by turning to measurable criteria to predict successful endeavors. Marking out the scientific value of disciplines in assessable criteria has thus raised the bar for the publication culture of many disciplines, that of architecture included. This increasingly professionalized culture of academic research, dependent on peer-reviewed publications and funding from scientific councils seems at odds with the conditions of practice, which stands in a more dependent relation to external constraints.[1]

The tension between 'science' and 'design' is by no means new, nor is the distinction between theory and practice. Indeed, if we take science to be the body of knowledge that is served by a coherent body of theories, and the profession to be a field within which knowledge is acquired through practice, then we might say that this tension within architecture was already identified by Vitruvius, who wrote: "Architects who have aimed at acquiring manual skill without scholarship have never been able to reach a position of authority to correspond to their pains, while those who relied only upon theories and scholarship were obviously hunting the shadow, not the substance."[2] Yet one might argue that the modern era of science and rationality has ratified a distinction between scholarly knowledge and the applied knowledge of practice.[3] One response, in the second half of the twentieth century, was a turn towards design methodologies in order to address the design process in a more scientific and analytical manner.

It is against this background that questions of credibility and legitimacy have been raised again in recent years, often with an undertone of regret that the authority of yesteryears' architect seems to have been undermined. For example, in a recent lecture Rem Koolhaas

er etwa für die Naturwissenschaften typisch ist. Nutzt sie anerkannte wissenschaftliche Ansätze und Werte wie explizite Hypothesen, die durch Experimente überprüft werden können? Fördert sie Erkenntnisse zutage, die mehr oder weniger präzise ein Verhalten (von Gebäuden, Bewohnern, urbanen Agglomeraten) voraussagen lassen? Oder sollten wir die Architektur in die Nähe der Kunst rücken und das architektonische Wissen wegen seine Praxisnähe eher als eine mystische Komponente betrachten, die sich wahlweise als ‚göttliche Inspiration', ‚künstlerischer Genius' oder ‚kreativer Funke' manifestiert? Gibt es innerhalb der Architektur und über sie genügend solide Forschung, um ihr einen verdienten Platz in den Universitäten einzuräumen? Oder sollten wir darüber nachdenken, uns aus den heiligen Hallen der Wissenschaft zurückzuziehen und fortan die École des Beaux Arts als einzig adäquaten Ort für die Ausbildung zum Architekten zu betrachten?

In gewisser Weise haben institutionelle Belange diese Widersprüche verschärft. Da die Universitäten (besonders jene in Europa) mit sinkenden staatlichen Subventionierungen zu kämpfen haben und um die begrenzten Mittel der Wissenschaftsräte konkurrieren, hoffen sie, die Effizienz und den Erfolg ihrer Forschungsinvestitionen zu erhöhen, indem sie sich messbaren Kriterien zuwenden, die Aussicht auf Erfolg versprechen. Da der wissenschaftliche Wert von Forschungsdisziplinen durch berechenbare Kriterien definiert wird, setzt sich die Publikationskultur vieler Disziplinen, auch der Architektur, hohe Ziele. Diese immer professioneller werdende Kultur der akademischen Forschung, die von innerfachlich geprüften Publikationen und Mitteln der Wissenschaftsräte abhängt, scheint im Widerspruch zu den Bedingungen der Praxis zu stehen, die eher durch äußerliche Zwänge bestimmt ist.[1]

Das Spannungsverhältnis zwischen ‚Wissenschaft' und ‚Entwerfen' ist keineswegs neu, ebenso wenig wie die Unterscheidung von Theorie und Praxis. Begreifen wir nämlich Wissenschaft als Wissensfundus, der durch einen kohärenten Theoriekanon genährt wird, und die Profession als ein Feld, in dem Wissen durch Praxis erlangt wird, verweist dies auf die bereits von Vitruv erkannte Spannung innerhalb der Architektur. Er schreibt dazu: „Architekten, die ohne die Wissenschaft handwerkliche Geschicklichkeit erlangen wollten, ist es nie gelungen, eine ihren Bemühungen entsprechende verantwortliche Position zu erreichen, während jene, die sich nur auf Theorien und Wissenschaft verließen, offensichtlich einen Schatten und nicht das Wesentliche verfolgten."[2] Allerdings könnte man argumentieren, dass in der wissenschafts- und vernunftbetonten Ära der Moderne eine Unterscheidung zwischen akademischem Wissen und dem angewandten Wissen der Praxis gebilligt wurde.[3] Eine Reaktion darauf war die in der zweiten Hälfte des zwanzigsten

shows an image of an architect examining his drawings with his back to the actual cons-truction site. He then notes that he envies this man, who clearly has complete faith that the building is being constructed as he has drawn and intended.[4] In this retrospective nostalgia for a perceived authority, there does seem to be a crisis of faith that stands in stark contrast to the confidence of Le Corbusier in his propositions for the city of three million inhabitants, to name one vivid example (fig. 1). The certainty that the architect has knowledge and expertise to contribute seems to have been undermined in recent ye-ars. Yet simultaneously there is a sense of the inadequacy of scientific 'fact' when reduced to abstractions, numbers, and analyses. This presents an opportunity for architecture as a field in which values and normative judgments are inherently embedded alongside the stark figures of fact. At the 2008 International Architecture Biennale Rotterdam, the main exhibition introduced the question of 'The Construction of Knowledge', with a particular appeal to the activity of design: "Contemporary urban research is facing the challenge of how to move from the collection of data and numbers into programs for immediate ac-tion."[5] As recently as 2010, in the introduction of one of the Architekturgespräche held in Einsiedeln, Werner Oechslin reiterated Alberti's identification of the architect as one who with art and method, thought and invention, and also in execution, answers to the needs of mankind.[6] These and many others often consciously contain echoes of the authority claimed for architecture in the Renaissance and Classical Antiquity, yet they also point to an underlying sense that somehow, something has changed.

In the European context in particular, three main elements contribute to this uncertain self-image of architecture as a discipline. First is the abovementioned longstanding ten-sion between science and design. This history has been written in many ways and from various perspectives, but here perhaps it suffices to make note of the inherent difficulty in trying to align the traditional element of creative thinking, that was for a long time seen as individual genius, with the methodical and rationalized approach of the natural sciences. Of course these lines are much less precise than is often implied. Yet when ar-chitecture is asked to legitimate its knowledge base, define its added value, or indicate its potential for societal contribution, quantifiable scientific approaches tend to prove how it falls short of methodical inquiry and reproducible results.

Second, and certainly a crucial feature in feeding the desire for scientific legitimacy, is the increasing tendency for architecture schools to be situated within universities, the-reby necessitating an adherence to the university habitus. In many countries, architec-ture schools have had a long tradition of being either self-sufficient or aligned with art

1 | Ayn Rand Der visionäre und autoritäre Architekt Howard Roark | The visionary and authoritative architect Howard Roark 1949

Jahrhunderts vollzogene Hinwendung zu Entwurfsmethoden, die den Entwurfsprozess auf wissenschaftlichere und analytischere Weise angehen sollten.

Vor diesem Hintergrund wurden in den letzten Jahren Fragen zur Glaubwürdigkeit und Legitimation laut, die oft mit bedauerndem Unterton eine Unterminierung der Autorität des Architekten der Vergangenheit beklagen. So zeigte zum Beispiel Rem Koolhaas in einer kürzlich gehaltenen Vorlesung das Bild eines Architekten, der mit dem Rücken zur eigentlichen Baustelle seine Zeichnungen betrachtet. Dazu merkte er an, dass er diesen Mann beneide, der offensichtlich vollkommenes Vertrauen darauf habe, dass das Gebäude so gebaut wird, wie er es gezeichnet und geplant hat.[4] In dieser rückwärts gewandten Sehnsucht nach einer vermeintlichen Autorität lässt sich eine Vertrauenskrise ausmachen, die in krassem Gegensatz zum Selbstvertrauen eines Le Corbusier mit seiner Planung einer Stadt für drei Millionen Einwohner steht, um nur ein anschauliches Beispiel zu nennen (Abb. 1). Die Gewissheit, dass der Architekt durch Wissen und Sachverstand seinen Beitrag leisten kann, geriet in den letzten Jahren ins Wanken. Dennoch gibt es gleichzeitig ein Gefühl der Unzulänglichkeit von wissenschaftlichen ‚Fakten', wenn diese auf Abstraktionen, Zahlen und Analysen reduziert werden. Dies könnte für die Architektur auch eine Chance sein, da hier Werte und das Normative grundsätzlich mit schlichten,

academies and polytechnical schools. Many of the most prominent architectural pedago-
gies are in fact to be found outside of the scientific tradition of the university, whether it
is the École des Beaux Arts, the Bauhaus, the Arts and Crafts school or the Architectural
Association.[7] While these curricula with a central focus on design have been successful
in their own right, many schools of architecture have by now, for various reasons, been
incorporated within traditional or technical universities.

Finally, and perhaps most importantly to the sense of urgency today, is the increasing
desire to quantify and rationalize the value of intellectual inquiry. This process goes far
beyond the walls of architecture departments, to central administrations of universities
throughout Europe. It is the sign of a turning tide in the perception of universities in
general. After a long history of supporting the cultural relevance of sustained scholarly
reflection, today's political and societal currents often raise the question: what need
does this research address? As universities themselves struggle for their own legitimacy,
they are required to ride the waves of valorization – demonstrating the value of their
work to, often external, stakeholders. In a time marked by economic valuation, this turns
rapidly to the sense that gathering knowledge must somehow prove its worth in the form
of measurable output, whether that consists of patents, publications, public funding or
commercial ventures.[8]

This last concern in particular, but to a degree all the developments noted here, are external to the discipline of architecture. They reflect societal perceptions, the rapidly shifting
sands of policies and politics, and a particular moment in the history of the discipline. As
such, they are simply preconditions. Nevertheless, as they imply such a vast repercussion
on the discipline, it seems reasonable to take stock of these effects. Could it be that the
principles of traditional scientific inquiry are not necessarily the most adequate approach
to architecture? And if this is indeed the case, might it also be that trying to measure
up with the disciplines that publish in Nature and Science (note that there is not a publication of equal stature called Culture) is a surefire way to lose the race before having
begun? I will argue here instead that we should look quite closely at the core of our own
discipline in order to ascertain what the domain of architecture and the process of design
have to offer the sciences.

ARCHITECTURE'S CORE AND METHODS OF INQUIRY   In 2005, Allen Cunningham recalled
this tension between the sciences, or more broadly the academic disciplines, and the

practice-based skill of design, noting: "Architecture is not a discipline in the traditional

faktischen Zahlen einhergehen. Auf der Internationalen Architektur Biennale Rotterdam 2008 thematisierte die zentrale Ausstellung die Frage nach der ,Konstruktion von Wissen', mit besonderem Gewicht auf die Entwurfspraxis: „Die heutige städtebauliche Forschung steht vor der Herausforderung, wie man aus der Sammlung von Daten und Zahlen Programme für Sofortmaßnahmen entwickeln kann."[5] Erst 2010 bezog sich Werner Oechslin in seiner Einführung zu einem der in Einsiedeln stattfindenden Architekturgespräche auf Albertis Definition des Architekten als Persönlichkeit, die durch Kunst und Methode, Gedankenarbeit und Erfindung und auch durch die Praxis auf die Bedürfnisse der Menschheit reagiert.[6] In den oben genannten Kommentaren und auch denen vieler anderer finden sich bewusste Bezüge auf die Autorität, die die Architektur der Renaissance und der klassischen Antike für sich beanspruchte. Sie verweisen jedoch auch auf das unterschwellige Gefühl, dass sich irgendetwas irgendwie verändert hat.

Besonders im europäischen Kontext tragen hauptsächlich drei Elemente zu diesem verunsicherten Selbstbild der Architektur als Disziplin bei. An erster Stelle steht die bereits erwähnte althergebrachte Spannung zwischen Wissenschaft und Entwerfen. Deren Geschichte ist auf vielfältige Weise und aus unterschiedlichen Perspektiven beschrieben worden. Hier reicht es vielleicht, auf die Schwierigkeiten hinzuweisen, die die Verbindung des traditionellen Elements des kreativen Denkens, das lange Zeit als individueller Genius betrachtet wurde, mit dem methodischen und rationalistischen Ansatz der Naturwissenschaften bereiten. Diese Verknüpfungen sind natürlich sehr viel weniger präzise als oft impliziert. Wenn von der Architektur allerdings gefordert wird, ihren Wissensfundus zu legitimieren, ihre Wertschöpfung zu definieren oder ihr Potenzial hinsichtlich ihres gesellschaftlichen Beitrags darzulegen, tendieren quantifizierbare wissenschaftliche Ansätze dazu, zu beweisen, dass ihr die Fähigkeit zu methodischen Untersuchungen und reproduzierbaren Ergebnissen abgeht.

Das zweite und sicherlich zentrale Merkmal eines Wunsches nach wissenschaftlicher Legitimierung ist die zunehmende Einbettung von Architekturschulen in Universitäten, die eine Annäherung an den universitären Habitus erfordert. In vielen Ländern blicken Architekturschulen auf eine lange Tradition zurück, in der sie entweder unabhängig oder als Teil von Kunstakademien oder polytechnischen Schulen existierten. Viele der bekanntesten Architekturschulen finden sich de facto außerhalb der wissenschaftlich-universitären Tradition, sei es die École des Beaux Arts, das Bauhaus, die Arts-and-Crafts-Schule oder die Architectural Association.[7] Waren deren das Entwerfen in den Mittelpunkt stellenden Studienpläne auch durchaus erfolgreich, wurden doch viele

sense, since it is not served by a definable body of knowledge. Design, the fulcrum of architecture, is an activity, not a subject."[9] He goes on to argue that although architecture is not a discipline easily situated alongside science and other academic disciplines, there are identifiable features in architecture that not only show a relatively stable core of approaches, but also contain important features for other sciences to learn from. Indeed, an entire body of research from the 1960s on has been aimed at understanding and qualifying the 'sciences of the artificial', the 'reflective practitioner', or 'designerly' knowledge.[10]

Within this focus on the 'designerly' fields, in the 1960s, particularly strong focus was placed on methodological coherence. In essence, it was the contingent and practice-bound nature of professional knowledge that was seen as a central distinction between the sciences and the minor professions.[11] Therefore, one way to address the situation was to systematize the design process. If the process were demystified, cut up into identifiable pieces, and clearly related to stable theoretical principles or suppositions, then perhaps there would be a manner to apply this design approach and be more or less certain of the quality of its outcomes. In essence, by attempting to explicate each step of the design process, these approaches hoped to approximate the actual knowledge content within the design. As such, modeling decision-making has been one of the main trajectories of building credibility for architecture as a science. This seemed to offer some soundness to the design process involved in architecture, and also potentially explicate some of the rational decisions that appeared to be intuitive, simply because they were founded in experiential knowledge. However, even as the science of design methods developed, it often remained difficult to capture the qualitative distinctions between the outcomes of particular decisions (fig. 2).

Yet within recent history one can find individual research projects that offer a few preliminary suggestions for research specific to architecture. This includes such projects as the Venturi Scott Brown project 'Learning from Levittown' – in which the variation and customizations of particular projects were gathered, documented, and classified as evidence of the vitality of suburbia and mass developments.[12] The series of photographs are often related to the underlying desires evident in the material language of architecture. (fig. 3) The work of OMA and the Harvard GSD studio on the Pearl River Delta also makes use of photographs of Shanghai for example, but here they combine existing images with additional layers of information. In so doing, they similarly aim at revealing an underlying logic, though in this case exposing our own spatial and aesthetic preconceptions through the unexpected juxtapositions of image and words.[13] Similarly, the work of Oswald Mathias

Architekturschulen mittlerweile aus unterschiedlichen Gründen in traditionelle oder technische Universitäten integriert.

Momentan vielleicht am dringlichsten scheint schließlich das wachsende Bedürfnis nach Quantifizierung und Rationalisierung des Wertes intellektueller Forschungsvorhaben zu sein. Dieser Prozess geht in ganz Europa weit über die Grenzen der Architekturfakultäten hinaus bis in die zentralen Verwaltungen der Universitäten hinein. Dies ist ein Anzeichen für einen generellen Kurswechsel in der Sichtweise auf die Universitäten. Nachdem die kulturelle Relevanz ausgedehnter wissenschaftlicher Reflexionen lange Zeit befürwortet wurde, tendiert man heute auf politischer und gesellschaftlicher Ebene häufig zu der Frage: Welchem Bedürfnis dient diese Forschung? In ihrem Kampf um die eigene Legitimation verlangt man von den Universitäten, auf der Welle der Inwertsetzung mitzuschwimmen, indem sie nämlich Interessensvertretern, häufig auch externen, den Wert ihrer Arbeit darlegen. In einer von ökonomischen Bewertungen geprägten Zeit führt dies unweigerlich dazu, dass die Wissenserfassung ihren Wert als irgendwie messbares Ergebnis beweisen muss, etwa in Form von Patenten, Publikationen, öffentlicher Förderung oder kommerziellen Vorhaben.[8]

Besonders der letzte Punkt, jedoch in gewisser Weise auch alle andern hier beschriebenen Entwicklungen, liegen außerhalb der Disziplin der Architektur. Sie reflektieren gesellschaftliche Vorstellungen, sich permanent verändernde taktische und politische Strategien und einen besonderen Moment in der Geschichte der Disziplin. Insofern sind sie nur Vorbedingungen. Da sie jedoch so eine immense Auswirkung auf die Disziplin haben, scheint es sinnvoll, diese Effekte einer Prüfung zu unterziehen. Kann es sein, dass die Prinzipien der traditionellen wissenschaftlichen Forschung nicht unbedingt die adäquateste Herangehensweise an die Architektur sind? Und wenn dies tatsächlich der Fall ist, kann es dann auch sein, dass der Versuch, sich mit den Disziplinen, die in Nature und Science (man beachte, dass keine vergleichbare Veröffentlichung mit dem Namen Culture existiert) veröffentlichen, zu messen, ein todsicherer Weg ist, das Rennen zu verlieren, bevor es begonnen hat? Vielmehr möchte ich hier dafür plädieren, dass wir stattdessen den Wesenskern unserer eigenen Disziplin genau untersuchen sollten, um herauszufinden, was die Architektur und der Entwurfsprozess den Wissenschaften zu bieten haben.

DER WESENSKERN DER ARCHITEKTUR UND UNTERSUCHUNGSMETHODEN   2005 nahm Allen Cunningham Bezug auf diese Spannung zwischen den Wissenschaften oder, weiter gefasst, den akademischen Disziplinen und der praxisorientierten Entwurfstätigkeit und

Ungers with his colleagues and students in the 'City within the City' studio in Berlin of 1977 took the existing city fabric as an object of study.[14] The studio, with contributions by Hans Kollhoff, Rem Koolhaas, Arthur Ovaska, and Peter Riemann, explored particular formal and compositional logic within the city that would indicate the 'added value' that architecture has to offer – in fact, indicating neighborhoods that they felt would stand the test of time by virtue of their spatial qualities. Adding an image of a similarly composed project from history identified in one image the salient formal features of the area (fig. 4).

Strikingly, each one of these projects approaches the city 'as it is', both documenting and manipulating its representations in an attempt to understand its particular qualities. It is in the combination of existing material and the projective imagination of the architect that new insights are gained. This still makes use of traditional scientific approaches – those of categorization and of explicit identification of selection criteria for example. Premises are made explicit, in order that the logic of argumentation may be followed and agreed upon or contested. All in all, these are simple tactics that may be applied through-out various domains, each of which is aimed at making knowledge intersubjective and discursive. Yet the particular condition of architecture is that it makes use of various modes of representation, from text and calculation to drawing (either sketch or instructional) and model, and all in the approximation of a project that has yet to be constructed.[15] As such, it is indeed a projection of the architect's spatial imagination, that is aimed at bringing together many subcomponents into an overarching whole that is meant to be completely self-evident.

These examples each seek scientific credibility in some sense – they aim at systematic understanding. As such, they imply that the design will benefit from this overall theoretical clarity. Yet while the systematic approach is central to all these projects, it is their visual, material presence that is of interest here. The research is constructed in equal parts of an analytic idea, and a synthesis of the 'designerly' components of architecture. They are explored through photography, through collages and models, in design propositions to test an idea. And as such, together, they build towards the particular knowledge domain that resides within architecture, which is projective and spatial, which depends on analytic and cultural components, but requires an overall synthesis to be apprehended as a single project. One might suggest that this begins to reveal a certain form of research that is not simply historical evaluation, but indeed fluidly navigates various modes of representation. Each project makes extensive use of drawings, photographs, pattern recognition, and drawing techniques. The visual components may be approached by verbal description, but

"I THINK YOU SHOULD BE MORE EXPLICIT HERE IN STEP TWO."

2 | Sidney Harris Cartoon 2006

merkte an: „Architektur ist keine Disziplin im traditionellen Sinne, da sie nicht an einen definierten Wissensfundus gebunden ist. Der Entwurf, Dreh- und Angelpunkt der Architektur, ist ein Arbeitsprozess, kein Lehrfach."[9] Im Weiteren erklärt er, dass die Architektur, obwohl sie eine Disziplin ist, die mit den naturwissenschaftlichen oder anderen akademischen Disziplinen nicht einfach verglichen werden kann, doch identifizierbare Eigenschaften hat, die nicht nur einen relativ stabilen Grundbestand von Methoden, sondern auch wichtige Elemente aufweisen, von denen andere Disziplinen lernen könnten. Tatsächlich befasst sich seit den 1960er Jahren ein ganzer Forschungsbereich mit der Analyse und Einordnung der ‚Wissenschaften vom Künstlichen', des ‚reflektierenden Fachmanns' oder des ‚entwerferischen' Wissens.[10]

Bei dieser Fokussierung auf den ‚entwerferischen' Bereich wurde in den 1960er Jahren besonderer Wert auf methodische Kohärenz gelegt. Im Wesentlichen wurde hier das zufällige, praxisgebundene Wesen des beruflichen Wissens als zentrales Unterscheidungsmerkmal zwischen den Wissenschaften und den nicht rein akademischen Berufsfeldern betrachtet.[11] So stellte sich die Systematisierung des Entwurfsprozesses als ein möglicher Lösungsweg heraus. Wenn der Prozess entmystifiziert, in identifizierbare Teile zerlegt und klar mit theoretischen Prinzipien oder Hypothesen verknüpft würde, dann entstünde vielleicht die Möglichkeit, diesen Entwurfsansatz anzuwenden und so qualitativ relativ sichere Ergebnisse zu erzielen. Im Grunde hoffte man, sich der eigentlichen Wissensgrundlage des Entwurfs anzunähern, indem man jeden Schritt des Entwurfsprozesses zu erklären versuchte. Daher wurde die Modellierung von entwerferischen Entscheidungsprozessen zu einer der wichtigsten Komponenten, um der Architektur als Wissenschaft zu

61

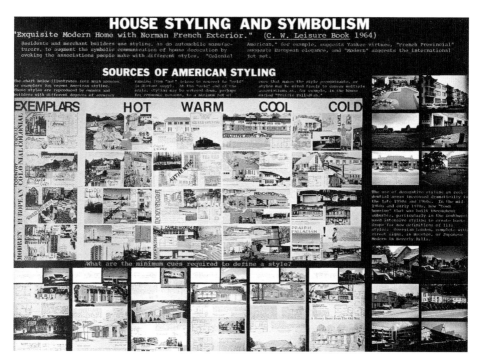

3 | Venturi/Scott Brown & Associates ‚Remedial Housing' für Architekten oder Lernen von Levittown | Remedial Housing for Architects or Learning from Levittown 1970

each mode in itself is an inadequate translation of the other. In this aspect, they parallel the self-evident presence of drawings as central to architectural understanding in the treatises of nineteenth-century architecture (fig. 5).

ARCHITECTURE: TACIT KNOWLEDGE AND SCIENTIFIC RESEARCH   Perhaps it is in this that one can find the key to the flourishing of architecture as a fully-fledged domain of research within the contemporary university environment. As universities turn to measurable entities such as funding acquisition and peer-reviewed publications, architecture's apparent incompatibility with these channels of credibility may prove an opportunity to rethink certain habits of academic performance. Architecture questions its categories not from the mystical perspective of an ineffable intuition, but rather by indicating that there are things we can know that we cannot necessary tell – but we can show.[16] In other words, many of these qualities can be made clear without quantifying them. In this current twist on the classic picture that is 'worth 1000 words', we are beginning to delve more deeply into the visual and spatial domains of research, as well as into the tacit knowledge that informs the practice-bound disciplines.

Glaubwürdigkeit zu verhelfen. Dies schien dem architektonischen Entwurfsprozess eine gewisse Solidität zu verleihen und potenziell auch einige der rationalen Entscheidungen, die intuitiv wirkten, zu erklären, einfach weil sie nun auf empirischem Wissen basierten. Auch wenn die Wissenschaft der Entwurfsmethoden weiterentwickelt wurde, so blieb es doch oft schwierig, die qualitativen Unterschiede zwischen den Ergebnissen der einzelnen Entscheidungen auszumachen (Abb. 2).

In der jüngeren Vergangenheit finden sich jedoch einzelne Forschungsprojekte, die einige vorläufige Ansätze für eine architekturspezifische Forschung bieten. Darunter finden sich auch Projekte wie ‚Learning from Levittown' von Venturi und Scott Brown, bei dem Variantenreichtum und Nutzeranpassung bestimmter Projekte zusammengefasst wurden, um so Belege für die Lebensfähigkeit von Vororten und Massenbebauung zu dokumentieren und klassifizieren.[12] Die Fotoserien nehmen häufig auf die der Materialsprache der Architektur innewohnenden Wunschvorstellungen Bezug (Abb. 3). Auch in der Arbeit von OMA und dem Harvard GSD Studio zum Pearl River Delta werden zum Beispiel Fotografien von Shanghai benutzt, allerdings werden hier vorhandene Bilder mit zusätzlichen Informationsebenen kombiniert. Dadurch zielen auch sie auf die Offenlegung einer verborgenen Logik ab, in diesem Fall werden unsere räumlichen und ästhetischen Erwartungen jedoch durch überraschende Gegenüberstellungen von Bild und Wort bloßgelegt.[13] Ähnlich behandelte auch Oswald Mathias Ungers 1977 in Berlin gemeinsam mit Kollegen und Studenten in dem Workshop ‚Die Stadt in der Stadt' die existierende Stadtstruktur als Studienobjekt.[14] Mittels Beiträgen von Hans Kollhoff, Rem Koolhaas, Arthur Ovaska und Peter Riemann untersuchte der Workshop spezifische formale und kompositorische Zusammenhänge in der Stadt, die den durch die Architektur geschaffenen ‚Mehrwert' belegen. Dabei wurden letztlich Stadtquartiere präsentiert, die nach Meinung der Architekten durch ihre räumlichen Qualitäten zeitlichen Bestand haben würden. Je ein Bild eines ähnlich strukturierten historischen Projekts repräsentierte die augenfälligen formalen Merkmale des jeweiligen Quartiers (Abb. 4).

Es fällt auf, dass jedes dieser Projekte die Stadt so rezipiert, ‚wie sie ist', wobei ihre Darstellungen sowohl dokumentiert als auch manipuliert werden, um ihre spezifischen Qualitäten zu verdeutlichen. Die Kombination von existierendem Material und den die Zukunft antizipierenden Vorstellungen des Architekten schafft neue Einblicke. Dabei bedient man sich noch traditioneller wissenschaftlicher Ansätze, zum Beispiel der Kategorisierung und expliziten Identifikation von Auswahlkriterien. Es werden Grundsätze festgelegt, um sicherzustellen, dass der Logik der Argumentation gefolgt und diese bejaht bzw. ange-

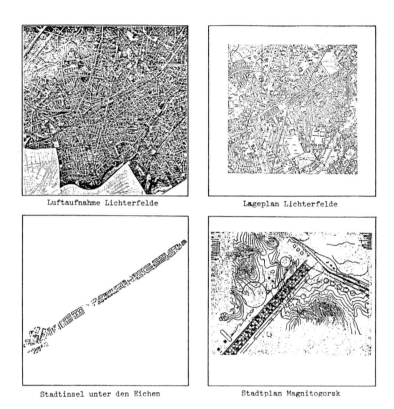

Luftaufnahme Lichterfelde   Lageplan Lichterfelde

Stadtinsel unter den Eichen   Stadtplan Magnitogorsk

4 | O.M. Ungers et al. Studie von Berlin-Lichterfelde im Vergleich mit Magnitogorsk | Study of the Lichterfelde area of Berlin in comparison to Magnitogorsk 1978

Recent studies are beginning to acknowledge this, studying precisely those fields that are by definition tied to a form of practical knowledge.[17] In the Netherlands, the Rathenau institute did an extended study on a number of similar fields, including medicine, law, and architecture. Each of these fields loses its credibility when seen as 'pure' research – for the practices and foundations of law are indeed defined by their performance in the public domain and in the context of societal transformations. While medicine may be founded on theories of the human system, the practices of diagnostic criteria are best trained by performing them. Similarly, architecture as 'idea' is worth little without its materializations and iterations in practice. As such, the report by the Rathenau institute, 'Evaluating Research in Context' makes note of the central position of practical research in the larger body of knowledge that constitutes these domains (fig. 6).[18]

Beyond the issues of scientific performance indicators in the contemporary university environment, there is a disciplinary sense of urgency underlying these questions. There is

fochten werden kann. Insgesamt sind dies einfache Taktiken, die in unterschiedlichen Wissenschaftsgebieten angewendet werden können und allesamt darauf abzielen, Wissen intersubjektiv und diskursiv zu machen. Das Besondere an der Architektur ist jedoch, dass sie sich unterschiedlicher Repräsentationsmethoden bedient, von Text und Berechnungen bis zu Zeichnungen (seien sie skizzenhaft oder instruktiv) und Modellen, die alle dazu dienen, ein Projekt zu umreißen, das noch konstruiert werden muss.[15] Dies ist letztlich eine Projektion der räumlichen Vorstellungen des Architekten, die viele Unterkomponenten zu einem umfassenden Ganzen vereinen und vollkommen selbstevident sein soll.

Diese Beispiele verlangen in gewisser Weise nach wissenschaftlicher Bestätigung – sie zielen auf ein systematisches Verständnis ab. Dadurch implizieren sie, dass der Entwurfsprozess von dieser umfassenden theoretischen Klarheit profitieren wird. Während jedoch bei all diesen Projekten der systematische Ansatz im Mittelpunkt steht, interessiert uns besonders ihre visuelle, materielle Komponente. Die Forschung besteht zu gleichen Teilen aus einer analytischen Idee und einer Synthese aus ,entwerferischen' architektonischen Komponenten. Durch Fotografie, Collagen, Modelle und Entwurfsvorschläge wird die ihnen zugrunde liegende Idee untersucht und überprüft. So entsteht ein spezifischer Wissensbereich innerhalb der Architektur, der projektiv und räumlich und sowohl von analytischen als auch kulturellen Komponenten abhängig ist, aber eine umfassende Synthese erfordert, um als individuelles, zusammenhängendes Projekt rezipiert werden zu können. Man könnte daraus schließen, dass so eine bestimmte Form der Forschung zutage tritt, die nicht einfach auf historischer Bewertung basiert, sondern tatsächlich frei zwischen verschiedenen Darstellungsformen navigiert. Bei jedem Projekt werden Zeichnungen, Fotografien, Strukturerkennung und Zeichentechniken intensiv genutzt. Man kann sich den visuellen Komponenten durch verbale Beschreibungen annähern, aber beide Modi sind eine unzulängliche Übersetzung des jeweils anderen. Insofern entsprechen sie dem selbstverständlichen, das Architekturverständnis untersützenden Einfügen von Zeichnungen in die Architekturtraktate des 19. Jahrhunderts (Abb. 5).

ARCHITEKTUR: IMPLIZITES WISSEN UND WISSENSCHAFTLICHE FORSCHUNG   Und darin läge vielleicht auch der Schlüssel, der die Architektur zu einem vollwertigen Forschungsgebiet im aktuellen universitären Kontext machen könnte. Während sich die Universitäten evaluierbaren Faktoren wie etwa der Akquirierung von Fördermitteln und innerfachlich geprüften Publikationen zuwenden, bietet die offensichtliche Inkompatibilität der Architektur mit solchen Kredibilitätsforen vielleicht die Möglichkeit, gewisse Gepflogenheiten im Bereich des wissenschaftlichen Auftritts neu zu überdenken. Die Architektur hinter-

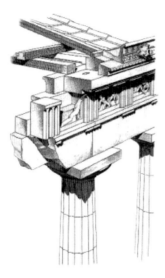

5 | Eugène Emmanuel Viollet-le-Duc Aufbau und Fügung des Dachabschlusses am Parthenon | Structure and composition of the cullis at Parthenon 1872

a palpable concern as to what the core of architecture might be. We have been reflecting on this field according to the habitus of others for so long that it seems we have lost sight of what it is that we ourselves do. Although Allen Cunningham suggests that what we do is distinct from our disciplinary body of knowledge, pointing out that architecture typically 'steals' knowledge from other domains in order to implement it in the activity of design, recent publications such as Harvard Design Magazine's 'The Core of ...' (architecture, landscape and urban design) suggest that there might even be a body of knowledge we could identify as deriving from this 'doing'.[19]

Questions being revisited in books such as Richard Sennett's The Craftsman (2008) are founded upon the conviction that what we learn actually does teach us something other than purely theoretical knowledge. This is an intuitive truth to many – whether that is based in the experience of learning to ride a bike, or confronting the dissonance between theoretical knowledge and the results of actually doing something. It is this that lies at the heart of current directions in research, and indeed is part and parcel of divergent directions that nevertheless all appeal to that 'je ne sais quoi' that is part of architectural practice. In all cases, we might even say that we are now running up against the limitations of quantifiable research and the modeling that we have learned to see as 'real' science. And in that sense, architecture itself has something to contribute in revisiting our notions of what is solid knowledge, of learning to speak about unstable truths, while still understanding that there is a consensus that rules – plausibility if not absolute truth. And it is here that I would like to close on a note of hope, if not of outright optimism. This

fragt ihre Kategorien nicht aus der mystischen Perspektive einer nicht definierbaren Intuition heraus, sondern zeigt eher auf, dass es Dinge gibt, die wir wissen, jedoch nicht unbedingt beschreiben können – wir können sie allerdings zeigen.[16] Anders gesagt, können viele dieser Qualitäten deutlich gemacht werden, ohne dass man sie quantifiziert. Diese Neuinterpretation des klassischen Bildes, das ‚mehr als 1000 Worte sagt‘, lässt uns tiefer sowohl in visuelle und räumliche Forschungsgebiete als auch in das implizite Wissen, das die praxisbezogenen Disziplinen prägt, eindringen.

Jüngste Studien bestätigen dies zunehmend, indem sie eben jene Bereiche untersuchen, die per definitionem an Formen des praktischen Wissens gebunden sind.[17] In den Niederlanden führte das Rathenau Institut eine Reihe von Untersuchungen solcher Bereiche, wie etwa Medizin, Recht und Architektur, durch. Jedes dieser Felder verliert seine Kredibilität, wenn es als ‚reine‘ Forschung betrachtet wird – so werden Praxis und Grundlagen der Rechtswissenschaft durch ihre Anwendung im öffentlichen Bereich und im Kontext sozialer Veränderungen definiert. Mag die Medizin auch auf Theorien vom menschlichen Körper basieren, so vermitteln sich die Kriterien der Diagnose doch am besten in der Praxis. Ähnlich ist die Architektur als ‚Idee‘ ohne ihre materielle Umsetzung in der Praxis relativ wertlos. Der Bericht des Rathenau Instituts, ‚Evaluating Research in Context‘, unterstreicht also die zentrale Rolle der praktischen Forschung in dem diese Bereiche konstituierenden Wissensbestand (Abb. 6).[18]

Über die Problematik der Indikatoren wissenschaftlicher Leistung im heutigen universitären Kontext hinaus gibt es eine disziplinspezifische Dringlichkeit hinsichtlich dieser Fragen. Es gibt ein spürbares Interesse an der Frage, was der Wesenskern der Architektur sein könnte. Wir haben unser Berufsfeld so lange im Habitus anderer gespiegelt, dass wir anscheinend aus dem Blick verloren haben, was wir selbst eigentlich tun. Während Allen Cunningham darauf hinweist, dass das, was wir tun, vom eigentlichen Wissensfundus unserer Disziplin abweicht, da die Architektur für gewöhnlich Wissen aus anderen Bereichen ‚stiehlt‘, um es in den Entwurfsprozess einzubringen, verweisen jüngere Publikationen wie etwa ‚The Core of ...‘ (Architektur-, Landschafts- und Stadtplanung) im Harvard Design Magazine darauf, dass es sogar einen Wissensfundus geben könnte, der sich wiederum aus diesem ‚Tun‘ ableitet.[19]

Fragen, die in Büchern wie Richard Sennetts ‚Handwerk‘ (2008) untersucht werden, basieren auf der Überzeugung, dass das, was wir tatsächlich zu tun lernen, uns etwas anderes lehrt als rein theoretisches Wissen. Dies empfinden viele Menschen intuitiv als Wahrheit,

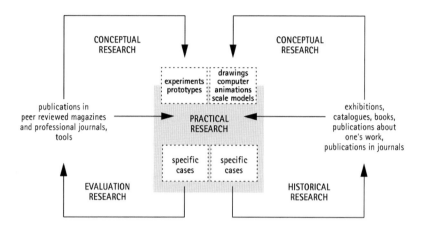

CONCEPTUAL
RESEARCH

CONCEPTUAL
RESEARCH

experiments :: drawings
prototypes :: computer
:: animations
:: scale models

publications in
peer reviewed magazines
and professional journals,
tools

PRACTICAL
RESEARCH

exhibitions,
catalogues, books,
publications about
one's work,
publications in journals

specific :: specific
cases :: cases

EVALUATION
RESEARCH

HISTORICAL
RESEARCH

6 | Barend van der Meulen et al. Diagramm zur Forschung in Architektur Forschungsbewertung im Kontext | Diagram
of research in architecture Evaluating research in context 2009

old continent of Europe, which contains the rise and fall of so many turns of knowledge
within its very foundations, may be seen as the Western world – yet it equally holds unpa-
rallelled potential. The distances are relatively small between the many diverse cultures.
And rather than waging the historical wars, we are at a point that the constructions of
economic exchange and the foundations of the welfare state have led to a long period of
peace and collaboration. The continent is shifting rapidly, as the East – formerly behind
the Iron Curtain – is joining the West, all the while maintaining a strong sense of their
own values. The current economic uncertainty may be leaving deep marks, but new voices
are raised within these somber times as well. And they look forward, to a future that
faces challenges, but has the possibility to reconfigure our relation to one another and
to the earth as our very own construct – an environment that is natural, yet marked by
our interventions. And these sensibilities – of the longest history and a brighter future
are tangible throughout the new population of thinkers and designers. For this is a field
marked by the necessity of optimism – and I hope that this may be begin to filter throug-

hout the broader scientific domain.

die ebenso auf der Erfahrung, Fahrrad fahren zu lernen basieren kann, wie auf dem Erleben der Dissonanz zwischen theoretischem Wissen und dem Ergebnis einer tatsächlich ausgeführten Handlung. Dies ist das Kernstück aktueller Forschungsrichtungen sowie fester Bestandteil auch divergierender Richtungen, die dennoch alle auf das ‚je ne sais quoi' Bezug nehmen, das Teil der architektonischen Praxis ist. Auf jeden Fall können wir jedoch sagen, dass wir heute gegen die Einschränkungen durch quantifizierbare Forschung und Modellierung, die wir bislang als ‚wahre' Wissenschaft betrachtet haben, Sturm laufen. In diesem Sinne kann die Architektur selbst dazu beitragen, unsere Vorstellungen darüber, was solides Wissen ist, neu zu überdenken und zu lernen, über ungewisse Wahrheiten zu sprechen, wobei gleichzeitig begriffen wird, dass es einen herrschenden Konsens gibt – Plausibilität, wenn nicht gar absolute Wahrheit.

Und hier möchte ich mit einer hoffnungsvollen, wenn nicht geradezu optimistischen Note schließen. Dieser alte europäische Kontinent, der so viele Wissenswandlungen hat kommen und gehen sehen, kann als Abendland betrachtet werden, hat jedoch gleichzeitig ein unvergleichliches Potenzial. Die vielen unterschiedlichen Kulturen liegen räumlich relativ nah beieinander. Und anstatt die Geschichte kriegerischer Auseinandersetzungen fortzuschreiben, sind wir heute an einem Punkt, an dem die Etablierung des ökonomischen Austauschs und der Prinzipien des Sozialstaats zu einer langen Periode des Friedens und der Zusammenarbeit geführt haben. Der Kontinent verändert sich rapide, da der zuvor hinter einem eisernen Vorhang befindliche Osten sich mit dem Westen verbündet, wobei dennoch ein ausgeprägtes Empfinden für die eigenen Werte erhalten bleibt. Die momentane ökonomische Unsicherheit mag tiefe Spuren hinterlassen, aber selbst in diesen düsteren Zeiten erheben sich neue Stimmen. Sie schauen auf eine Zukunft, die Herausforderungen birgt, jedoch auch die Möglichkeit bietet, unsere Beziehungen untereinander und zu unserem Konstrukt der Welt – einer einerseits natürlichen, andererseits durch unsere Eingriffe geprägten Umgebung – zu überdenken. Diese Sensibilität für eine lange Geschichte und eine hoffnungsvollere Zukunft prägt eine neue Generation von Denkern und Gestaltern. Denn dieser Bereich erfordert Optimismus – und ich hoffe, dass dieses Phänomen sich auch im allgemeinen Wissenschaftsbereich auszubreiten beginnt.

ANMERKUNGEN NOTES **1** Jeremy Till, Architecture Depends, Cambridge, MA: MIT Press 2009 **2** Curt Fensterbusch (ed.), Vitruv. Zehn Bücher über Architektur, Darmstadt: Wiss. Buchgesellschaft 2008, Buch 1 Kapitel 1, „Die Ausbildung des Baumeisters" **3** Nathan Glazer prägte den Begriff der ‚minor professions' für Berufsfelder, die mehr auf Handwerk und Erfahrung basieren als auf wissenschaftlichem Wissen im Gegensatz zu den ‚major professions' der Medizin und des Rechts. | Nathan Glazer coined the term 'minor professions' for these fields founded on skills and experience more than scholarly knowledge, as opposed to the 'major professions' of medicine and law. Nathan Glazer, The Schools of the Minor Professions, Minerva 12(1974)/3, 346–364 **4** Rem Koolhaas, Agenda: 4 Ambitions, Charles Jencks Lecture, RIBA, November 2012, in: http://www.youtube.com/watch?v=Y97yXB82nWc 8.10.13 **5** International Architecture Biennale Rotterdam, kuratiert von | curated by Kees Christiaanse. Eröffnungsausstellung | Opening exhibition, Netherlands Architecture Institute, Rotterdam 2008 **6** Werner Oechslin, Métier oder: Das Berufsbild des Architekten, in: http://www.bibliothek-oechslin.ch/veranstaltungen/architekturgespraeche/metier/einfuehrung 13.12.13. Oechslin zitiert das Vorwort zu Leon Battista Alberti, Zehn Bücher über die Baukunst, um anzumerken: | Oechslin quotes the preface of Leon Battista Alberti, The Ten Books of Architecture, to note that: „der Architekt ist derjenige ‚der gelernt hat, mittels eines bestimmten und bewundernswerten Planes und Weges sowohl in Gedanken und Gefühl zu bestimmen, als auch in der Tat auszuführen, was unter der Bewegung von Lasten und der Vereinigung und Zusammenfügung von Körpern den hervorragendsten menschlichen Bedürfnissen am ehesten entspricht und dessen (möglichste) Erwerbung und Kenntnis unter allen wertvollen und besten Sachen nötig ist.'" **7** Eine Reihe dieser Studienpläne wird diskutiert in: | A number of these curricula are discussed in: Allen Cunningham, Notes on education and research around architecture, The Journal of Architecture, 10(2005)/4, 415–441 **8** René Boomkens, Topkitsch en Slow Science: Kritiek van de academische rede, Amsterdam: Van Gennep 2008 **9** Allen Cunningham, Notes on education and research around architecture, The Journal of Architecture, 10(2005)/4, 415–441 **10** Herbert Simon, The Sciences of the Artificial, Cambridge, Mass: MIT Press, 1969; Donald Schön, The Reflective Practitioner, New York: Harper Collins, 1982; Nigel Cross, Designerly Ways of Knowing, London: Springer 2006 **11** Nathan Glazer, The Schools of the Minor

Professions, Minerva 12(1974)/3, 346–364 **12** Dieses Studioprojekt trug den Titel ‚Remedial housing for architects'
und bestand aus einer empirischen Studie zu Levittown, die Symbole und Veränderungsprozesse der Massenwohnbe-
bauung zum Gegenstand hatte. | This studio project was titled 'Remedial Housing for Architects', offering a visual,
empirical study of Levittown that revealed the existing symbols and transformations of the mass housing developments. Venturi, Scott Brown and Associates, On Houses and Housing, Architectural Monographs 21, London: Academy
Editions 1992 **13** Chuihua Judy Chung/Jeffrey Inaba/Rem Koolhaas/Sze Tsung Leong et.al., The Great Leap Forward:
Harvard Design School Project on the City, Cologne: Taschen 2002 **14** Oswald Mathias Ungers et al., Die Stadt in der
Stadt: Berlin das Grüne Stadtarchipel, Köln: Verlag Walther König 1977. Auf Englisch unter dem Titel: | Published in
English as: Cities within the City, Lotus 19, 1977, 82–97. A new critical edition has just been published: Sebastien
Marot/Florian Hertweck (eds.), Die Stadt in der Stadt: Berlin das Grüne Stadtarchipel, Zürich: Lars Müller Publishers
2013 **15** Stan Allen, Practice: Architecture, Technique and Representation, Amsterdam: G+B Arts International 2000
16 "Es gibt Dinge, die wir wissen, aber nicht beschreiben können" | "There are things that we know but we cannot tell"
Michael Polanyi, Tacit Knowing. Its Bearing on Some Problems of Philosophy Reviews of Modern Physics, 34(1962)/4,
601–616 **17** Frank van der Hoeven, Mind the Evaluation Gap: Reviewing the assessment of architectural research
in the Netherlands, Architectural Research Quarterly, 15(2011)/2, 177–187; Quality assessment in the design and
engineering disciplines, a systematic framework, Series: Advisory report KNAW TWINS Council, Amsterdam: Royal
Netherlands Academy of Art and Sciences 2010 **18** Barend van der Meulen et al., Evaluating Research in Context,
Pilot Study at the Faculty of Architecture TU Delft, Final Report, The Hague: Rathenau Institute 2010 **19** Harvard
Design Magazine 35–37, 2013–2014. Siehe auch Willem-Jan Neutelings Beitrag zum Symposium Architecture 2.0
2007 in Rotterdam, der in einer früheren Version auf der Projective Landscape Conference (TU Delft) am 16.-17.
März 2006 vorgestellt wurde. | See also Willem-Jan Neutelings' contribution to the 2007 symposium Architecture
2.0 in Rotterdam, which was presented in an earlier version at the Projective Landscape conference (TU Delft) March
16-17, 2006. Willem-Jan Neutelings, Essay 06, Architecture Bulletin 5, Rotterdam: NAi Publishers 2008, 76–91

RESEARCH FOR UNCERTAINTY
Reflections on research by design

Wolfgang Jonas

S T A R T I N G P O I N T   My description of situations and the distinctions I draw are contingent. Based on my somewhat unconventional starting point, which I call the 'swamp', I put forward a standpoint on research by design.

MÜNCHHAUSEN'S SWAMP: NO REASON IN DESIGN   There is rarely a sound basis for design theories. The only 'grounding' is the assumption that design – the human capacity to shape the environment – follows its own course. The strategies of 'muddling through' have been proven, formalized, and professionalized. The demand for theoretical foundations leads to the 'Münchhausen trilemma' (after Baron Münchhausen, who allegedly pulled himself and his horse out of the swamp by his hair): we have the choice between the infinite regressive argument, the axiomatic argument, and the circular argument as foundations. The latter is the most attractive option, in my opinion, as is explained below. Perhaps a more apt image is that of a floundering and kicking frog in a pot of cream, who finally churns the cream into hard butter and thus manages to escape across the solidified surface?

ALICE AND THE RED QUEEN: NO PROGRESS IN DESIGN   The 'Red Queen hypothesis' refers to the co-evolution of systems and environments (the 'learning' procedure) in nature and society, and to the efforts required to develop interfaces between them. There is an increase in complexity, but little progress in this process. In this respect, design means repeatedly establishing links between all kinds of artifacts and contextual systems of a

RESEARCH FOR UNCERTAINTY
Überlegungen zur Forschung durch Design

Wolfgang Jonas

DIE AUSGANGSSITUATION   Meine Situationsbeschreibung, die Wahl meiner Ausgangsunterscheidungen ist kontingent („draw a distinction!"). Ausgehend von meinem leicht idiosynkratischen Startpunkt, den ich den ‚Sumpf' nenne, entwickle ich eine Position zur designerischen Forschung.

MÜNCHHAUSENS SUMPF: KEIN GRUND IM DESIGN   Tragfähige Begründungen für Designtheorien sind kaum möglich. Der einzige ‚Grund' ist die Annahme, dass Design – die menschliche Fähigkeit des gestaltenden Umgangs mit seiner Umwelt - sein eigener Grund ist. Die Strategien des ‚muddling through' haben sich bewährt, formalisiert und professionalisiert. Die Frage nach theoretischen Grundlagen führt zum ‚Münchhausen-Trilemma' (Baron Münchhausen, der sich und sein Pferd am eigenen Schopf aus dem Sumpf zieht): Wir haben die Wahl zwischen unendlichem Regress, autoritärer Setzung und Zirkularität als Begründung. Letzteres ist für mich die attraktivste Variante, wie weiter unten noch deutlich wird. Möglicherweise ist das Bild des strampelnden Frosches im Sahnetopf, der schließlich die Sahne zu fester Butter schlägt und über den damit solide gewordenen Grund entkommt, passender?

ALICE UND DIE ROTE KÖNIGIN: KEIN FORTSCHRITT IM DESIGN   Die ‚Red Queen's Hypothese' bezeichnet die Ko-Evolution von Systemen und Umwelten (das ‚Lernen') in Natur und Gesellschaft und die erforderlichen Anstrengungen der Interfacebildung dazwischen. Es gibt Komplexitätssteigerung, aber kaum Fortschritt in diesem Prozess. Design ist in

physical, mental, and social nature, which can be described as idiosyncratic and autopoietic, but in any case not as directly influenceable. If, in accordance with Niklas Luhmann, one defines 'form' as the unit of distinction between the system and the environment, then one can go on to use the neat concept of 'Formgestaltung'. Christopher Alexander (1964), Herbert Simon (1969), Gui Bonsiepe (1996) and others applied the concept to design. Dirk Baecker (2000) also interprets these interfaces from the point of view of systems theory and describes design as a "practice of ignorance", a state of not-knowing: "One can identify design as a practice of not-knowing on a range of interfaces, but the dominant interfaces are probably those between technology, the psyche, and communication. If one differentiates between these 'worlds', which are each described by a more or less elaborate knowledge, then this knowledge is lost and makes room for experiments, which are the experiments of design. [...] Not taking anything for granted anymore, but seeing the potential for dissolution and reassembly everywhere, opens up the possibilities for design, which ultimately touches on education, therapy, and medicine."[1]

CONTROL AND PROGNOSIS: THINGS ARE RATHER COMPLEX...   Design nearly always involves hybrid conglomerates of what Baecker calls the 'worlds' of technology, the physical, the psychological, and communications. In other words, situations pertaining to the living environment and realms of experience, and the possibility to make changes. We are dealing with a complexity that Mikolecky characterized quite succinctly: "Complexity is the property of a real world system that is manifest in the inability of any one formalism being adequate to capture all its properties. It requires that we find distinctly different ways of interacting with systems. Distinctly different in the sense that when we make successful models, the formal systems needed to describe each distinct aspect are NOT derivable from each other."[2] Therefore the more incompatible descriptions of a phenomenon we combine together, the closer we get to the reality of this phenomenon. This is a very design-led definition of how to handle complexity.

... AND HAVE EVER WIDER REPERCUSSIONS: ANTHROPOCENE   We are facing the paradoxical situation of the ever greater manipulative power of design, science, and technology, while at the same time a diminishing prognostic capacity and less control with regard to the social, economic, or ecological consequences. Furthermore, when it comes to legitimacy we are completely helpless. That is why prominent scientists such as Paul Crutzen, Nobel Prize winner for chemistry in 1995, say that we have left the Holocene and have entered into the 'Anthropocene' era. The term refers to the visible impact and degree of influence that human activities have on the earth as a whole. The Holocene – the

dieser Sicht das immer wieder neue Herstellen von Passungen zwischen Artefakten aller Art und Kontextsystemen physischer, psychischer und sozialer Art, die man als eigensinnig und autopoietisch, jedenfalls nicht gezielt beeinflussbar, bezeichnen kann. Wenn man mit Niklas Luhmann die ‚Form' als die Einheit der Unterscheidung von System und Umwelt bezeichnet, dann kann man das schöne Konzept der ‚Formgestaltung' weiter verwenden. Christopher Alexander (1964), Herbert Simon (1969), Gui Bonsiepe (1996) u.a. haben das Konzept auf Design bezogen. Auch Dirk Baecker interpretiert diese Interfaces systemtheoretisch und beschreibt Design als „Praxis des Nichtwissens": „Man wird das Design als Praxis des Nichtwissens auf unterschiedlichste Interfaces hin lesen können, aber dominierend sind wahrscheinlich die Schnittstellen zwischen Technik, Körper, Psyche und Kommunikation: Wenn man diese ‚Welten', die jeweils von einem mehr oder weniger elaborierten Wissen beschrieben werden, miteinander in Differenz setzt, verschwindet dieses Wissen und macht Experimenten Platz, die die Experimente des Design sind. [...] Hier nichts mehr für selbstverständlich zu halten, sondern Auflösungs- und Rekombinationspotential allerorten zu sehen, wird zum Spielraum eines Designs, das schließlich bis in die Pädagogik, die Therapie und die Medizin reicht."[1]

KONTROLLE UND PROGNOSE: DIE DINGE SIND ZIEMLICH KOMPLEX...   Design befasst sich fast immer mit hybriden Konglomeraten der von Baecker so genannten „Welten" der Technik, der Körper, der Psychen und der Kommunikationen. Also mit lebensweltlichen Situationen und den Möglichkeiten ihrer Veränderung. Wir haben es mit Komplexität zu tun, die Mikulecky fast ultimativ charakterisiert hat: „Complexity is the property of a real world system that is manifest in the inability of any one formalism being adequate to capture all its properties. It requires that we find distinctly different ways of interacting with systems. Distinctly different in the sense that when we make successful models, the formal systems needed to describe each distinct aspect are not derivable from each other."[2] Je mehr inkompatible Beschreibungen eines Phänomens wir also miteinander kombinieren, desto näher kommen wir der Wirklichkeit dieses Phänomens. Eine sehr designerische Definition des Umgangs mit Komplexität.

... UND ZIEHEN IMMER WEITERE KREISE: ANTHROPOZÄN   Wir stehen vor der paradoxen Situation der immer größeren Manipulationsmacht durch Design, Wissenschaft und Technik bei gleichzeitig abnehmender Prognosefähigkeit und Kontrolle hinsichtlich der sozialen, ökonomischen oder ökologischen Konsequenzen. Und wenn es um Legitimität geht, dann sind wir völlig hilflos. Deshalb sagen prominente Wissenschaftler wie Paul Crutzen, Nobelpreisträger für Chemie 1995, dass wir das Zeitalter des Holozän verlassen

current warm period – started 12,000 years ago and is the last phase of the Quaternary. The whole Quaternary is referred to as an ice age, because at least one large ice sheet – the Antarctic – has existed throughout the entire period. A heretical idea: if we did not take action now, then at least we would prevent the next ice age!

However, as designers, scientists, politicians, and citizens, we evidently feel obliged to intervene. Negative feedback has the purpose of stabilizing the comfortable circumstances of the Holocene. A more forceful approach claims the power to control positive feedback dynamics and therefore to create new desirable situations. This type of 'geo-engineering' seeks to control the earth's systems from a quasi-divine position. The epistemological repercussions of this global real-time design situation – whereby the world as a whole becomes a laboratory and we are in the midst of it – are scarcely taken into consideration.

ALL OF THIS IS ETHICALLY RELEVANT   This is not about the admirable hubris of aspiring to save the world, which can sometimes be observed amongst designers, but simply about the fact that designers play a role in shaping practice and therefore touch on the field of ethics. Another way of formulating it is that design has always had to deal with facts and values at the same time. Nowadays this should be even more obvious. "I want to let language and actions float on an undercurrent of ethics and make sure that neither of them sink, so that ethics is not expressed explicitly and language does not degenerate into moral preaching."[3] I will return to this matter again in the summary.

WHAT SHOULD BE DONE?   How should we deal with this uncomfortable, challenging situation, which I described consciously in this way and not in another? It is evidently necessary to back up the description with arguments and also (we are practicing design!) to develop operational and practicable methods. The art is therefore to make the whole appear as 'real' and not as arbitrary, which means that the creator takes a back seat. One has achieved a certain maturity if one is always conscious of this. In other words, if one can maintain that one's own approaches are the best and arbitrary at the same time, which is rather like romantic irony.[4]

THE SWAMP – RESEARCH FOR UNCERTAINTY   We are familiar with the perpetually recurring topic of the rationalization of design: Louis Sullivan's metaphysical determination of form through intrinsic function, Hannes Meyer's scientific euphoria, the 'Design Methods Movement' of the nineteen-sixties, with its references to operations research and cybernetics, or even the (social) scientific orientation of present-day design

haben und in das ‚Anthropozän' eingetreten sind. Der Begriff bezeichnet die Evidenz und das Ausmaß des Einflusses, den menschliche Aktivitäten auf die Erde als Ganze haben. Das Holozän – die aktuelle Warmperiode - begann vor 12.000 Jahren und ist die letzte Phase des Quartärs. Das gesamte Quartär wird als Eiszeit bezeichnet, weil zumindest ein großer Eisschild – die Antarktis – über die gesamte Periode existiert hat. Eine ketzerische Idee: Wenn wir jetzt nichts täten, dann würden wir zumindest die nächste Eiszeit verhindern!

Aber wir fühlen uns als Designer, Wissenschaftler, Politiker, Bürger, natürlich verpflichtet, zu intervenieren. Ein negativer Feedback-Ansatz versucht die komfortablen Bedingungen des Holozäns zu stabilisieren. Ein anmaßenderer Ansatz sieht sich in der Lage, positive Feedback-Dynamiken zu kontrollieren und damit neue erwünschte Zustände herzustellen. ‚Geo-Engineering' dieser Art versucht, von einer quasi-göttlichen Position aus die Erdsysteme zu kontrollieren. Die epistemologischen Bedingungen dieser globalen Echtzeit-Designsituation – die Welt als Ganze wird zum Labor und wir sind mitten drin - bleiben weitgehend unreflektiert.

DAS GANZE IST ETHISCH RELEVANT Hier geht es nicht um die zuweilen bei Designern zu beobachtende sympathische Hybris des Weltrettungsanspruchs, sondern einfach um die Tatsache, dass Designer Praxis mitgestalten und damit das Feld der Ethik betreten. Man kann es auch so formulieren, dass Design immer schon mit Fakten und Werten gleichzeitig umgehen muss. Heute sollte dies stärker reflektiert werden. Heinz von Foerster: „Ich möchte Sprache und Handeln auf einem unterirdischen Fluß der Ethik schwimmen lassen und darauf achten, dass keines der beiden untergeht, so dass Ethik nicht explizit zu Wort kommt und Sprache nicht zur Moralpredigt degeneriert."[3] Ich komme im Resumée noch einmal auf die Frage zurück.

WAS TUN? Wie nun umgehen mit dieser - von mir bewusst so und nicht anders beschriebenen - ungemütlichen, zumindest herausfordernden Situation? Es geht offenbar darum, die Beschreibung argumentativ abzusichern und darüber hinaus (wir betreiben Design!), Ansätze von Operationalisierbarkeit zu schaffen, anwendbare Methoden zu entwickeln. Die Kunst besteht dann darin, das Ganze als ‚wahr' und nicht als kontingent erscheinen zu lassen, d.h. den Urheber in den Hintergrund zu stellen. Eine gewisse Reife hat man erreicht, wenn man sich dieser Verschleierungsleistung immer bewusst bleibt. Das heißt, wenn man es aushält, die eigenen Ansätze zugleich als die besten und als beliebig zu sehen. Ein wenig wie romantische Ironie.[4]

research. However, if we accept the premises outlined above, then we have to search for new theoretical foundations (for what is scarcely explicable), for arguments that support autonomy, and for new methodological approaches to surviving in the swamp.

LEARN TO LOVE THE SWAMP   Donald Schön put forward the "dilemma of rigor and relevance"[5]: there is the 'high ground', where one can rely on straightforward, research-based theory. Then there are the 'swampy lowlands', where relevant design takes place, but where the situations present themselves as confusing and 'messy', not conforming to a model or pattern. There are designers who specifically choose the 'swampy lowlands' for experimentation, because one can find the relevant issues and problems there. When asked about methods, they mention experience, trial and error, intuition, and muddling through. The others look for the lost key under the lantern, on the 'high ground', even if they know that this is not where they dropped it. However, at least it is bright and tidy under the lantern: "Hungry for technical rigor, devoted to an image of solid professional competence, or fearful of entering a world in which they feel they do not know what they are doing, they choose to confine themselves to narrowly technical practice."[6] The bottomless, multilayered swamp and the contradictory hybrid seem to be where knowledge is generated. How do we deal with this in design?

Through an additional, more esthetic use of metaphors: we have to have the courage to enter the 'room behind the mirror', to reflect on our own active and creative role in the design process, and to tolerate the disorder and confusion in the process: "In another moment Alice was through the glass, and had jumped lightly down into the looking-glass room [...] Then she began looking about, and noticed that what could be seen from the old room was quite common and uninteresting, but that all the rest was as different as possible. For instance, the pictures on the wall next to the fire all seemed to be alive, and the very clock on the chimney-piece (you know you can only see the back of it in the looking glass) had got the face of a little old man, and grinned at her. 'They don't keep this room so tidy as the other,' Alice thought to herself..."[7]

THEORIES FOR THE SWAMP   Design theories are not concerned with stable realities (nature), with a claim to truth, but with complicated and tricky relational networks between the human, social, artistic, and natural, so-called 'quasi-objects'. Design is somewhere between the natural and the social, the two poles that have been so perfectly opposed to each other in the history of science. Herbert Simon made the first attempt to establish the 'Sciences of the Artificial' in between.

DER SUMPF – RESEARCH FOR UNCERTAINTY Wir kennen das immer wiederkehrende Motiv der Rationalisierung des Entwerfens: Louis Sullivans metaphysische Begründung der Form aus der wesenhaften Funktion, Hannes Meyers Wissenschaftseuphorie, das ‚Design Methods Movement' der 1960er Jahre mit seiner Anlehnung an Operations Research und Kybernetik, oder auch die (sozial-)wissenschaftliche Orientierung des heutigen Design Research. Wenn wir aber die oben skizzierten Prämissen akzeptieren, dann müssen wir nach neuen theoretischen Begründungen (des kaum Begründbaren), nach argumentativer Unterstützung der Eigenständigkeit und nach neuen methodischen Ansätzen zum Überleben im Sumpf suchen.

DEN SUMPF LIEBEN LERNEN Donald Schön thematisiert das „dilemma of rigor and relevance"[5]: Es gibt den ‚high ground', wo man sich auf saubere, forschungsbasierte Theorie verlassen kann. Und es gibt die ‚swampy lowlands', wo relevantes Design passiert, wo die Situationen sich aber als verwirrend und ‚messy' und in kein Schema passend darstellen. Und es gibt die Designer, die sich genau die ‚swampy lowlands, als ‚Spielfelder' aussuchen, eben weil dort die relevanten Probleme zu finden sind. Wenn man sie nach Methoden fragt, dann sprechen sie von Erfahrung, trial and error, Intuition und muddling through. Die anderen suchen den verlorenen Schlüssel unter der Laterne, auf dem ‚high ground', auch wenn sie wissen, dass sie ihn dort gar nicht verloren haben. Aber unter der Laterne ist es wenigstens hell und ordentlich: „Hungry for technical rigour, devoted to an image of solid professional competence, or fearful of entering a world in which they feel they do not know what they are doing, they choose to confine themselves to narrowly technical practice."[6] Der grundlose, vielschichtige Sumpf, das widersprüchliche Hybride scheinen die Orte der Wissensproduktion zu sein. Wie gehen wir im Design damit um?

Eine weiterführende, ästhetischere Metaphorik: Wir müssen uns trauen, den ‚Raum hinter dem Spiegel' zu betreten, unsere eigene aktive und kreative Rolle im Forschungsprozess reflektieren und die Unordnung dabei aushalten: „Im nächsten Moment war Alice durch den Spiegel und sprang behende in das Spiegelzimmer hinab. [...] Dann fing sie an, sich umzusehen, und stellte fest, dass das was von dem anderen Zimmer aus gesehen werden konnte, ganz normal und uninteressant war, aber alles andere war so verschieden wie nur möglich. Zum Beispiel schienen die Bilder an der Wand neben dem Kamin alle lebendig zu sein, und sogar die Uhr auf dem Kaminsims (ihr wisst, dass man nur ihre Rückseite im Spiegel sehen kann) hatte das Gesicht eines kleinen alten Mannes und grinste sie an. ‚Man hält dieses Zimmer nicht so in Ordnung wie das andere,' dachte Alice."[7]

Since Bruno Latour's dictum "We have never been modern"[8], we have been made aware that this opposition has been an ingenious trick, in order to justify the truth claims on both sides. The polarization creates the two institutions – the 'Laboratory' and the 'Leviathan' – and therefore the blind spots that prevent us from seeing the constructed aspects of our knowledge about nature and our inaptitude in planning the social. The first two paradoxical, constitutional guarantees of modernity arise: (1) "Even when we construct nature, it is as if we did not."[9] (2) "Even when we do not construct society, it is as if we did."[10] At the same time, Latour states that it is only the fertile, swampy ground of the two spheres, which are inseparable from each other, that generates the creative dynamic required to produce hybrid connections and quasi-objects. For Latour, the ozone hole represents such a quasi-object, composed of our consumer behaviour, refrigerators, politicians, thermodynamic processes etc. In the swamp of the laboratory, 'mediation' takes place, with 'purification' on the surface. Although on the surface the spheres are in fact cleanly separated again, sometimes natural scientists still cannot resist, on the basis of their purified facts, drawing social conclusions, giving politicians or citizens advice, and inferring how things should be. It is evident how fragile and uncertain the modern separation is. The third guarantee of modernity emerges: (3) "Nature and society have to remain strictly separate; the process of purification has to remain strictly separate from the process of mediation."[11]

The difficulty of theorizing in design is due to the impracticality of these modern scientific constructions for design. My search for the 'designerly ways of knowing'[12] is based in theoretical terms on systems theory and second-order observation: not only the object, but also the observer is conceived as a 'black box'. Mistrust in language and representation[13] is combined with faith in communication as a means of solving problems. The rejection of metaphysical substantiations leads to evolutionary approaches. There are no requirements for this, no assumptions about an origin, no act of creation, nor an axiomatic basis, instead just suppositions about the nature of the process. 'Evolutionary epistomology'[14] supports the argumentation. Karl Popper says that hypotheses, theories, and statements can only be falsified, never verified.[15] This means that we can only get close to the truth by a process of trial and error that is as systematic as possible. The relation between reality and our perceptions and views is defined not so much by the success, but by the failure of theories. We gain a much better understanding of reality if we cannot master it than if we somehow battle our way through it. Mistakes, discrepancies, and irritations become a catalyst for the new, for a procedural dynamic that can be traced from the organic to the cultural.[16]

THEORIEN FÜR DEN SUMPF   Designtheorien befassen sich nicht mit stabilen Realitä-
ten (Natur), über die man etwas mit Wahrheitsanspruch aussagen könnte, sondern mit
verzwickten Beziehungsnetzwerken zwischen Menschlichem, Sozialem, Künstlichem und
Natürlichem, sogenannten ‚Quasi-Objekten'. Wir befinden uns mit dem Design irgendwo
zwischen dem Natürlichen und dem Sozialen, den beiden Polen, die in der Geschichte der
Wissenschaft so perfekt voneinander getrennt worden sind. Herbert Simon hat den ersten
Versuch gemacht, dazwischen die ‚Sciences of the Artificial' zu etablieren.

Seit Bruno Latours Diktum ‚Wir sind nie modern gewesen'[8] können wir wissen, dass diese
Trennung ein genialer Trick gewesen ist, um die Wahrheitsansprüche der beiden Seiten zu
rechtfertigen. Die Trennung kreiert die beiden Institutionen – das ‚Labor' und den ‚Leviathan' - und damit die blinden Flecken, die uns daran hindern, das Konstruierte unseres
Wissens über die Natur und unser Unvermögen der Planung von Sozialem zu sehen. Die
ersten beiden paradoxen grundlegenden Garantien der Moderne kommen in den Blick:
(1) „Auch wenn wir die Natur konstruieren, ist es, als konstruierten wir sie nicht."[9] (2)
„Auch wenn wir die Gesellschaft nicht konstruieren, ist es, als konstruierten wir sie."[10]
Gleichzeitig beschreibt Latour, dass nur der fruchtbare, sumpfige Untergrund der beiden
Sphären, wo die Trennung unmöglich ist, die kreative Dynamik ermöglicht, immer neue
hybride Verbindungen und Quasi-Objekte zu produzieren. Das Ozonloch ist bei Latour so
ein Quasi-Objekt, das aus unserem Konsumverhalten, Kühlschränken, Politikern, thermo-
dynamischen Prozessen, etc. besteht. Im Sumpf des Labors passiert ‚Mediation', an der
Oberfläche ‚Reinigung'. Obwohl an der Oberfläche dann eigentlich wieder die saubere
Trennung der Sphären herrscht, lassen sich Naturwissenschaftler zuweilen doch dazu ver-
führen, auf der Grundlage ihrer gereinigten Fakten Schlüsse für das Soziale zu ziehen,
Politikern oder Bürgern Ratschläge zu geben, vom Sein aufs Sollen zu schließen. Man
sieht, wie fragil die moderne Trennung ist. Die dritte Garantie der modernen Verfassung
kommt zum Vorschein: (3) „Natur und Gesellschaft müssen absolut getrennt bleiben; die
Arbeit der Reinigung muss absolut getrennt bleiben von der Arbeit der Vermittlung."[11]

Die Fragilität des Theoretisierens im Design beruht auf der Unbrauchbarkeit dieser modernen Wissenschaftskonstruktionen für Design. Meine Suche nach den ‚designerly ways
of knowing'[12] basiert theoretisch auf Systemtheorie und Beobachtung zweiter Ordnung:
Nicht mehr nur der Gegenstand, sondern auch der Beobachter wird als ‚black-box' konzipiert. Misstrauen in Sprache und Repräsentation[13] verbindet sich mit Vertrauen in Kommunikation als Mittel der Problemlösung. Die Ablehnung metaphysischer Begründungen
führt zu evolutionären Ansätzen. Dabei sind keinerlei Voraussetzungen erforderlich,

Authors	Phases of the learning/design process (induction – abduction – deduction)		
Jones (1970)	Divergence	Transformation	Convergence
Archer (1981)	Science	Design	Arts
Simon (1969) and Weick (1969)	Intelligence	Design	Choice
Nelson and Stolterman (2003)	The True	The Ideal	The Real
Jonas (2007)	Analysis	Projection	Synthesis
Fallman (2008)	Design Studies	Design Exploration	Design Practice
Brown (2009)	Inspiration	Ideation	Implementation
Nicolescu (2002)	System Knowledge	Target Knowledge	Transformation Knowledge

1 | Wolfgang Jonas Triadische Modelle des Erfahrungslernens in der Designforschung | Triadic models of experiential learning in design research 2012

METHODOLOGICAL CONSEQUENCES   Two methodological approaches seem particularly useful with regard to this complex situation. Firstly, 'circularity' – referring to permanent, more or less rapid learning processes, in which variations or so-called mistakes represent the central epistemological tool. Secondly, illustrative maps of knowing and not-knowing, with regard to both the object (the intended results) and the available theoretical resources (the design theories).

CIRCULARITY AS A PROCESS PATTERN   The concepts of circularity, trial and error, and evolution are closely related and result in design based on pragmatist concepts of learning[17]. Numerous design methodologies[18] are based on circular four-step models, composed of one inductive and one deductive semi-circle. In the majority of these models, the gap between induction and deduction is not addressed. The creative procedure of 'abduction', which introduces the new to the logical, but sterile processes of induction and deduction, is mentioned in a number of three-step models with different names.[19] (fig. 1) In design, abduction refers not only to where the new is created, but also to the transition from how things are to how they should be, from facts to values. I will return to this later.

Annahmen über einen Ursprung, einen Schöpfungsakt oder eine axiomatische Grundlage, sondern lediglich Annahmen über den Charakter des Prozesses. Die ‚evolutionäre Erkenntnistheorie'[14] stützt die Argumentation. Karl Popper (1973) sagt, dass man Hypothesen, Theorien und Aussagen nur falsifizieren kann, niemals verifizieren.[15] Das heißt, nur durch möglichst systematisches ‚trial and error' Verhalten kommen wir der Wahrheit näher. Für den Realitätsbezug unserer Anschauungen spricht nicht so sehr der Erfolg, sondern das Scheitern von Theorien. Wir erhalten sehr viel mehr Erkenntnisse über die Wirklichkeit, wenn wir an ihr scheitern als wenn wir uns irgendwie durchlavieren. Der Fehler, die Abweichung, die Irritation wird zum Initial für das Neue, eine prozessuale Dynamik, die sich vom Organischen bis hin zum Kulturellen nachweisen lässt.[16]

METHODOLOGISCHE KONSEQUENZEN Zwei methodologische Aspekte erscheinen in dieser prekären Situation besonders interessant: ‚Zirkularität' bezeichnet die Form permanenter, mehr oder weniger schneller Lernprozesse, in denen Variationen oder sogenannte Fehler das zentrale Erkenntnisinstrument darstellen, sowie ‚Spielfelder', anschauliche Landkarten des Nichtwissens sowohl was den Gegenstand betrifft (die angestrebten Ergebnisse), als auch was die verfügbaren theoretischen Ressourcen angeht (die Designtheorien).

ZIRKULARITÄT ALS PROZESSMUSTER Die Konzepte Zirkularität, trial and error, Evolution sind eng verwandt und führen über pragmatistische Konzepte des Lernens[17] zum Design. Zahlreiche Designmethodiken[18] beruhen auf zirkulären 4-Schritt-Modellen, welche aus einem induktiven und einem deduktiven Halbkreis bestehen. In den meisten dieser Modelle wird die Lücke zwischen Induktion und Deduktion nicht thematisiert. Die kreative Schlussweise der ‚Abduktion', welche in die logischen, aber sterilen Prozesse von Induktion und Deduktion das Neue einführt, ist in zahlreichen 3-Schritt-Modellen mit unterschiedlichen Namen genannt (Abb. 1).[19] Abduktion bezeichnet nicht nur den Ort der Entstehung des Neuen, sondern im Design auch den Übergang vom Sein zum Sollen, von den Fakten zu den Werten. Ich komme darauf zurück.

Die Modelle beschreiben Aushandlungsprozesse individueller sowie sozialer Art: Entwerfer und stakeholder kommunizieren und verhandeln über die Ziele des Prozesses. Es geht im Wesentlichen um den möglichst reichhaltigen Vorvollzug von möglichen Zukünften.[20] Fehler, die sich prinzipiell erst im Nachhinein als solche erweisen können, werden zum wesentlichen Medium von Designdenken und -handeln: Design schafft ‚Spielfelder'.

The models describe negotiation processes of an individual, as well as of a social nature: designers and stakeholders communicate and negotiate about the objectives of the process. It primarily involves a thorough anticipation of possible futures.[20] Mistakes that only become evident in retrospect become a significant resource for design ideas and actions: design creates a range of potential possibilities.

MAPS AS EXPERIMENTAL PLATFORMS   I will focus on the 'quattro stagioni' form: two orthogonal axes represent problem-specific aspects and form a graph, showing the spectrum of problems and solutions. We can begin with a quite elementary knowledge chart (fig. 2): referring to the act of 'knowing' (from 'knowing' to 'not knowing'), as well as to 'knowledge' as a noun (from 'no knowledge' to 'knowledge'). Ideally, we assume that we are progressing individually, collectively, and in terms of civilization from the innocent primal state of ignorance (I do not know that I do not know anything), via Socratic irony (I only know that I know nothing), to the realms of explicit (I know that I know) and implicit (I do not know that I know) knowledge. Today this appears naïve: we should know that we do not know what we do not know. Donald Rumsfeld spoke of the 'unknown unknowns'[21] as the greatest challenges of our time. Some are already talking about the 'ignorance society'[22]. This type of chart is very common. We can find them in strategic management (cf. the 'Boston Matrix'), in innovation research[23], and especially in scenario research[24].

SYSTEMS THEORY / NETWORKED THINKING AND SCENARIO TECHNIQUES   The problems of 'control' and 'prognosis' (see above) imply 'networked thinking' and 'scenario approaches' as methodological solutions. Gausemeier, Fink and Schlake[25] present the procedure in depth. (Cf. fig. 3). Scenarios help us to chart possible futures, in order to find new niches, new solutions (design), and answers (design research). They also serve the purpose of forming intelligent hypotheses through abduction, imagination, and poetry. Creative and bold hypotheses are often more useful than inductively and pedantically constructed, tentative little theories. They help us to make better mistakes sooner. Figure 4 shows a simplified design adaptation of the elaborate scenario process. Two dimensions / variables with 'high impact' and 'high uncertainty' open up four different potential futures. Images, powerful titles, and incisive stories intensify the communication.[26]

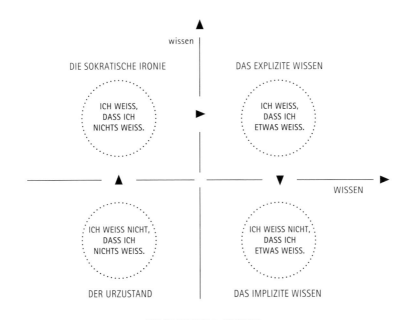

wissen

DIE SOKRATISCHE IRONIE

ICH WEISS,
DASS ICH
NICHTS WEISS.

DAS EXPLIZITE WISSEN

ICH WEISS,
DASS ICH
ETWAS WEISS.

WISSEN

ICH WEISS NICHT,
DASS ICH
NICHTS WEISS.

ICH WEISS NICHT,
DASS ICH
ETWAS WEISS.

DER URZUSTAND

DAS IMPLIZITE WISSEN

DER URZUSTAND 2. ORDNUNG
Ich sollte heute wissen, dass ich nicht weiss, was ich nicht weiss.
Um die ‚unknown unknowns' wissen.

2 | Wolfgang Jonas Landkarte des Wissens / Nichtwissens | Map of knowing / not knowing 2012

SPIELFELDER ALS PROBEBÜHNEN   Ich konzentriere mich auf die Form ‚quattro stagioni':
Zwei orthogonale Achsen repräsentieren problemspezifische Dimensionen und definieren
das Spielfeld, den Problem- und Lösungsraum. Wir können ganz elementar bzw. auch
‚meta' beginnen mit einer Wissenslandkarte (Abb. 2): Die erste Dimension bezeichnet
‚wissen' als Verb (von ‚nicht wissen' bis ‚wissen'), die zweite Dimension ‚Wissen' als Sub-
stantiv (von ‚kein Wissen' bis ‚Wissen'). Idealerweise nehmen wir an, dass wir uns individuell, kollektiv und zivilisatorisch vom unschuldigen Urzustand des Nichtwissens (ich
weiß nicht, dass ich nichts weiß) über die sokratische Ironie (ich weiß, dass ich nichts
weiß) in die Sphären des expliziten (ich weiß, dass ich weiß) und impliziten (ich weiß
nicht, dass ich weiß) Wissens vorarbeiten. Heute erscheint dies naiv: Wir sollten wissen,
dass wir nicht wissen, ‚was' wir nicht wissen. Donald Rumsfeld sprach von den ‚unknown
unknowns'[21] als den größten Herausforderungen der Zeit. Manche sprechen bereits von
der ‚Ignorance Society'[22]. Landkarten und Spielfelder dieser Art sind ubiquitär. Wir finden
diese besondere Art des Mapping im strategischen Management (vgl. die ‚Boston Matrix'),
in der Innovationsforschung[23] und vor allem in der Szenarioforschung[24].

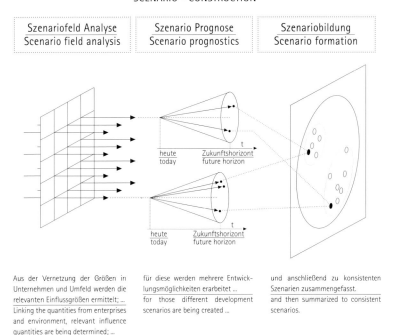

SZENARIO - ERSTELLUNG
SCENARIO - CONSTRUCTION

| Szenariofeld Analyse
Scenario field analysis | Szenario Prognose
Scenario prognostics | Szenariobildung
Scenario formation |

heute
today

Zukunftshorizont
future horizon

heute
today

Zukunftshorizont
future horizon

Aus der Vernetzung der Größen in Unternehmen und Umfeld werden die relevanten Einflussgrößen ermittelt; ...
Linking the quantities from enterprises and environment, relevant influence quantities are being determined; ...

für diese werden mehrere Entwicklungsmöglichkeiten erarbeitet ...
for those different development scenarios are being created ...

und anschließend zu konsistenten Szenarien zusammengefasst.
and then summarized to consistent scenarios.

3 | Fink/Gausemeier/Schlake Systemdenken und Szenario-Prognostik | System thinking and scenario prognostics 1996

SELF-DETERMINATION OF THE DESIGN SYSTEM   Design is not just about supposedly objective problems and solutions, but also about the individual and about organizational self-determination, about the reflection of its own and external observational preferences, blind spots, and value systems, in other words second-order cybernetics. Every new observational perspective supplies new knowledge and produces necessary new blind spots. Figure 5 shows a map of my 'theory heroes'. They demonstrate – there is not enough space to elaborate on it here – how their theoretical standpoints are based on coincidences of a biographical nature, on creative individuality in dealing with the material, and possibly on personal quirks.

SYSTEMDENKEN / VERNETZTES DENKEN UND SZENARIOTECHNIKEN   Die Probleme der
‚Kontrolle' und der ‚Prognose' (s.o.) implizieren ‚vernetztes Denken' und ‚Szenarioansät-
ze' als methodische Antworten. Gausemeier, Fink und Schlake[25] präsentieren die Vor-
gehensweise in aller Breite (vgl. Abb. 3). Szenarien helfen uns, mögliche Zukünfte zu
kartieren, um neue Nischen, neue Lösungen (Design) und Antworten (Designforschung)
zu finden. Sie dienen auch zur intelligenten Hypothesenbildung durch Abduktion,
Imagination und Poesie. Kreative, mutige Hypothesen sind oft wichtiger als induktiv-
erbsenzählerisch konstruierte ängstliche kleine Theorien. Sie helfen uns, die besseren
Fehler schneller zu machen. Abbildung 4 zeigt eine vereinfachte designerische Adaption
des ausführlichen Szenarioprozesses. Zwei Dimensionen / Variablen mit ‚high impact'
und ‚high uncertainty' spannen das Zukunfts-Spielfeld auf und geben Raum für vier
unterschiedliche Zukünfte. Bilder, starke Titel und prägnante Geschichten dienen als
kommunikative Verstärker[26].

SELBSTVERORTUNG DES ENTWERFENDEN SYSTEMS   Es geht nicht nur um die vermeintlich objektiven Problem- und Lösungsräume, sondern (Kybernetik 2. Ordnung) auch um
die individuelle und organisationale Selbstverortung, um die Reflexion der eigenen und
fremden Beobachtungspräferenzen, blinden Flecken und Wertsysteme. Jede neue Beob-
achtungsperspektive liefert neues Wissen und produziert notwendig neue blinde Flecken.
Abbildung 5 zeigt eine Landkarte meiner ‚Theorie-Helden'. An ihnen lässt sich demons-
trieren – wozu hier der Raum fehlt – wie ihre theoretischen Positionen auf Zufällen
biografischer Art, kreativem Eigensinn im Umgang mit dem Material und möglicherweise
persönlichen Marotten beruhen.

Herbert Simon (1916–2001), der ‚Positivist', der das Entwerfen ohne endgültige Ziele
propagiert. Optionen offen halten. Das Verfestigen von Trajektorien verhindern. Entwerfen als eine Art ‚geistigen Schaufensterbummels'. "Mit der Vorstellung, dass aus dem
Herstellen und Durchführen von Entwürfen neue Ziele entstehen können, ist der Gedanke
eng verbunden, dass die Entwurfstätigkeit selbst ein Ziel der Planung sein könnte. Sich
neue Möglichkeiten vorzustellen und sie auszuarbeiten, ist eine an sich angenehme und
wertvolle Erfahrung. [...] Das Entwerfen ist eine Art geistigen Schaufensterbummels. Man
muß keine Einkäufe tätigen, um Vergnügen daran zu finden. [...] Man kann sich dennoch
eine Zukunft vorstellen, in der unser Hauptinteresse an der Wissenschaft und am Entwerfen in den Erfahrungen liegen wird, die sie uns über die Welt vermitteln, und nicht in
den Dingen, die sie uns erlauben der Welt anzutun. Entwerfen ist wie die Wissenschaft
ein Instrument ebenso des Verstehens wie des Handelns. [...] Unsere Enkel können von

Herbert Simon (1916-2001), the 'positivist', who advocates design without ultimate objectives, keeping options open and avoiding the ossification of trajectories. Design as a form of 'intellectual window shopping'. "The notion that the creation and execution of designs can lead to new objectives is closely linked to the idea that the act of designing can be a planning objective in itself. Imagining new possibilities and developing them is in itself a pleasant and valuable experience. [...] Designing is a form of intellectual window shopping. One does not have to make any purchases in order to enjoy it. [...] One can nevertheless imagine a future where our main interest in science and in design will lie in the experiences of the world that they convey to us, and not in the things that they allow us to do to the world. Design, like science, is a vehicle both of knowledge and of action. [...] All our grandchildren can ask of us is that we give them the same opportunities that we had, for adventure, for being involved with new and interesting designs."[27]

C. West Churchman (1913-2004), the 'melancholic', who describes the designer as a tragicomic hero, who ought to actually despair of his situation. "For the applied scientist, the scientific method has to incorporate an overall philosophy, however vague, inadequate, or difficult to justify it might be. This is what the Germans call 'Weltanschauung', a concept of what constitutes reality, which becomes an integral aspect of the behavior and actions of the applied scientist. This is the main reason why the applied scientist does not simply apply the results of research alone, but also applies his world view. [...] His role is tragic in a truly heroic way: he must act, but can never know whether his actions are appropriate. His role is also comic: his conduct has a humorous aspect that everyone can appreciate. As he is human, he is reluctant to become heroic. ..."[28]

Frederic Vester (1925-2003), the 'missionary', who accords the designer a key position, the role of an overall synthesist. The designers are still unsure. "...it is neither possible nor desirable to design a product in isolation, with no reference to its sociological, psychological, and ecological environment. It is especially in this respect that designers play a key part in future development, not because they are more intelligent, or better informed, or more creative, but because they have been accorded the role of the overall synthesist. This is a role that does not even require the power to make decisions, for it is often enough to demonstrate the interrelations and their consequences, as well as the possi-

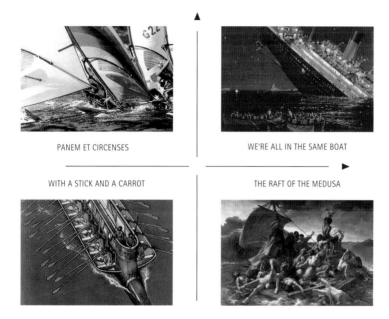

PANEM ET CIRCENSES

WE'RE ALL IN THE SAME BOAT

WITH A STICK AND A CARROT

THE RAFT OF THE MEDUSA

4 | Wolfgang Jonas Quattro stagioni: Vier ungewisse Zukünfte narrativ entwickelt | Narrative developing of four uncertain futures 2001

uns nicht mehr verlangen, als daß wir ihnen die gleichen Chancen für Abenteuer, für die Beschäftigung mit neuen und interessanten Entwürfen bieten, die wir gehabt haben."[27]

C. West Churchman (1913–2004), der ‚Melancholiker', der den Entwerfer als tragikomischen Held beschreibt, der eigentlich an seiner Situation verzweifeln müsste. „Für den angewandten Wissenschaftler muss die wissenschaftliche Methode eine Philosophie des Gesamtsystems einschließen, wie vage, unzulänglich und schwierig zu verteidigen auch immer sie sein mag. Dies ist, was die Deutschen ‚Weltanschauung' nennen, eine Auffassung davon, wie die Wirklichkeit beschaffen ist. Sie wird ein integraler Bestandteil des Verhaltens des angewandten Wissenschaftlers. Dies vor allem ist der Grund dafür, dass der angewandte Wissenschaftler nicht einfach die Ergebnisse der reinen Forschung anwendet; er wendet auch seine Weltanschauung an. [...] Seine Rolle ist auf echt heroische Art tragisch: er muß handeln, aber er kann nie wissen, daß seine Handlungsweise gut ist. Seine Rolle ist auch komisch: Seine Handlungsweise hat eine humoristische Seite, die von jedermann erkannt wird. Da er menschlich ist, zögert er, heroisch zu werden."[28]

bilities for 'cybernetically meaningful' new products, and to make sure they are talked about. No member of another discipline could assume this role. In all areas of science and technology there is an increasing professional specialization. It is only the industrial and environmental designer who is confronted horizontally with all fields of knowledge. It is precisely these coordinators that are lacking today. They are in demand everywhere, as a professional group that could perhaps be accorded an even more meaningful task than before."[29]

Horst Rittel (1930-1990), the 'ironist', who propagates the "symmetry of ignorance" and sees civilized conversation as the only solution. "The reason for this is that there is no professional expertise that is concentrated in the expert's mind, and that the expertise used or needed, or the knowledge needed, in doing a design problem for others is distributed among many people, in particular among those who are likely to become affected by the solution - by the plan - and therefore one should look for methods that help to activate their expertise. Because this expertise is frequently controversial, and because of what can be called 'the symmetry of ignorance' - i.e. there is nobody among all these carriers of knowledge who has a guarantee that his knowledge is superior to any other person's knowledge with regard to the problem at hand - the process should be organized as an argument."[30]

SO WHAT NOW?   I have presented an unconventional standpoint, with assumptions that are even contingent. The question that arises is: what are the perspectives for design, or more generally for our ability to act within the aforementioned 'ignorance society'?

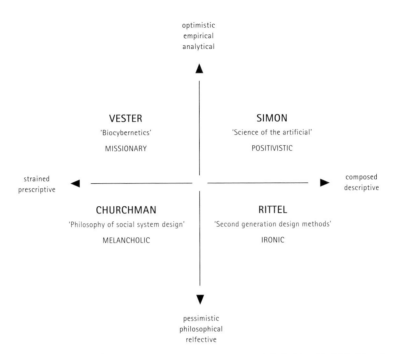

optimistic
empirical
analytical

VESTER
'Biocybernetics'
MISSIONARY

SIMON
'Science of the artificial'
POSITIVISTIC

strained
prescriptive

composed
descriptive

CHURCHMAN
'Philosophy of social system design'
MELANCHOLIC

RITTEL
'Second generation design methods'
IRONIC

pessimistic
philosophical
relfective

5 | Wolfgang Jonas Landkarte / Spielfeld theoretischer Positionen und persönlicher Befindlichkeiten | Map / field of theoretic positions and personal affectivities 2013

Frederic Vester (1925–2003), der ‚Missionar', der dem Designer die Schlüsselposition, die Rolle des umfassenden Synthetikers zuweist. Die Designer sind weiterhin zögerlich, „dass es weder möglich noch wünschenswert ist, ein Produkt für sich, ohne Beziehung zu seiner soziologischen, psychologischen und ökologischen Umwelt zu gestalten. Gerade in diesem Sinne haben die Designer eine Schlüsselposition in der zukünftigen Entwicklung, und zwar nicht, weil sie intelligenter wären oder besser informiert oder kreativer, sondern weil ihnen die Rolle des umfassenden Synthetikers zufällt. Eine Rolle, zu der sie nicht einmal Entscheidungsgewalt benötigen. Denn es genügt oft, die Wechselbeziehungen, ihre Konsequenzen, aber auch die Möglichkeiten für ‚kybernetisch sinnvolle' neue Produkte aufzuzeigen und im Gespräch zu behalten. Kein Angehöriger einer anderen Disziplin könnte diese Rolle übernehmen. Auf allen Gebieten der Wissenschaft und Technik herrscht eine zunehmende Fachspezialisierung. Nur der Industrie- und Umweltdesigner wird horizontal mit allen Wissensgebieten konfrontiert. Und genau diese Koordinatoren fehlen heute. Überall wird nach ihnen der Ruf laut, hier wäre eine Berufsgruppe, der darin eine neue, vielleicht noch weitaus befriedigendere Aufgabe als bisher zufallen könnte."[29]

In practical design terms, it is a case of reflecting more intensively on and shaping the transition from how things are to how they should be, a problem that social sciences have also always been faced with. Lykins indicates the main standpoints on this[31]: Max Weber (1864-1920) advocates a very clear distinction. Emile Durkheim (1858-1917) seeks to derive what should be from what is and therefore tends towards naturalistic fallacy. John Dewey (1859-1952) sees a close circular relationship between facts and values, which are barely distinguishable. Reintegration requires something like "epistemic democracy"[32]. "Research by design", or research using design methods, could present an appropriate model for this. In terms of philosophy of science, what is required is to develop 'transclassical science'[33] further towards a radical 'transdisciplinarity'. The three axioms of Nicolescu[34] indicate a possible starting point for this: (1) the 'ontological axiom': in nature and society, and in our knowledge about it, the subject has multiple 'levels of reality', as does the object. (2) The 'logical axiom': the transition from one level of reality to another is ensured by the 'logic of the included middle'. (3) The 'epistemological axiom': the structure of the total sum of the levels of reality is 'complex', whereby each level is dependent on all the other levels. For 'normal' scientists, this understanding of transdisciplinarity is undoubtedly difficult to accept. In design we should ask: "Is it crazy enough?"

Horst Rittel (1930–1990), der ‚Ironiker', der die ‚Symmetrie der Ignoranz' konstatiert und nur die zivilisierte Konversation als Ausweg sieht. „The reason for this is that there is no professional expertise that is concentrated in the expert's mind, and that the expertise used or needed, or the knowledge needed, in doing a design problem for others is distributed among many people, in particular among those who are likely to become affected by the solution – by the plan – and therefore one should look for methods that help to activate their expertise. Because this expertise is frequently controversial, and because of what can be called ‚the symmetry of ignorance' – i.e. there is nobody among all these carriers of knowledge who has a guarantee that his knowledge is superior to any other person's knowledge with regard to the problem at hand - the process should be organized as an argument."[30]

U N D   W E I T E R ?   Ich habe eine eigensinnige, in ihren Ausgangsannahmen und Bestandteilen auch zufällige Position präsentiert. Die weiterführende Frage ist: Was sind die Perspektiven für Design bzw. genereller für unsere Handlungsfähigkeit in der oben skizzierten ‚Ignorance Society'? ‚Designpraktisch' gilt es, den Übergang vom Sein zum Sollen intensiver zu reflektieren und zu gestalten, ein Problem, dem sich auch die Sozialwissenschaften immer schon gegenüber sehen. Lykins charakterisiert hier die prägnantesten Positionen[31]: Max Weber (1864–1920) plädiert für die ganz klare Trennung. Emile Durkheim (1858–1917) will das Sollen aus dem Sein ableiten und tendiert damit zum naturalistischen Fehlschluss. John Dewey (1859–1952) sieht eine enge zirkuläre Beziehung zwischen Fakten und Werten, die kaum unterscheidbar seien. Die Re-Integration erfordert so etwas wie ‚epistemic democracy'[32]. „Forschung durch Design" bzw. Forschung im Medium des Entwerfens könnte hierfür ein geeignetes Modell darstellen. ‚Wissenschaftstheoretisch' gilt es, die ‚transklassische Wissenschaft'[33] in Richtung auf eine radikale ‚Transdisziplinarität' weiter zu entwickeln. Die drei Axiome von Nicolescu[34] zeigen hierfür einen möglichen Ausgangspunkt: (1) Das ‚ontologische Axiom': In Natur und Gesellschaft und in unserem Wissen darüber gibt es ‚unterschiedliche Wirklichkeitsebenen' des Subjekts und dementsprechend unterschiedliche Ebenen des Objekts. (2) Das ‚logische Axiom': Der Übergang von einer Wirklichkeitsebene zu einer anderen wird durch die ‚Logik des eingeschlossenen Dritten' sichergestellt. (3) Das ‚epistemologische Axiom': Die Struktur der Gesamtheit der Wirklichkeitsebenen ist ‚komplex', jede Ebene wird durch die gleichzeitige Existenz aller anderen Ebenen bestimmt. Für ‚normale' Wissenschaftler ist dieses Verständnis von Transdisziplinarität sicher schwer zu akzeptieren. Im Design sollten wir fragen: „Ist es verrückt genug?"

ANMERKUNGEN NOTES **1** Dirk Baecker, Wie steht es mit dem Willen Allahs?, in: Zeitschrift für Rechtssoziologie 21(2000)/1, 163 **2** Donald Mikulecky, The complexity of nature, Virginia Commonwealth University, http://www.people.vcu. edu/~mikuleck/cmpxnat.html, 13.01.2014 **3** Heinz von Foerster, KybernEthik, Berlin: Merve-Verlag 1993 **4** „Die romantische Ironie [...] beschreibt ein ästhetisches Verfahren, das darin besteht, die Produktionsbedingungen von Kunst im Kunstwerk selbst zu reflektieren, (oder mit den Worten Friedrich Schlegels) das Produzierende mit dem Produkt darzustellen. Das Kunst-werk soll dabei in der Schwebe aus einem steten Wechsel aus Selbstschöpfung und Selbstvernichtung gehalten werden, und im Bezug sowohl auf inhaltliche als auch auf formale Elemente." http://de.wikipedia.org/wiki/Romantische_Ironie **5** Donald A. Schön, The reflective practitioner. How professionals think in action, New York: Basic Books 1983, 43 **6** ibid. **7** Lewis Carroll, Alice hinter den Spiegeln, Frankfurt a. Main: Insel 1974, 22 **8** Bruno Latour, Wir sind nie modern gewesen. Versuch einer symmetrischen Anthropologie, Frankfurt a. Main: Fischer 1998 **9** id., 47 **10** ibid. **11** ibid. **12** Simon Grand/Wolfgang Jonas, Mapping Design Research. Basel: Birkhäuser 2012 **13** Richard Rorty, Kontingenz, Ironie und Solidarität, Frankfurt a. Main: Suhrkamp 1992 **14** Gerhard Vollmer, Evolutionäre Erkenntnistheorie, Stuttgart/Leipzig: S.Hirzel 1998 **15** Karl Raimund Popper, Objektive Erkenntnis. Ein evolutionärer Entwurf, Hamburg: Hoffmann und Campe 1973 **16** Rupert Riedl, Strukturen der Komplexität. Eine Morphologie des Erkennens und Erklärens, Berlin/Heidelberg/New/York: Springer 2000 **17** vgl. | see John Dewey, Democracy and education. New York, NY: The Macmillan Company 1916; David A. Kolb, Experiential learning: experience as the source of learning and development, New York: Prentice-Hall 1984 **18** vgl. | see Siegfried Maser, Einige Bemerkungen zum Problem einer Theorie des Designs, Braunschweig: Selbstverlag 1972; Charles Owen, Design research. Buil-ding the knowledge base, in: Design Studies 19(1998) 9–20 **19** Wolfgang Jonas, Design Thinking als General Problem Solver. Der große Bluff?, in: Öffnungszeiten – Papiere zur Designwissenschaft 26(2012), Kassel: Kassel University Press **20** Peter Schwartz, The art of the long view, New York: Currency Doubleday 1991 **21** Venkatesh Rao, Möge die Hydra mit Dir sein!, in: GDI Impuls Nummer 2(2012) 10–15 **22** Antoni Brey/Daniel Innerarity/Goncal Mayos, The Ignorance Society and other essays, Barcelona: Zero Factory 2009, http://www.ub.edu/histofilosofia/gmayos/PDF/The-ignorance-society[1].pdf 26.02.2013 **23** Roberto Verganti, Design driven innovation. Changing the rules of competition by radically innovating what things mean, Boston: Harvard Business Press 2009 **24** Peter Schwartz, op.cit. (Anm. | note 20) **25** Jürgen Gausemeier/Alexander Fink/ Oliver Schlake, Szenario-Management. Planen und Führen mit Szenarien, München, Wien: Carl Hanser Verlag 1996 **26** Peter

Schwartz, op.cit. (Anm. | note 20) **27** Herbert A. Simon, Die Wissenschaften vom Künstlichen, Berlin: Kammerer & Unverzagt 1990, 140–143 **28** C. West Churchman, Philosophie des Managements, Bern und Stuttgart: Verlag Paul Haupt 1980, 154 **29** Frederic Vester, Design für eine Umwelt des Überlebens. Umweltgestaltung im Systemzusammenhang – eine Herausforderung an das Design der Welt von morgen, in: form 60 Zeitschrift für Gestaltung 4(1972), 4–9 **30** Horst Rittel, Second-generation design methods, in: Nigel Cross, (ed.) Developments in design methodology, Chichester: John Wiley 1984, 317–327 **31** Chad Lykins, Social science and the moral life, in: Society for the advancement of american philosophy annual conference 2009, on: http://www.philosophy.uncc.edu/mleldrid/SAAP/TAMU/P39G.htm 26.07.2013 **32** John Dewey (Anm. | note 17) **33** Siegfried Maser, op.cit. (Anm. | note 18) **34** Vgl. Basarab Nicolescu, Manifesto of transdisciplinarity, Albany/NY: State University of New York Press 2002; Basarab Nicolescu, Transdisciplinarity: Theory and practice, New York/NY: Hampton Press 2008. WEITERE REFERENZEN | FURTHER REFERENCES Christopher Alexander, Notes on the Synthesis of Form. Cambridge/MA: Harvard University Press 1964; Bruce Archer, A View of the Nature of Design Research, in: Robin Jacques/James A. Powell (eds.), Design:Science:Method, Guildford: Westbury House 1981 30–47; Gui Bonsiepe, Interface. Design neu begreifen. Mannheim: Bollmann 1996; Tim Brown, Change by design: How design thinking transforms organizations and inspires innovation. New York, NY: Harper Business 2009; Daniel Fallman, The interaction design research triangle of design practice, design studies, and design exploration, in: Design Issues, Volume 24, Number 3 Autumn 2008 4–18; John Christopher Jones, Design Methods: seeds of human futures, London: John Wiley & Sons 1970; Wolfgang Jonas, A Scenario for Design, in: Design Issues Volume 17(2001)/2 64–80; Wolfgang Jonas, Research through DESIGN through research – A cybernetic model of designing design foundations, in: Kybernetes 36(2007)/9/10, special issue on cybernetics and design 1362–1380; Niklas Luhmann, Die Gesellschaft der Gesellschaft, Frankfurt a. Main: Suhrkamp 1998; D. C. Mikulecky, Definition of Complexity, no year, on: http://www.people.vcu.edu/~mikuleck/ON%20COMPLEXITY.html 16.07.2013; Harold Nelson/ Erik Stolterman, The Design Way. Intentional change in an unpredictable world, Englewood Cliffs/NJ: Educational Technology Publications 2003; Basarab Nicolescu, Manifesto of transdisciplinarity, Albany/NY: State University of New York Press 2002; Basarab Nicolescu, Transdisciplinarity: Theory and practice, New York/NY: Hampton Press 2008; Hans Poser, Wissenschaftstheorie. Eine philosophische Einführung, Stuttgart: Reclam 2001; Herbert A. Simon, The Sciences of the Artificial, Cambridge/MA: MIT Press 1969; Karl Weick, Social psychology of organizing, Reading/MA: Addison Wesley 1969

„Die erkannte Welt und die zu erkennende Welt formen einander ständig um." | 'The recognized world and the world to be recognized constantly transform each other.'

Bruno Latour

PRAKTIKEN I FACETTEN   PRACTICES I FACETS

Practice-based knowledge generation and application-oriented research practice have been the subject of increasingly controversial discussion in recent years. The question of how they relate to one another is particularly relevant for the future. The texts by Sophie Wolfrum, Manuel Scholl, and Alban Jonson contribute to this field of discussion from different perspectives, by presenting alternative research focuses and research formats, in the sense of specific practices that directly involve attentiveness to the concrete. Every approach illuminates one particular facet of the many associated with this kind of design research culture. Alban Jonson introduces excerpts of the results of his many years of phenomenological research into the description of architectural experience, which do not only provide a very clear outline of the relationship between theory and practice, but also represent a productive attempt, by clarifying concepts, to develop a more differentiated perception and awareness of the situations and constructed relationships, which can be a starting point and a stimulus for architectural design, as well as for design-related research processes. Manuel Scholl refers to the expertise of those performing the architectural design process, based on a specific teaching model that encourages the development of individual approaches and methodological competence through a dedicated and self-reflexive practice, with regard to individual situational circumstances and conditions, and to transformations within design processes. The use of language in design and the language of design form part of this reflexive design process, which is also communicated iconically. The contribution by Sophie Wolfrum opens up ways of conceptualizing the design of specific spatial experiences in urban contexts, whereby later usages of the spaces and locations are incorporated reflexively and projectively. The focus is on the forward-looking question as to how the performative aspects of human experience can explicitly form part of the design process. MB

Praxisbasierte Wissensgenerierung und anwendungsorientierte Forschungspraxis werden in den letzten Jahren verstärkt kontrovers diskutiert. Als besonders zukunftsweisend erscheint dabei die Frage, wie sie ineinandergreifen. Mit der Thematisierung alternativer Forschungsfokussierungen und Forschungsformate im Sinne spezifischer Praktiken, die mit der Aufmerksamkeit für das Konkrete unmittelbar verbunden sind, tragen die Beiträge von Sophie Wolfrum, Manuel Scholl und Alban Janson zu diesem Diskursfeld aus unterschiedlichen Perspektiven bei. Jede Annäherung beleuchtet exemplarisch eine spezifische der vielen Facetten, die mit einer solchen Entwurfsforschungs- und Erforschungskultur verbunden sein können. Alban Janson stellt Auszüge der Resultate seiner langjährigen phänomenologischen Forschungen zur Beschreibung des Architekturerlebens vor, die nicht nur ein Theorie- und Praxisverhältnis sehr einprägsam konturieren, sondern gleichzeitig produktive Bemühung sind, mittels einer begrifflichen Schärfung eine differenziertere Wahrnehmung und Sensibilisierung für die Situationen und gebauten Zusammenhänge zu gewinnen,

die Ausgangspunkt und Impuls für das architektonische Entwerfen wie auch für entwurfsbezogene Forschungsprozesse sein können. Manuel Scholl bezieht sich auf die Kompetenzen der Akteure im architektonischen Entwurfsprozess ausgehend von einem spezifischen Lehrmodell, das dazu ermuntert, im Blick auf die individuellen situativen Bedingungen und Gegebenheiten sowie Transformationen von Entwurfsprozessen in einer engagierten selbstreflexiven Praxis individuelle Positionierungen und Verfahrensexpertisen zu entwickeln. Die Sprache im Entwurf und die Sprache über den Entwurf sind Teil dieses reflexiv durchwobenen Erforschungsprozesses, der zudem ikonisch vermittelt wird. Der Beitrag von Sophie Wolfrum öffnet Zugänge zur Konzeptualisierung eines Entwerfens spezifischer Möglichkeitsräume räumlichen Erlebens im urbanen Kontext, bei der spätere Nutzungen der Räume und Orte gleichzeitig reflexiv und projektiv einbezogen sind. Im Vordergrund steht dabei die zukunftsweisende Frage, in welcher Weise das Performative des menschlichen Erlebens im Entwurfsprozess explizit Aufnahme finden kann. MB

FUNDAMENTAL CONCEPTS OF ARCHITECTURE
A vocabulary for architectural design?

Alban Janson

An obvious prerequisite for the exchange of knowledge in research is a language with which one can communicate about the subject of study appropriately and accurately. Hence, to talk about architecture and architectural design, a vocabulary is required that is based on terms that are conclusively defined. Fundamental concepts of architecture are therefore discussed and presented here.[1] Especially when 'reflexive design' refers not only to discourse about design, but also to reflection in architectural design itself, a differentiated terminology is required as the basis for an architectural design vocabulary.

F U N D A M E N T A L C O N C E P T S   Even when talking about architecture on a professional level, it is unfortunate that understanding is often obscured by clichés, lack of clarity, and superficiality. This applies to talking about architecture and design within our profession, such as when architects put together explanatory reports or competition proposals, or also in the academic field, when students present their designs. However, it does not mean discussions between experts from other disciplines, or a discourse about architecture and design from an outsiders' perspective. At many conferences about the research and theory of architectural design, it is noticeable that this discussion is to a large extent conducted by non-architects, in any case not by designing architects.

GRUNDBEGRIFFE DER ARCHITEKTUR
Ein Vokabular für den architektonischen Entwurf?

Alban Janson

Eine selbstverständliche Voraussetzung für den Austausch von Wissen in der Forschung sollte eine Sprache sein, mit der man sich über den Gegenstand der Forschung zutreffend und präzise verständigen kann. Also braucht man, auch um sich über Architektur und architektonisches Entwerfen zu verständigen, zunächst ein Vokabular, das sich wiederum auf Begriffe stützt, die verbindlich definiert sein müssen. Deswegen soll hier von Grundbegriffen der Architektur die Rede sein.[1] Besonders dann, wenn ‚Reflexives Entwerfen' nicht nur den Diskurs über Entwerfen umfassen soll, sondern auch die Reflexion im architektonischen Entwurf selbst, ist die Voraussetzung dafür eine differenzierte Begrifflichkeit – Grundlage eines Vokabulars für den architektonischen Entwurf?

GRUNDBEGRIFFE Auch wenn fachlich über Architektur gesprochen wird, ist die Verständigung leider oft durch Klischees, durch Unschärfe und Oberflächlichkeit beeinträchtigt. Gemeint ist hier das Sprechen über Architektur und Entwurf innerhalb unserer Profession, etwa wenn Architekten Erläuterungsberichte oder Wettbewerbsprotokolle formulieren, oder auch im akademischen Bereich, wenn Studenten ihre Entwürfe präsentieren. Gemeint ist dagegen nicht der Diskurs unter Wissenschaftlern aus anderen Disziplinen, ein Diskurs über Architektur und Entwerfen, gleichsam von außen. Es fällt ja auf,

Architecture and its design are considered from the external perspectives of social sciences, information technology, history, or philosophy, but rarely from the point of view of the designer of architecture. In fact other specialist fields have a consistent set of concepts and a more precise terminology than architecture. Disciplines associated with architecture, such as building technology, architecture and art history, building law, or planning theory, also have codified concept definitions that are very precise. A vapor barrier, composite capital, or a land use act are evidently clearly definable. In comparison, it seems to be more difficult to achieve conceptual clarity when communicating about the core subjects of architecture. For example, to define clearly what constitutes a spatial sequence, or to talk about light control, or about what spatial gestures might be.

THE ARCHITECTURAL   However, if one wishes to communicate appropriately and accurately not only about, but also during the process of architectural design, then the focus has to be on the architectural aspects of architecture itself, and not on meta-theoretical observations (from the point of view of other disciplines), nor on peripheral or secondary technical, historical, or social scientific aspects. Architecture is not the sum of its subdisciplines, as suggested by references to the architect as a generalist, but is a field in its own right. What does it entail, and why is it so difficult to communicate accurately, clearly, and precisely about it? Perhaps it is due to the fact that the architectural aspects of architecture are based on a complementary interplay of objective and subjective factors, namely between objective spaces and subjective experiences. This aspect is just as important for the designing of architecture as it is for its perception, because the most important consideration in architectural design is how people experience the architecture that is designed for them.

If we take into account that the meaning of architecture is based on the fact that people live with and within it, in other words that buildings or structures are not mere objects, but are defined in relation to occupation, movement, and the activities of people within them, then evidently architectural design cannot be limited to the design of buildings and properties, but has to address the design of spatial situations. Such situations depend on the interrelation between the spatial properties of structural elements and building units on the one hand, and the way they are perceived by all the senses and incorporated into life processes on the other. Of course, some of the defining factors for subjective experiences are not controllable and elude architectural design. However, the majority of significant subjective factors are inseparable from the objective architectural features and are influenced more or less directly by the design. For example the gradient of stairs,

dass auf den vielen Tagungen über Forschung und Wissenschaft des architektonischen Entwerfens dieser Diskurs weitgehend von Nichtarchitekten, jedenfalls nicht von entwerfenden Architekten, geführt wird. Man betrachtet die Architektur und ihren Entwurf von außen aus der Perspektive der Sozialwissenschaften, der Informationstechnologie, der Geschichtswissenschaft oder der Philosophie, aber kaum aus der Perspektive des Entwerfers von Architektur. In der Tat verfügen andere Fachgebiete eher über einen konsistenten Begriffsapparat und über eine präzisere Terminologie als die Architekten. Auch für die Nachbardisziplinen der Architektur wie etwa Bautechnologie, Bau- und Kunstgeschichte, Baurecht oder Planungstheorie gibt es kodifizierte Begriffsbestimmungen von großer Genauigkeit. Was eine Dampfsperre, ein Kompositkapitell oder eine Baunutzungsverordnung ist, scheint eindeutig bestimmbar. Ungleich schwieriger scheint es zu sein, für die Verständigung im Kerngebiet der Architektur begriffliche Klarheit zu schaffen. Beispielsweise begrifflich klar zu fassen, was eine räumliche Sequenz ausmacht, sich über Lichtführung zu verständigen oder gar darüber, was räumliche Gestik sein könnte.

DAS ARCHITEKTONISCHE   Aber wenn man sich nicht nur über, sondern im architektonischen Entwerfen zutreffend und präzise verständigen will, geht es gerade nicht um eine metatheoretische Betrachtung (aus dem Blickwinkel anderer Wissenschaften), auch nicht um eine periphere Einkreisung durch die technischen, historischen oder sozialwissenschaftlichen Nebenfächer, sondern es muss um das Architektonische der Architektur selbst gehen. Und das ist nicht etwa die Summe der Teildisziplinen, wie es die Rede vom Architekten als dem Generalisten suggeriert, sondern ein eigenes Gebiet. Was ist damit gemeint? Und warum ist es so schwierig sich zutreffend, klar und präzise darüber zu verständigen? Vermutlich hängt es damit zusammen, dass das Architektonische der Architektur auf einer komplementären Wechselwirkung zwischen objektiven und subjektiven Faktoren beruht, nämlich zwischen objektiver Räumlichkeit und subjektivem Erleben. Für das Entwerfen von Architektur ist dieser Blickwinkel genauso entscheidend wie für ihre Rezeption, weil auch im architektonischen Entwurf als Wichtigstes zu berücksichtigen ist, wie die Menschen die Architektur erleben, die für sie entworfen wird.

Wenn wir berücksichtigen, dass Architektur ihren Sinn grundsätzlich darin findet, dass Menschen mit und in ihr leben, dass also Gebäude oder Bauformen nicht als Objekte, sondern nur in Verbindung mit dem Aufenthalt, der Bewegung und dem Handeln der Menschen in ihnen ihren Sinn finden, dann wird klar, dass auch der architektonische Entwurf sich nicht auf das Gestalten von baulichen Objekten beschränken kann, sondern sich auf das Entwerfen von räumlichen Situationen richten muss. Solche Situationen beruhen auf

defined by objective measurements and ratios, is also a subjective architectural feature, depending on how one moves up and down them, not just in the practical and functional, but also in the emotional sense. The same applies to other seemingly objective features, such as the form and direction of staircases, their length and breadth, the positioning of the landings, the shape of the handrail etc. Apart from their technical function and practical purpose, these features influence how individual users walk and move, their posture, their perception of the stairs, their views, and their orientation – largely in a way that can be generalized. In the same way, descriptions of other architectural elements also have to go beyond their structural features, for example a door is also an entrance and exit situation, with a wide range of variants and transitions.

The fact that the defining aspects of these spatial situations that architecture is composed of can only be understood by taking subjective experience into consideration does not mean that they are only valid for one single person. When subjective perceptions and experiences are described accurately and comprehensibly, they are in principle applicable to anyone who is exposed to the same situation. If, on the other hand, a description of architecture is restricted to what is measurable and countable, to supposed objective facts, then it is lacking to a large extent what architecture means to the people who live in it, which depends on the significance and the psychological effect of the spatial surroundings, on impressions and atmospheres, at least just as much as on practical and technical features. The specifics of such architectural situations can therefore not be described using technical, historical, or planning theory terminology, nor in psychological or formally aesthetic terms. I think that the only appropriate description is phenomenological, in a wider sense. Therefore the definition of fundamental concepts in architecture also has to be based on this. What this means for 'reflexive design' is discussed in this text.

PHENOMENOLOGY   While there are a number of different theoretical approaches to phenomenological descriptions, a few key features are mentioned here: Firstly, in accordance with the maxim "Back to the things themselves!", it is primarily about describing what can be directly perceived and experienced, without taking theories, analytical explanations, or models into consideration, such as the causal theory hypotheses of the analytical sciences. This is relevant for us insofar as, particularly in architectural design, the most important consideration is people's direct experience of the architecture that is designed for them. Secondly, it is important that the subject-object distinction that is usual in analytical research is set aside. Instead, it has to be taken into account that architecture is intrinsically always part of a "living environment" or a realm of experience.

dem Zusammenspiel von räumlichen Eigenschaften baulicher Elemente auf der einen Seite und der Art und Weise, wie sie mit allen Sinnen wahrgenommen und in Lebensprozesse
einbezogen werden, auf der anderen Seite. Natürlich sind einige für das subjektive Erleben maßgebliche Faktoren nicht kontrollierbar und entziehen sich dem architektonischen
Entwurf. Entscheidend ist aber, dass ein Großteil wesentlicher subjektiver Faktoren gar
nicht von den objektiven architektonischen Eigenschaften zu trennen ist und durchaus im
Entwurf mehr oder weniger direkt beeinflusst wird. Beispielsweise ist das durch objektive
Maßzahlen definierte Steigungsmaß einer Treppe als architektonisches Merkmal vor allem
dadurch relevant, wie man sich auf der Treppe bewegt. Nicht etwa nur im praktisch-
funktionalen, sondern auch im emotionalen Sinn bis hin zum expressiven Gehalt etwa von
steilen Kletter- oder flachen Schreittreppen, der Steigung als Mittel der Steigerung. Das
Gleiche gilt für andere anscheinend objektive Eigenschaften wie Form und Richtung der
Treppenläufe, Lauflänge und -breite, die Lage der Podeste, die Form des Handlaufs usw.
Neben der technisch-praktischen Erschließungsfunktion beeinflussen diese Eigenschaften
die Gangart, die Körperhaltung, die Steige-Empfindungen des individuellen Benutzers,
seine Blickbezüge und seine Orientierung – und zwar auf weitgehend verallgemeinerbare
Art. Entsprechend muss auch für andere architektonische Elemente die Beschreibung über
die baulichen Merkmale hinaus erweitert werden, bei der Tür etwa zu einer Situation des
Ein- und Austretens mit vielfältigen Varianten und Übergängen.

Dass das Wesentliche dieser räumlichen Situationen, aus denen sich die Architektur zusammensetzt, nur unter Berücksichtigung des subjektiven Erlebens adäquat erfasst werden kann, bedeutet nicht, dass ihre Beschreibung nur eine jeweils individuelle Gültigkeit
hätte. Sobald subjektive Wahrnehmungen, Erlebnisse und Erfahrungen präzise und verständlich beschrieben werden, sind sie prinzipiell für jeden überprüfbar, der sich den
angegebenen Bedingungen aussetzt. Wenn dagegen eine Beschreibung von Architektur
sich auf die mess- und zählbaren, vermeintlich objektiven Fakten beschränkt, entgeht
ihr das meiste, was Architektur für die Menschen bedeutet, die in ihr leben. Das nämlich
hängt vom Sinngehalt und der geistigen Beanspruchung durch die räumliche Umwelt, von
Anmutungen und Atmosphären mindestens ebenso ab wie von praktisch-technischen Eigenschaften. Das Spezifische solcher architektonischen Situationen lässt sich daher durch
eine technische, eine historische oder planungstheoretische Begrifflichkeit kaum erfas-
sen. Auch nicht durch psychologische oder rein formalästhetische Begriffe. Ich denke,
dass dafür nur eine im weitesten Sinne phänomenologische Beschreibung infrage kommt.
Auf sie muss sich deshalb auch die Bestimmung von Grundbegriffen der Architektur stützen, um deren grundlegende Bedeutung für ‚Reflexives Entwerfen' es hier geht.

This goes hand in hand with the aforementioned insight that in architecture we do not design objects or forms, but always create total situations, in which people are not subjects that are separate from buildings as objects, but instead there is an interplay between buildings and users, with patterns of movement, which can be like a ritual or the unfolding of a scene. Thirdly, what is called intentionality in phenomenology is particularly relevant when considering architecture. This means the specific attribution of meaning to our perceptions. The meaning that the design assigns to architectural features, such as to the access infrastructure or a staircase, in other words what we experience them "as", goes beyond their conventional practical and structural functions, as we have seen. The meaning of a staircase extends beyond the function of a connection between floors, encompassing a range of other perceptions and spheres of experience.

This outlines the framework for undertaking a definition of terms that can provide the vocabulary for a proper discussion about architecture, also and especially with regard to design. The conceptual content can be architectural elements or their characteristics, as well as the associated forms of perception, movement, and spatial effects. Therefore the terms refer to phenomena. What the specific definition of fundamental concepts in architecture has to provide, primarily, is a nuanced observation and a thorough description, thereby counteracting and correcting superficial notions and widespread clichés. It is essential that perceptual criteria are defined and that the particular phenomenon is presented systematically.

Most of all, however, the description of the basic components of architecture has to go beyond their objectness. The following example illustrates this: the window. Its defining aspect is that its architectural significance – beyond the structural properties determined by construction, materials, and measurements – is also dependent on the phenomenon of views in and out, its impact on spatial qualities, lighting, or the processes of opening and closing. In other words it encompasses a whole range of phenomena, corresponding to a range of concepts.

EXAMPLE: THE WINDOW First of all, a description of a window has to take the aspect of views in and out into account. The view into a house or an interior space through a window is ambivalent: on the one hand it can arouse curiosity and the imagination, but on the other hand it can also represent a moment of intrusiveness and can even be perceived as a threat or as aggression. The view into the interior of a residential house, through an opening that breaches the protective barrier between the public and

PHÄNOMENOLOGIE   Während es für phänomenologische Beschreibungen in der Theorie ziemlich unterschiedliche Ansätze gibt, seien hier ein paar Hauptmerkmale genannt, an denen das Folgende sich orientiert: Erstens: Nach der Maxime „Zu den Sachen selbst!" geht es grundsätzlich um eine Beschreibung des unmittelbar Wahrnehmbaren und Erlebbaren, ohne Berücksichtigung von Theorien und analytischen Erklärungen oder Modellen, also etwa kausaltheoretischen Annahmen, wie in den analytischen Wissenschaften. Das ist für uns insofern relevant, als ja gerade im architektonischen Entwurf als Wichtigstes zu berücsichtigen ist, wie die Menschen die Architektur unmittelbar erleben, die für sie entworfen wird. Zweitens ist entscheidend, dass die in der analytischen Forschung übliche Subjekt-Objekt-Spaltung überwunden wird. Stattdessen muss berücsichtigt werden, dass die Architektur immer in der ‚Lebenswelt' verankert und verflochten ist. Diese Perspektive deckt sich mit der schon erwähnten Einsicht, dass wir in der Architektur nicht Objekte oder Formen entwerfen, sondern immer ganze Situationen schaffen, in denen nicht Personen als Subjekte den Bauten als Objekten gegenüberstehen, sondern in einer Wechselwirkung von Bauwerk und Benutzer: Die Situation einer Bewegungsfigur beispielsweise, eines Rituals oder eines szenischen Vorgangs. Drittens wird insbesondere auch das, was man in der Phänomenologie Intentionalität nennt, einer adäquaten Betrachtung von Architektur gerecht. Damit ist die konkrete Sinnzuweisung an unsere Wahrnehmungen gemeint. Der Sinn, den der Entwurf den baulichen Elementen zuweist, etwa der Erschließung oder einer Treppe, also das ‚als' was wir sie erleben, geht über die im Bauen bekannten praktischen Funktionen hinaus, wie wir gesehen haben. Der Sinn einer Treppe erweitert sich über die Funktion der Geschossverbindung hinaus um eine Vielfalt von weiteren Sinnzuweisungen und Erlebnishorizonten.

Damit ist der Rahmen skizziert, in dem eine Begriffsbestimmung vorgenommen werden kann, die das Vokabular für ein zutreffendes Sprechen über Architektur liefern soll, auch und gerade im Hinblick auf das Entwerfen. Begriffsinhalte können architektonische Elemente sein oder deren Eigenschaften, außerdem die damit zusammenhängenden Wahrnehmungsformen oder Bewegungen und räumliche Wirkungen. Was die Begriffe bezeichnen, sind also Phänomene. Wofür nun die konkrete Beschreibung von Grundbegriffen der Architektur im Einzelnen zu sorgen hat, ist zunächst ganz grundsätzlich eine differenzierte Beobachtung und eine gründliche Beschreibung – und im Zusammenhang damit die Korrektur oberflächlicher Vorstellungen und verbreiteter Klischees. Notwendig sind Hinweise auf Wahrnehmungsvoraussetzungen und schließlich die systematische Variation des jeweiligen Phänomens. Insbesondere aber muss die Beschreibung von baulichen Elementen als vermeintlichen Grundbestandteilen der Architektur über deren Objekthaf-

the private, carries the risk of intruding on an intimate sphere. However, restricting the view in by narrowing the opening, hanging curtains, or screening can provoke even more curiosity and the imagination as to what is happening behind the frame and the curtains (fig. 1). This makes looking in a furtive intrusion into a concealed interior scenario that is perceived through the window like part of a stage (one is reminded here of Hitchcock's "Rear Window").

Permitting views in presupposes an attitude of carefree openness, or else a degree of exhibitionism and shamelessness. In extreme cases, the interior life can appear to be exhibited in a large showcase, with an inherently contradictory effect: something is shown and viewed openly, but as a rule without granting any real access to it. However, allowing views in can also serve the purpose of an intentional announcement of what is inside, prior to entry: it is either presented openly, highlighted by the framing that focuses the view, or else just a small section of the interior appears enticingly through a narrow opening. Looking inside spaces of a public nature is a form of participation in the activities within, connecting the indoors and the outdoors into areas with different degrees of publicness.

Views out through the window also have a range of different meanings and purposes. Either one is seeking active communication with the exterior surroundings, or else one is merely venturing a tentative and cautious peek out from under cover. Attitudes range from the act of opening oneself out towards the world and towards a new day in the morning and participating in public life, to comfortable and safe watching from the window and lying in wait for someone's arrival or for something to happen. The picture formed by the window gains its particular meaning through how it is framed: seen from the outside, it ranges from the ceremonial effect of the papal window to window pictures, the subject of a type of painting (fig. 2). Its counterpart, seen from the inside, is the framed landscape, portraying a scene according to the choice of opening and how it is positioned within the space, or else appearing as a picture on the wall.

Depending on the format, the limitation of the field of vision by the frame creates different outward perspectives. The outside world, which is only indirectly perceivable through the window, is subject to different interpretations, depending on the particular type of opening: the upright rectangle of a door window (French: porte-fenêtre) lends itself to views that sweep from the foreground of the street, over what lies beyond, and up

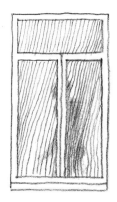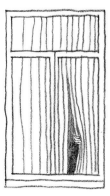

1 | Alban Janson Einblicke durch ein Fenster | Views through a window 2013

tigkeit hinausführen. Im Folgenden soll ein Beispiel eben dies illustrieren: das Fenster. Entscheidend ist, dass dessen architektonische Bedeutung über die bauliche Beschaffenheit hinaus, die durch Konstruktion, Material und Abmessungen definiert ist, auch die Phänomene von Ein- und Ausblick umfasst, seinen Einfluss auf Raumeigenschaften, die Raumbelichtung, oder auch die Vorgänge von Öffnen und Schließen. Also ein ganzes Feld von Phänomenen, entsprechend ein Feld von Begriffen.

BEISPIEL: DAS FENSTER   Als Erstes geht es um das, was eine Beschreibung des Fensters hinsichtlich Ein- und Ausblick zu berücksichtigen hat.[2] Der Einblick durch das Fenster in ein Haus oder einen Innenraum kann zwiespältige Bedeutung haben, er kann einerseits der Neugier folgen und wird vom Kitzel der Fantasie gereizt, andererseits enthält er aber auch ein Moment der Zudringlichkeit, er kann sogar als Bedrohung oder Aggression empfunden werden. Der Einblick ins Innere eines Wohnhauses durch eine Öffnung, welche die Trennung und den Schutz des Privaten durchbricht, ist selbst ein Durchbrechen dieser Schranke und riskiert, eine intime Sphäre zu verletzen. Die Einschränkung der Sicht durch Verengung der Öffnung, Verhängen und Filtern kann allerdings die Fantasie gerade anregen, sich hinter Rahmen und Vorhängen ein Bild und ein Geschehen vorzustellen (Abb. 1). Der Einblick wird so zum schleichenden Eindringen mit dem heimlichen Blick in eine verborgene innere Szenerie, die durch das Fenster wie ein Bühnenausschnitt wahrgenommen wird. (Man denkt etwa an Hitchcocks „Rear Window".)

Den Einblick zuzulassen, setzt entweder unbekümmerte Offenheit voraus oder eine Haltung zwischen Zurschaustellung und Schamlosigkeit. Im Extremfall erscheint das Innere

113

towards the sky. One's glance effectively scans the tiered gradations of the outdoor space. The proportions of the door window correspond to the outline of a person standing upright (Auguste Perret says: "une fenêtre c'est un homme, c'est debout", which means "a window is a person, it stands upright"). It allows us, without leaving the building, to step onto a small threshold so that one is half outdoors, but nevertheless still sheltered within. The frame surrounding the person is like a highlighting picture frame.

Whilst a horizontal, panoramic window that stretches lengthways, Le Corbusier's fenêtre en longueur, enables a sweeping horizontal view from the inside out (Le Corbusier: "L'œil regarde horizontalement"). If the window is very wide, the sides of the frame can be out of one's field of vision and one loses the sense of being indoors and separate from the outdoors. The outdoors merges with the indoors seamlessly. In most cases, however, what determines the quality of the view out is what one can see, what direction the openings face towards, and what picture of the surroundings is projected into the room, as a piece of the outside world. What this snippet shows can by all means have an impact on life in a permanent residence. As a section of the world, this image has a significant influence on the perception of one's surroundings. This is noticeable if one changes the room that one habitually spends time in within the house, which creates quite a different image and sense of the location. However, we feel closed in when rooms we spend time in every day have no direct view out, as is the case when all the openings are located above eye level. As our organs of perception are primarily aligned horizontally, rooms that have no lateral views out are lacking contact with the outside world that forms part of the living environment. This lack can be compensated if there is at least a lateral view out towards an interior courtyard, however small. Windows and doors facing it have the effect of openings towards the outdoors, so that one does not feel isolated from the outside world, as is the case when the only lighting is through skylights.

A window gains a particular architectural significance through its relationship to the interior space, starting with the wall. The window can form a sharply incised opening in the wall, or be woven continuously into it. Slanted embrasures mediate with a moderate amount of reflected light between a light window opening and the dark wall, creating a gradation of lightness and darkness that is low in contrast. Curtains also veil the contrast. In any case, however, the narrowing of the field of vision requires one to take up a suitable position in the room in order to optimize the view, regardless of the position and size of the window: to participate in the public sphere, for a general overview, or to be able

2 | Alban Janson Päpstliches Fenster | The papal window 2013

hinter großen Scheiben ausgestellt; dann ist die Wirkung in sich widersprüchlich: Etwas wird zwar offen gezeigt und angeschaut, aber lässt in der Regel keine reale Verbindung zu. Der Einblick kann aber auch der gewollten Ankündigung des Inneren vor dem Eintritt dienen: Es wird entweder offen präsentiert, unterstützt durch eine den Blick konzentrierende Rahmung, oder aber es lugt nur eine sparsame Kostprobe des Inneren durch eine enge Öffnung lockend hervor. Beim Blick ins Innere von Räumen öffentlichen Charakters ist der Einblick jedenfalls eine Form der Teilhabe an internen Aktivitäten und verbindet innen und außen als Bereiche unterschiedlicher Grade des Öffentlichen.

Auch der Ausblick durch das Fenster hat widerstreitende Bedeutungen. Man will entweder aktiv mit der äußeren Umgebung kommunizieren, oder aber man wagt sich nur zaghaft aus der Deckung hervor, um einen vorsichtigen Blick zu riskieren. Das Spektrum der Haltungen reicht von der Geste des Sich-öffnens zur Welt, zu einem neuen Tag am Morgen, zur Anteilnahme am öffentlichen Geschehen oder dem behaglichen, geschützten Im-Fenster-Liegen, bis zu einem zurückhaltenden Lauern aus dem Verborgenen auf jemandes Ankunft oder auf ein Ereignis. Eine besondere Bedeutung hat der durch den Rahmen gefasste Ausschnitt. Das vom Fenster gerahmte Bild erfährt durch eben diese Rahmung seine Bedeutungszuweisung: Von außen gesehen reicht das Spektrum von der zeremoniellen Wirkung des Papstfensters bis zu den Bildern einer belauschten Intimität, dem Sujet einer Spezies der Malerei, den Fensterbildern (Abb. 2). Das Gegenstück dazu, von innen gesehen, ist die gerahmte Landschaft, die durch die Wahl des Ausschnitts und

115

3 | Alban Janson Zwischenzone überdachter Balkon | An intermediate zone: the covered balcony 2013

to retreat, depending on whether one can already see out from the depth of the room, or whether one has to approach the window or step out onto a balcony, has a wide view from up above, or is looking out at street level (fig. 3).

Another important consideration for the positioning of the window in relation to the room is whether one just wants to see out, or also wants to be seen. The aforementioned ambivalent relationship between views in and out plays a role with regard to privacy, because for the residents privacy usually means being able to see out without being seen themselves. Sometimes one would also like to be able to sit by the window without really looking out. As we are drawn towards light and the outdoors, we seek proximity to the window. In order to be able to sit there, one needs a permanent space by the window, perhaps in a deep niche (fig. 4). A raised window seat with a high parapet enables looking out even at ground floor level, without allowing views in (fig. 5). The bay window, or a gallery as a protruding "vitrine", also make it possible, although one is indoors, to look along the street, with one's glance sweeping along the exterior façade. Such forms of window, as well as the corner window, create spaces that allow light in from a number of sides at the same time. One is indoors and at the same time surrounded by light and the outside world, a form of spatial inversion (fig. 6).

The surface of the window represents the turning point between inside and outside, between separation and connection. Its panes of glass form a membrane, where views in and

die geeignete Positionierung im Raum etwas Inszeniertes bekommt oder wie ein Bild an der Wand erscheint.

Je nach Format erzeugt die Gesichtsfeldbegrenzung durch den Rahmen eine andere Ausblicksperspektive. Die über das Fenster nur indirekt erreichbare Außenwelt wird durch den jeweiligen Ausschnitt unterschiedlich interpretiert: Das hochkant stehende Rechteck des Türfensters (franz. porte-fenêtre) bietet sich dafür an, den Blick vom Vordergrund der Straße aufwärts über das Gegenüber bis zum Himmel schweifen zu lassen. Der Blick durchläuft quasi die Tiefenstaffelung des Außenraums. In seiner Proportion entspricht das Türfenster den Umrissen einer stehenden Person (Auguste Perret sagt „une fenêtre c'est un homme, c'est debout"). Und es erlaubt uns, ohne den Standort zu verlassen, hinauszutreten, wo man auf einem winzigen Austritt halb draußen steht, aber zugleich noch hinter der Absturzsicherung geschützt bleibt; der Rahmen umfasst die Person wie ein Bilderrahmen, er isoliert sie und stellt sie aus.

Dagegen lässt das horizontal gestreckte Panorama- oder Langfenster, Le Corbusiers ‚fenêtre en longueur', den Blick bereits von innen heraus horizontal schweifen (Le Corbusier: „L'œil regarde horizontalement"). Bei großer Fensterbreite können die seitlichen Begrenzungen außerhalb des Sehfeldes liegen. Dadurch geht das distanzierende Gefühl, drinnen zu sein, verloren, der Außenraum drängt übergangslos herein und verbindet sich mit dem Innenraum. In den meisten Fällen ist aber für die Qualität des Ausblicks maßgeblich, was man sieht, nach welcher Richtung sich die Öffnungen orientieren und welches Bild von der Umgebung der Ausblick als ausgewählten Ausschnitt der Außenwelt in den Raum projiziert. Was dieser Ausschnitt zeigt, kann für das Leben in einer permanenten Wohnung durchaus eine Rolle spielen. Als Ausschnitt von der Welt bestimmt dieses Bild nicht unerheblich die Vorstellung, die man von seiner Umwelt hat. Das bemerkt man schon, wenn man den Raum seines ständigen, gewohnten Aufenthalts innerhalb des Hauses wechselt und sich dadurch die ganze Vorstellung vom Wohnort ändert. Eingeschlossen fühlen wir uns dagegen in Räumen des alltäglichen Aufenthalts meistens dann, wenn sie keinen bequemen Ausblick bieten, das ist der Fall, wenn alle Öffnungen über Augenhöhe liegen. Da unsere Wahrnehmungsorgane vor allem horizontal ausgerichtet sind, fehlt in Räumen ohne seitlichen Ausblick die Verbindung zur Außenwelt, wie sie etwa zum Wohnumfeld gehört. Merkwürdigerweise wird dieser Mangel bereits korrigiert, wenn es wenigstens einen seitlichen Ausblick in einen Innenhof gibt, auch wenn er noch so klein ist. Fenster und Türen, die auf ihn hinausgehen, haben gleichwohl die Wirkung von Öffnungen nach außen, und die Außenwelt wirkt nicht ausgesperrt wie bei einer Belichtung durch bloße Oberlichter.

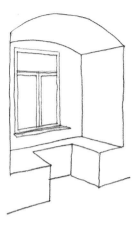

4 | Alban Janson Nische als Aufenthaltsort | A niche as place 2013

out meet and are differentiated. For both sides, it represents a material and framed picture that is inserted between the indoors and the outdoors, showing a section of each like
on a screen. The window distances the interior space from the outdoors, by allowing it to
be seen without granting access to it, owing to the ambivalent nature of the transparent
window glass. Various reflections, structured or embossed glass, or other less transparent
materials, can enhance the tantalizing interplay between revealing and concealing and
can provoke the imagination even further. The role of the panes of glass as a projection
screen is highlighted further by mullion and transom, if they are understood as the constructive scaffolding for the pictorial perspective on the picture plane or as the coordinates
of a matrix. Latticed windows segment the view out, fragmenting it into facets, and the
membrane becomes a filter, especially if there is also a blind, curtains, or colored glass. A
further characteristic of glass windows is that they can have different degrees of transparency and reflectivity. From the outside, they can appear either as dark surfaces, as black
and mysterious holes in the façade, or else they can reflect the surroundings, thereby
integrating the building into its surroundings and incorporating views of other buildings.
At night, illuminated windows look like eyes and enliven the streets.

When defining terminology, the effect of the light that enters through the openings has
to be taken into consideration as a further phenomenon pertaining to the window. It
is not only lighting technology or functional factors that play a role. For example, the
atmosphere is determined by where light is let in through window openings, and how it
is dosed, filtered, distributed, or concentrated. The position and size of the windows also
determine, through the distribution of light and shade, whether the light from individual
openings divides the space into light window areas and dark shadow areas, or whether

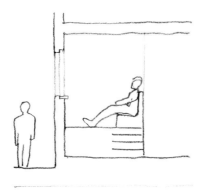

5 | Alban Janson Ausblick ohne selbst gesehen zu werden | A lookout without being seen oneself 2013

Eine besondere architektonische Bedeutung bekommt das Fenster durch seine Beziehung zum Innenraum. Sie beginnt bei der Wand. Das Fenster kann darin eine scharf einge-schnittene Öffnung bilden oder kontinuierlich in die Wand eingewoben sein. Zwischen einer hellen Fensteröffnung und der dunklen Wand vermitteln schräge Gewände durch einen mittleren Helligkeitswert und sorgen für einen kontrastarmen Helligkeitsverlauf. Auch Vorhänge überspielen den Kontrast. In jedem Fall aber verlangt die Verengung des Blickfeldes, dass man eine geeignete Position im Raum einnimmt, um abhängig von Lage und Größe des Fensters die Blickbedingungen zu optimieren: Zur Teilhabe an der Öffent-lichkeit, für den Überblick oder mit einer Rückzugsmöglichkeit. Je nachdem ob man aus der Tiefe des Raumes bereits Sicht nach außen hat oder ob man an das Fenster heran-oder auf einen Balkon hinaustreten muss, ob man von oben herab einen weiten Blick hat oder auf Straßenniveau hinaussieht (Abb. 3).

Maßgeblich für die Lage des Fensters zum Raum ist auch, ob man nur hinaussehen oder auch gesehen werden will. Das erwähnte ambivalente Ein- und Ausblicksverhältnis spielt eine Rolle für die Privatheit, denn für die Bewohner heißt Privatheit in der Regel, Ausblick zu haben, ohne selbst gesehen zu werden. Manchmal bevorzugt man auch die Möglich-keit, am Fenster zu sitzen, ohne wirklich hinauszuschauen. Da es uns zu Licht und Aus-blick zieht, suchen wir eine direkte Verbindung zum Fenster. Um sie störungsfrei mit einer Sitzmöglichkeit zu verbinden, braucht man einen Fensterplatz als festen Aufenthaltsort, womöglich in einer tiefen Nische als eigenem Fenster-Raum (Abb. 4). Ein angehobener Fenstersitz mit erhöhter Brüstung erlaubt es, auch im Erdgeschoss hinauszuschauen, ohne den Einblick zuzulassen (Abb. 5). Der Erker, das bay window, oder eine Galerie als vorge-hängte ‚Vitrine‘ ermöglichen es außerdem, obwohl man drinnen ist, mit dem Blick über die

119

it illuminates the space evenly through large glass surfaces. Rooms that are illuminated completely evenly and neutrally are often wearily unstimulating. The objects lose substance and plasticity. The space loses its depth, if darkness is driven out of every corner. A window arrangement that leaves areas of twilight and shade, on the other hand, enhances perceptions and the imagination.

The character of a space and, for example, its spatial gestures also depend to a large extent on the positioning of the sources of light. A window in the corner or a slit of light, which does not have to be visible itself, illuminates the adjacent wall with raking light, suggesting continuity with the outdoors. Windows near the ground light up the floor, in particular, and give the ground level a particular enticing quality that can be read as an invitation to sit down on the floor. Very high windows, on the other hand, give the space an upright and vertical alignment, while also creating a great depth of illumination. Apart from large windows that provide basic light and brightness, additional smaller openings can focus light on individual activities at workstations or seating areas (fig. 7). Through a combination of windows on different sides, one can avoid people and objects appearing just as silhouettes against the backlighting. Opaque windows, such as the diaphanous surfaces of the Gothic period, appear as luminous walls, through which church interiors, for example, appear to be "encased in a layer of light" (in the words of Hans Jantzen). When light pours in from different directions through openings, the passing of time can be traced over the course of the day, according to the meandering fields of light, shade, and lighting atmospheres.

Finally, when describing a window, its mechanical operation also has to be addressed. This is not a purely practical and technical procedure either. One experiences the opening and closing differently, depending on how the window is mounted and how it is operated. A double window that opens outwards causes us to move in such a way that we reach forwards and spread out both arms, like a welcoming gesture to the outside world. The

window is closed again in a similar way to an item of clothing buttoned at the front. If the

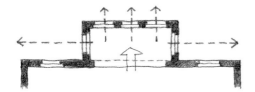

6 | Alban Janson Auskragendes Bauteil als räumliche Inversion | Bay window as a spatial inversion 2013

Außenfassade streifend, die Straße entlangzuschauen. Solche Fensterformen, wie auch das Eckfenster, schaffen Orte, die von mehreren Seiten zugleich Licht erhalten. In einer räumlichen Inversion ist man innen und zugleich von Licht und Außenraum umgeben (Abb. 6).

Die Fensterebene schließlich bestimmt die Stelle des Umschlagens von innen und außen, von Trennung und Verbindung. Sie bildet in Form der Glasscheiben eine Membran, an der Ein- und Ausblick aufeinandertreffen und zugleich geschieden werden. Für beide ist sie die materialisierte und gerahmte Bildebene, die sich gleichsam trennend zwischen Ein- und Ausblick schiebt, auf der sich aber zugleich wie auf einem Bildschirm das ausschnitthafte Bild des Außen- oder Innenraums zeigt. Das Fenster entrückt den jenseitigen Raum, indem es ihn sehen lässt, aber keinen Weg dorthin öffnet. Dafür sind die in sich widersprüchlichen Merkmale des transparenten Fensterglases verantwortlich. Durch vielfältige Spiegelungen, strukturiertes oder bedrucktes Glas oder andere weniger durchsichtige Materialien wird das Spiel von Zeigen und Verbergen um zusätzliche Irritationen erweitert und regt die Einbildungskraft eventuell noch mehr an. Die Rolle der Fensterfläche als Projektionsebene wird durch das Fensterkreuz noch betont, wenn man es als Konstruktionsgerüst der Perspektive in der Bildebene oder als Koordinatenkreuz auffasst. Eine kleinteiligere Sprossenteilung vergittert den Ausblick und zerlegt ihn in Facetten, die Membran wird zum Filter, erst recht wenn noch eine Jalousie, Gardinen oder farbige Verglasung hinzukommen. Außerdem ist für Fenster aus Glas die Ambivalenz zwischen Durchlässigkeit und Reflexion charakteristisch. Von außen können sie entweder als dunkle Flächen, als schwarze, geheimnisvolle Löcher in der Fassade erscheinen. Oder aber sie spiegeln die Umgebung, womit sie das Haus in das Umfeld einbinden und Ansichten anderer Häuser einblenden. Erleuchtete Fenster wirken bei Nacht wie Augen und verlebendigen die Straßen mit einem eigenen Leben.

Die Wirkung des Lichts, das durch die Öffnungen eingelassen wird, muss bei der Begriffsbestimmung im Zusammenhang mit dem Fenster als weiteres Phänomen berücksichtigt

7 | Alban Janson Die Position eines Fensters kann einzelne Tätigkeiten fokussieren | The position of a window may focus individual activities 2013

window opens inwards, then one draws the outside world in when pulling the windows towards oneself to open them. Then the opened windows often protrude into the room at an angle and form a kind of triptych. The central section frames the view out and the lateral wings enhance it by reflecting two further partial images of the outside world. When closing the window with the reverse gesture, one is effectively pushing wind and weather out. Large single windows, on the other hand, often protrude so far into the room that they divide it and sometimes also compromise movement within it.

In principle, for our everyday interaction with architecture, especially when it has to do with the specific operation of mechanisms such as handles, knobs, or levers, it is the straightforwardness of their manipulation that is key. One feels at ease with the processes of opening and closing if the mechanical operation is simple. If the mechanics are complicated – such as through a combination of tilt and swing fittings, folding mechanisms, or electromechanical operations – one can easily become a slave to the gadgets and lose touch with the elementary gestures of opening and closing. If the haptic execution of these procedures is not denied by the arbitrariness of an abstract automatism, then the body can remember them as morphological figures of movement. So whether the elements of a house appear as convoluted 'apparatus' or as understandable everyday 'objects' – a distinction made by Julius Posener – and whether their functions are tangibly accessible, or their form conceals the function behind homogenizing design, is very significant for the comprehensibility of architecture.[2]

werden. Auch dafür sind nicht nur (licht-)technische oder funktionale Faktoren maßgeblich. Zum Beispiel ist für die Atmosphäre entscheidend, wo durch Fensteröffnungen Licht eingelassen, wie es dosiert, gefiltert, gestreut oder gesammelt wird. Lage und Größe der Fenster entscheiden durch die Verteilung von Licht und Schatten auch darüber, ob das Licht den Raum durch einzelne Öffnungen in helle Fensterzonen und dunkle Schattenzonen teilt oder ob es durch großflächige Verglasung den Raum gleichmäßig erhellt. Völlig gleichmäßig und neutral ausgeleuchtete Räume ermüden oft durch mangelnde Stimulation. Die Gegenstände verlieren dann Substanz und Plastizität. Der Raum verliert seine Tiefe, wenn die Dunkelheit aus jeder Ecke vertrieben wird. Eine Fensteranordnung, die einzelne Zonen in Dämmerlicht und Schatten belässt, begünstigt dagegen die Wahrnehmungsaktivität und die Imagination.

Von der Lage der Lichtöffnungen hängen auch der Charakter eines Raums und beispielsweise seine räumliche Gestik wesentlich ab. Ein Fenster in einer Raumecke oder ein Lichtschlitz, der selbst nicht sichtbar sein muss, erhellt die angrenzende Seitenwand durch Streiflicht, und suggeriert so eine Kontinuität mit dem Außenraum. Fenster in Bodennähe erhellen vor allem den Boden und geben der Bodenzone eine besondere Aufenthaltsqualität, die auch als Aufforderung gelesen werden kann, sich am Boden niederzulassen. Sehr hohe Fenster dagegen verleihen dem Raum eine aufrichtende Gestik, zugleich wird eine große Belichtungstiefe erreicht. Neben großen Fenstern für die Grundhelligkeit lassen sich durch zusätzliche kleinere Öffnungen einzelne Tätigkeiten an Arbeits- oder Sitzplätzen gezielt ins Licht rücken (Abb. 7). Durch eine Kombination von Fenstern auf verschiedenen Seiten wird außerdem vermieden, dass Menschen und Dinge im Gegenlicht nur als Silhouetten erscheinen. Undurchsichtige Fenster wie die diaphanen Flächen der Gotik wirken wie leuchtende Wände, durch die zum Beispiel Kirchenräume (in den Worten von Hans Jantzen) „wie von einer Lichthülle ummantelt" sind. Wenn Licht durch Öffnungen aus verschiedenen Himmelsrichtungen hereinscheint, lässt sich die vergehende Zeit anhand der wandernden Lichtfelder, Schatten und Lichtstimmungen über den Tag verfolgen.

Schließlich muss bei der Beschreibung des Fensters auch auf die Bedienung seiner Mechanik eingegangen werden. Auch sie ist kein rein praktisch-technischer Vorgang. Man erlebt das Öffnen und Schließen unterschiedlich, je nachdem, wie das Fenster angeschlagen ist und bedient wird. Ein zweiflügeliges Fenster, das nach außen aufgeht etwa, veranlasst uns zu einer Bewegung, bei der wir beide Arme wie in einer empfangenden Geste zur Außenwelt vorstrecken und ausbreiten. Man schließt das Fenster ähnlich wie ein vorne geknöpftes Kleidungsstück. Wenn es nach innen aufgeht, dann holt man, während man

Like the example of the window, an array of concepts and a range of phenomena also apply to other architectural features. In principle, all other architectural phenomena can be described and defined in the same way. Knowledge is consolidated by terms and concepts. "Reflexive Design" creates a basis for developing implicit and explicit knowledge, and therefore for appropriately nuanced descriptions which, while covering secondary technical aspects or morphology, do not neglect the architectural. As architects, we ourselves should thereby gain an understanding of the requirements, methods, and consequences of our work, in order to be able to communicate comprehensibly and accurately with colleagues and with the people we build for.

ANMERKUNGEN NOTES **1** Der Text stützt sich auf Passagen aus: | The text is based on passages from: Alban Janson/Florian Tigges, Grundbegriffe der Architektur. Das Vokabular räumlicher Situationen, Basel: Birkhäuser 2013 **2** Vgl. zum Folgenden | cf. Dagobert Frey, Wesensbestimmung der Architektur (1925), in: id., Kunstwissenschaftliche Grundfragen. Prolegomena zu einer Kunstphilosophie, Wien: Rohrer 1946, 93–106; Thomas Hasler, Das Fenster und seine Gestik auf den Raum. Zur Beziehung von Öffnung und Innenraum, in: Archithese 5(1997), 14–19; Christoph Mäckler (ed.), Stadtbaukunst: Das Straßenfenster. Dortmunder Architekturtage, Dortmunder Architekturheft 19(2006); Julius Posener, Apparat und Gegenstand, in: id., Aufsätze und Vorträge 1931–1980, Braunschweig: Birkhäuser 1981, 152–162; Gert Selle, Öffnen und Schließen. Über alte und neue Bezüge zum Raum, in: Wolkenkuckucksheim. Internationale Zeitschrift zur Theorie der Architektur 1(2004)

beim Öffnen die Flügel zu sich heranzieht, mit dieser Geste gleichsam die Außenwelt zu sich herein. Die Flügel ragen dann oft schräg in den Raum hinein und bilden eine Art Tryptichon. Der Mittelteil legt den Ausschnitt des Ausblicks fest, die Seitenteile ergänzen ihn, indem sie jeweils zwei weitere Teilbilder der Außenwelt einspiegeln. Hier hält man beim Schließen mit der umgekehrten Geste gleichsam durch Druck Wind und Wetter fern. Große einflügelige Fensterflügel dagegen ragen in den Raum oft so weit hinein, dass sie ihn teilen und manchmal auch die Bewegung im Raum beeinträchtigen.

Grundsätzlich ist für unseren täglichen Umgang mit der Architektur, vor allem wenn es um die konkrete Betätigung einer beweglichen Mechanik durch Klinken, Knäufe, Griffe oder Hebel geht, die Anschaulichkeit ihrer Handhabung im buchstäblichen Sinne entscheidend. Zu den Vorgängen des Öffnens und Schließens bekommt man ein vertrautes Verhältnis, wenn die Mechanik der Bedienung einfach ist. Bei einer komplizierten Mechanik – etwa von kombinierten Kipp-, Klapp-, Schwenkbeschlägen oder elektromechanischer Bedienung – wird man dagegen leicht zum Sklaven einer Apparatur und verliert den unmittelbaren Zugang zu den elementaren Gesten des Öffnens und Schließens. Wenn der haptische Vollzug dieser Vorgänge nicht durch die Beliebigkeit einer abstrakten Automatik unterdrückt wird, kann der Körper sich an sie als gestalthafte Bewegungsfiguren erinnern. Ob also die Teile des Hauses als undurchschaubare ‚Apparate' oder als verständliche ‚Gegenstände' unseres Alltags erscheinen – wie Julius Posener sie unterschieden hat –, ob sich also ihre Funktionen den Sinnen erschließen oder ihre Form die Funktion hinter homogenisierendem Design verbirgt, ist für die buchstäbliche ‚Begreifbarkeit' von Architektur wesentlich.[2]

Über Begriffe also, über ein Feld von Begriffen wird ähnlich wie am Beispiel des Fensters auch in anderen Fällen ein Feld von Phänomenen erschlossen. Prinzipiell lassen sich alle anderen architektonischen Phänomene ebenso darstellen bzw. auf den Begriff bringen. Wissen gerinnt in Begriffen. Im Rahmen von ‚Reflexivem Entwerfen' werden so die Voraussetzungen geschaffen für einen Aufbauprozess von implizitem und explizitem Wissen, und damit für eine differenzierte Beschreibung, die nicht nur technische Randgebiete oder eine Formenlehre erfasst, sondern auch das Architektonische nicht verfehlt. Als Architekten sollten wir uns selbst damit Klarheit über die Bedingungen, die Mittel und die Konsequenzen unserer Arbeit verschaffen, um uns darüber insbesondere mit Kollegen und mit den Menschen, für die wir bauen, verständlich und präzise austauschen zu können.

PROCESS FORMATION
Thoughts and ideas on design

Manuel Scholl

"In general I am convinced that a way of thinking that seeks to face up to our times – rather than avoiding them - has to address the phenomena of unclarity and ambivalence and has to operate with schemes of alteration, interdependency, and divergence."[1] This attitude toward fundamental issues, formulated by the philosopher Wolfgang Welsch, can be applied to the field of architectural design. Based on this premise, questions about forms of design are central to the following considerations.

F O C U S 1   In training young architects, the focus should be on the ability to create and develop architecture. Emphasis is placed on what is to be designed, and consequently on what is well designed and what is not. To do so takes a great deal of dedication on behalf of the teacher, while in return requiring from the students a high degree of receptiveness.

The concepts of utilitas, firmitas and venustas set up a field in which a wide range of requirements that have to be met. This triad, as formulated by Vitruv abstractly enough to survive the millennia, opens up not only a field of possibilities, but also requires that laws, norms, and regulations be observed.[2] A field is circumscribed in which transmitted values play an important role, considering the lack of clarity and multitude of con-

PROZESSGESTALT
Gedanken und Ideen zu Formen des Entwerfens

Manuel Scholl

„Generell bin ich der Auffassung, dass ein Denken, das unserer Zeit sich stellen – nicht über sie hinwegreden – will, sich Phänomenen der Unübersichtlichkeit und Ambivalenz zuwenden und mit Denkfiguren des Umschlags, der Verflechtung, der Divergenz operieren muss."[1] Diese vom Philosophen Wolfgang Welsch formulierte Haltung zu grundlegenden Fragen passt sehr gut zum spezifischen Feld des architektonischen Entwerfens. Fragen nach den Formen des Entwerfens stehen unter dieser Prämisse im Mittelpunkt der nachfolgenden Ausführungen.

FOKUS 1   In der Ausbildung junger Architekten soll die Fähigkeit, Architektur zu entwickeln, im Vordergrund stehen. Demzufolge steht meist im Fokus, was zu entwerfen ist. Dazu wird vermittelt, was gut entworfen ist respektive was nicht gut entworfen ist. Dies zu tun, benötigt seitens der Lehrenden viel Engagement. Dies zu erlernen, braucht seitens der Studierenden viel Aufnahmefähigkeit.

Dabei sind vielerlei Ansprüche zu befriedigen aus dem spannungsreichen Feld von Themen um die Begriffe Tauglichkeit, Festigkeit und Anmut. Ein Themenfeld, das von Vitruv in eine Formel gegossen wurde, die genügend abstrakt formuliert die Jahrtausende überlebte.[2]

127

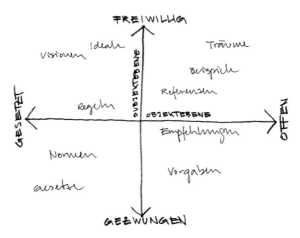

1 | Manuel Scholl Themenfeld vermittelter Werte | Field of conveyed values 2013

traditions encountered in design. However, this is also bound up with the question of which values should be conveyed, what content should be prescribed or left open, which insights should be communicated, and what should be left to individual insight (fig. 1). This challenges not only the teacher's didactic stance, but also the students' awareness and ability to develop their own standpoints. The architect Aurelio Galfetti mentioned once in a personal conversation that it had taken him ten years to forget the ETH – the Architecture Faculty of the Swiss Federal Institute of Technology in Zurich – where he was trained. He left the question open as to whether his achieved independence was a result of or despite the rigorous education.

It is a challenging task to develop the necessary skills to bring all these different requirements and conditions together into a meaningful whole within design undertakings. To evaluate this ability, the understanding is that the focus is normally placed on the created design product, which in turn is to be assessed in relation to the conveyed specifications, qualities, or values. However, to what extent do teachers reward the projection of their own contributions or values? And how quickly do the imparted contents and proposed solutions lose relevance and become outdated, in light of the pluralism of our time and its dynamic changes? Thus, the strong focus on the product as the prime objective of design and as a representation of predetermined values must be questioned.

F O C U S 2   With less attention being paid to the means deployed in design, the emphasis on targeted results tends to neglect the very question of method. Procedures are rarely addressed.[3] 'Do-it-yourself' and 'trial and error' are perhaps the approaches most frequently pursued, and often only implicitly and without explanations. When methods

Ein breites Themenfeld, das viele Möglichkeiten eröffnet. Ein Themenfeld aber auch voll von Gesetzen, Normen und Regeln, die es zu berücksichtigen gilt. Ein Themenfeld, in dem kraft der vielen Unschärfen und Widersprüche die vermittelten Werte von Bedeutung sind. Damit ist aber auch die Frage verbunden, welche Werte vermittelt, was inhaltlich vorgegeben oder aber offen gelassen werden soll und welche Kenntnisse vermittelt werden sollen respektive was der Selbsterkenntnis überlassen werden kann (Abb. 1). Damit verbunden ist nicht nur eine didaktische Haltungsfrage der Lehrenden, sondern auch die Frage nach dem Bewusstsein der Studierenden und deren Möglichkeiten, dazu Position zu beziehen. Der Architekt Aurelio Galfetti hat mal in einem persönlichen Gespräch erwähnt, er hätte zehn Jahre gebraucht, um die ETH (i.e. Architekturfakultät der Eidgenössischen Technischen Hochschule Zürich, wo er ausgebildet wurde) zu vergessen. Er ließ dabei offen, ob seine intensive Erarbeitung der Eigenständigkeit wegen oder trotz der prägnanten Ausbildung erfolgte.

Es ist eine anspruchsvolle Aufgabe, die notwendigen Fähigkeiten zu entwickeln, um all diese vielfältigen Ansprüche und Randbedingungen in einem Entwurf zu einem sinnvollen Ganzen zu fügen. Will man diese Fähigkeit beurteilen, so steht das geschaffene Produkt, der Entwurf, verständlicherweise im Vordergrund. Zur Beurteilung des Produktes wiederum erscheint der Vergleich mit den vermittelten Vorgaben, Qualitäten oder Werten sinnfällig. Doch wie umfangreich belohnen die Lehrenden dabei die Widerspiegelung ihrer eigenen Beiträge oder Wertvorstellungen? Und wie schnell sind die vermittelten Inhalte und Lösungsvorgaben vor dem Hintergrund der hohen Dynamik des Wandels und des Pluralismus unserer Zeit wieder überholt? Die starke Ausrichtung auf das Produkt als Abbild der eingeforderten Qualitäten und Werte ist vor diesem Hintergrund infrage zu stellen.

FOKUS 2   Als Folge des Fokussierens auf die erstrebten Resultate wird der Art und Weise, wie man zu den angestrebten Resultaten kommt, viel weniger Aufmerksamkeit gewidmet. Die Methoden des Vorgehens werden selten thematisiert.[3] ‚Selbsthilfe' sowie ‚trial-and-error' sind wohl diejenigen methodischen Modelle, die am häufigsten zur Anwendung gelangen, und dies vielfach nur implizit und ohne erläutert zu werden. Werden Methoden bewusster zur Verfügung gestellt, so geschieht dies häufig in Form von Anregungen oder als Vorgaben. Dabei werden die Methoden jedoch oft nur isoliert und selbstreferenziell erklärt. Wie dem auch sei: Diese didaktischen Vorgehensweisen sind nicht hinreichend. Und es erstaunt vor diesem Hintergrund nicht, dass man eine erstaunliche Anzahl junger, intelligenter Studierender trifft, die angesichts ihrer eigenen, scheinbar kaum überwindbaren Unzulänglichkeiten frustriert sind.

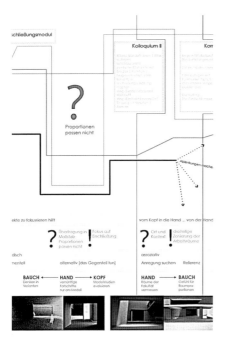

2 | Robin Zeidler Wochenblatt | Weekly paper Leibniz Universität Hannover 2013

are employed more consciously, then it is often in the form of suggestions or guidelines, with explanations frequently remaining isolated and self-referential. Whatever the case may be, such didactic frameworks are not sufficient. And, in light of this, it is not surprising to encounter a number of young, intelligent students who are frustrated on account of their own seemingly insurmountable deficiencies.

For quite some time, cognitive science – the field investigating the mind and its processes – has explored the complexly organized, psychological mechanisms of human behavior. Although many interdependencies have not yet been studied, there is increasing scientific evidence of the manifold and inconclusive influences on human thought and action. With regard to holistic professions – including architecture – many of these insights are hardly surprising, as they correspond to the personal experience of those involved. In architectural education, efforts are made to encourage the incorporation of a wide range of influences, but nevertheless their interrelation is rarely addressed. Abilities and the development process are evaluated, but are not systematically fostered. It is by no means an integral part of courses of study to engage in discussions about self-organization, self-regulation, action potential, parallelism, open systems – to mention just a few terms that are used for modeling processes in cognitive psychology.[4]

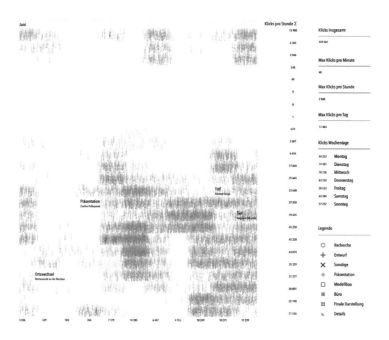

Juni   Klicks pro Stunde Σ

15 980   Klicks Insgesamt
6 345   459 461
3 546
548   Max Klicks pro Minute
49   48
0
0   Max Klicks pro Stunde
1   2 868
673
2 067   Max Klicks pro Tag
4 656   17 403
17 604
25 065   Klicks Wochentage
33 068   44 253 Montag
37 450   74 181 Dienstag
39 435   79 728 Mittwoch
43 258   93 250 Donnerstag
45 229   58 532 Freitag
43 074   63 284 Samstag
35 339   57 232 Sonntag
31 277
26 001   Legende
22 140
21 556   O   Recherche
          +   Entwurf
          X   Sonstige
          ◆   Präsentation
          □   Modellbau
          ▦   Büro
          ⁞⁞ Finale Darstellung
          ◣   Details

Präsentation
Zweites Kolloquium

Tief
Konzept kippt

Tief

Ortswechsel
Wochenende an der Nordsee

4 226 529 102 764 7 179 14 285 6 447 4 155 10 299 18 271 11 229

3 | Jakob Grelck Wochenblatt | Weekly paper Leibniz Universität Hannover 2013

Seit längerem sind die Kognitionswissenschaften den auf komplexe Weise organisierten psychischen Mechanismen des menschlichen Wirkens wissenschaftlich auf der Spur. Wenn auch viele Zusammenhänge noch unerforscht sind, so verdichten sich die wissenschaftlichen Belege der äußerst vielfältigen Beeinflussung menschlichen Denkens und Handelns wie auch nicht eindeutiger Konnexe. Aus der Sicht gesamtheitlich agierender Personen – und damit auch der entwerfenden Architekten – überraschen viele dieser Erkenntnisse nicht, denn sie entsprechen eigenen Erfahrungen. In der Ausbildung der Architekten ist man zwar bemüht, den Einbezug vielfältigster Einflüsse zu stimulieren, dennoch sind die Wirkungsmechanismen kaum ein Thema. Die Handlungsfähigkeit, aber auch der Entwicklungsprozess wird zwar beurteilt, aber wenig gefördert. Der Umgang mit Selbstorganisation, Selbstregulierung, Aktionspotenzialen, Parallelitäten, offenen Systemen – um nur einige Stichworte zu nennen, welche z.B. in der Kognitionspsychologie zur Modellbildung genutzt werden – ist bei weitem nicht selbstverständlicher Teil der Lehre.[4]

T E S T   Um einen Schritt in diese Richtung voranzukommen, wurde im Rahmen einer Seminarreihe unter dem Titel ‚Prozessgestaltung' versucht, zwischen fachspezifischen Tätigkeiten und individuellen Dispositionen eine Brücke zu schlagen.[5] Anhand der Entwicklung von studentischen Arbeiten wurden die individuellen Entwurfsprozesse beob-

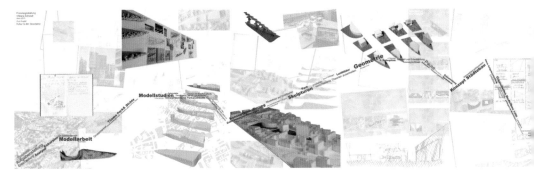

5 | Viktoria Schmidt Prozessbild | Process graphic Leibniz Universität Hannover 2013

TEST Taking this proposition one step further, an attempt was made, as part of a series of seminars entitled 'process formation', to bridge the gap between typical practice and individual dispositions.[5] With the students' work as case studies, the individual design processes were observed, documented, and discussed. Different aspects were evaluated in exposés, individual observations and presentations, as well as in discussions.

PROJECTION The purpose of procedural plans – a working method that is used frequently in practice but very little by students – was to divide the available timeframe into work phases and tasks. As a projection of possible phases of development, this technique served as orientation as well as a basis for depicting the changes in the further advancement of the project.

PRODUCTION By means of so-called weekly logs, the progress of individual work was continuously recorded, according to various factors, including those difficult to qualify or influencing the design work indirectly. For the depiction, individual notation systems had to be developed that could nevertheless be interpreted by third parties (fig. 2–3).

ASSOCIATION Seminars encouraged debate about task assignments, working methods, creative approaches, and procedural models, through short presentations and debates (fig. 4). The purpose was to gain a deeper understanding of the interplay of perceptions, procedures, and insights with regard to these various aspects.

SYNTHESIS After completing the design process, a so-called process image was to be created, showing the design process according to individually relevant aspects. This synoptic representation of the work process, form finding, and design development was at the same time a catalyst, method, and product of a retrospective analysis of the design process. The individual choice of subject and the range of representational techniques resulted in a number of very different process images (fig 5–8).

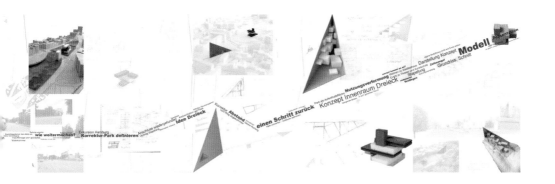

achtet, dargestellt und reflektiert. Dabei wurden in Exposés, individueller Beobachtung und Darstellung sowie in gemeinsamer Diskussion verschiedene Aspekte behandelt, die in der Folge kurz genannt werden sollen.

PROJEKTION   In Vorgehensplänen – einem in der Praxis häufig, aber von Studierenden wenig verwendeten Arbeitsmittel – galt es, den zur Verfügung stehenden Bearbeitungs-zeitraum in Arbeitsphasen und Aufgabenpakete zu gliedern. Als Darstellung möglicher Verläufe wurde dies Orientierungshilfe und Hintergrund, auf welchen die Veränderungen im weiteren Prozess abgebildet werden konnten.

PRODUKTION   Mittels so genannter Wochenblätter wurde der Verlauf der individuellen Arbeit kontinuierlich festgehalten. Dabei wurde eine Beobachtung nach diversen Themen suggeriert; darunter auch solche, welche die Entwurfsarbeit nur indirekt beeinflussen oder schwer qualifizierbar sind. Für die Darstellung galt es, individuelle, aber von Dritten interpretierbare Notationssysteme zu entwickeln (Abb. 2–3).

ASSOZIATION   In Seminarbesprechungen wurde die Auseinandersetzung mit Aufgaben-stellungen, Arbeitsmitteln, Schaffensmethoden und Prozessmodellen anhand von Exposés und Diskussionen gefördert (Abb. 4). Dabei ging es um ein erweitertes Verständnis der Wechselwirkungen von Vorstellungen, Verfahren, Erkenntnissen zu diesen verschiedenen Themen.

SYNTHESE   Nach Abschluss des Entwurfsprozesses war ein so genanntes Prozessbild zu erstellen, welches den Verlauf des Entwurfsprozesses anhand von individuell rele-vanten Themen darstellt. Die synoptische Darstellung von Entwurfsprozess, Formfindung und Gestaltung war gleichzeitig Katalysator, Mittel und Produkt einer rückschauenden Betrachtung des Entwurfsprozesses. Auf Grund individueller Themenwahl und vielfältiger Darstellungstechniken resultieren Prozessbilder unterschiedlichster Art (Abb. 5–8).

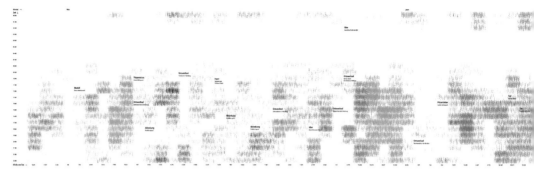

6 | Jakob Grelck Prozessbild | Process graphic Leibniz Universität Hannover 2013

With the sequence of 'project – produce – reflect – synthesize', the seminar followed a similar approach to that of the design process, except that the object of study in this case was not the design object per se, but the creative process. Influences and effects were more important than specific results. The intrinsic value of this exercise, however, lies in its incentive to depict and reflect on one's own procedure, while furthering insights into individual creative processes.

H Y P O T H E S E S   Based on this experimental series, I would like to formulate three hypotheses in order to elaborate on the introduced subjects, as well as to debate didactic principles in the study of architecture.

HYPOTHESIS 1   One's own methods are the best! Individual approaches can respond most appropriately to individual abilities and interests and can match them productively, as they are attuned specifically to personal dispositions.

HYPOTHESIS 2   The reflective approach improves one's own methods! The conscious evaluation of one's own work highlights the methodical aspects of one's practice, and continuous and creative reflection leads to the improvement of one's own design process.

HYPOTHESIS 3   One's own methods have the greatest potential for development! The attunement to individual strengths and the shaping of one's own design process enables extrinsic influences to be assessed more clearly. Individuality also allows the greatest possible freedom for flexible adaptations.

The methods of successful designers can be taken as proof of these hypotheses. Their works – products of their actions – are outstanding because of their specific qualities and their autonomous nature, representing characteristics that would not have come to the fore if the authors had not followed their own path. Approaches taken by successful

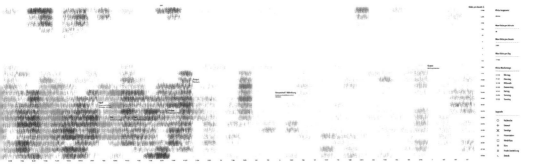

Mit der Sequenz ‚projizieren – produzieren – reflektieren – synthetisieren' folgte das Seminar einem ähnlichen Muster wie dem eines Entwurfsprozesses an sich, allerdings war der Gegenstand der Betrachtung hier nicht das Gestaltungsobjekt, sondern der Entstehungsprozess. Einflüsse und Wirkungen wurden wichtiger als konkrete Resultate. Der eigentliche Wert dieser Arbeit liegt jedoch in der Unterstützung von Erkenntnissen zum individuellen Schaffensvorgang sowie in der Anregung, den eigenen Prozess darzustellen und zu reflektieren.

T H E S E N   Vor dem Hintergrund dieser Testreihe möchte ich an dieser Stelle drei Thesen formulieren. Sie sollen der Verdeutlichung einleitend formulierter Themen dienen wie auch der Auseinandersetzung über didaktische Prinzipien in der architektonischen Ausbildung.

THESE 1   Die eigenen Methoden sind die besten! Die individuellen Vorgehensweisen können auf individuelle Fähigkeiten und Interessen am besten eingehen und diese miteinander verknüpfen, da sie spezifisch auf die persönlichen Dispositionen abgestimmt sind.

THESE 2   Die reflexive Auseinandersetzung verbessert die eigenen Methoden! Das bewusste Bedenken des eigenen Tuns bringt das Methodische der Vorgehensweisen zum Vorschein und führt in einer kontinuierlichen und kreativen Auseinandersetzung zu einer Verbesserung des eigenen Schaffensprozesses.

THESE 3   Die eigenen Methoden haben das größte Ausbaupotential! Die Abstimmung auf die individuelle Disposition und die Gestaltung des eigenen Gestaltungsprozesses erlaubt eine klarere Auseinandersetzung mit extrinsischen Einflüssen; die Individualität beinhaltet auch eine größtmögliche Freiheit zur flexibler Anpassung.

Als Beleg dieser Thesen können die Handlungsweisen erfolgreicher Gestalter beigezogen werden. Deren Werke als Produkte ihrer Handlungen heben sich gerade durch ihre spezifischen Qualitäten und die Eigenständigkeit hervor; Eigenschaften, die nicht zustande

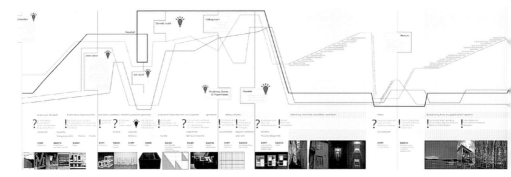

7 | Robin Zeidler Prozessbild | Process graphic Leibniz Universität Hannover 2013

designers are also difficult to grasp. Their explanations of them are coherent to them, but can hardly be fully understood by outside observers. The fact that the working methods of successful designers can rarely be copied successfully by other others further validates this observation.

If the hypotheses are valid for what could be considered a 'good' design, why should they not also be applicable to processes of lesser quality? Is the concept of lifelong learning not based on the idea of a continuous reflection on one's own actions?[6] Is the students' ability to learn, as an important educational impetus, not a sound basis for putting these hypotheses into practice? Does the improvement in method not represent a value in itself, independently of the value of the transmitted content?

E X T R A C T   The examination of the design process of every designer – according to individual disposition – can lead to a better understanding of its way of working, and improve creative abilities as such. Depictions of the processes form the basis for such exploration, offering the grounds for the discovery of unexpected connections among a broad range of considerations. The parallel observation and description of various influencing factors, as well as of process models and working methods, encourages critical reflection on one's own work, as well as on established procedures. Such insights support a continuous optimization of the creative process – provided that one does not lose one's ability to remain curious.

The following quote by Carl Friedrich Gauß captures both the premise for, as well as the essence of, the proposition made: "Indeed, it is not knowledge but learning, not owning but acquiring, not being there but getting there that provides the greatest pleasure."[7]

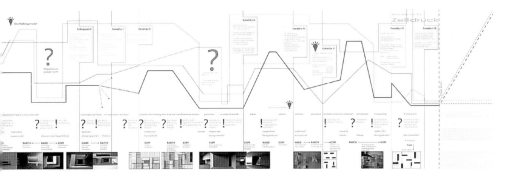

kämen, wenn die Autoren nicht ihren eigenen Weg verfolgen würden. Die Schaffensweise erfolgreicher Gestalter ist zudem schwierig zu benennen; Äußerungen der Gestalter
selbst sind für diese kohärent, erschließen sich aber Dritten schwer und Erklärungen durch
Außenstehende sind nie erschöpfend. Die Tatsache, dass Handlungsweisen erfolgreicher
Gestalter auch kaum erfolgreich zu kopieren sind, erklärt ein Übriges.

Wenn die Thesen für erfolgreiche Gestaltung gelten, weshalb sollen sie für weniger erfolgreiche Gestaltungsvorgänge nicht auch zutreffen? Basiert die Vorstellung des lebens-
langen Lernens nicht eben auf der Vorstellung einer kontinuierlichen Auseinandersetzung
mit dem eigenen Tun?[6] Ist nicht gerade die Lernfähigkeit der Studierenden als wichtiger
Impetus der Ausbildung eine gute Grundlage für die Umsetzung dieser Thesen? Stellt
nicht die Verbesserung jeden Tuns einen Wert an sich dar, unabhängig der Werte der
vermittelten Inhalte?

E X T R A K T   Die Auseinandersetzung mit dem Gestaltungsprozess jedes Entwerfenden
– ausgehend von der individuellen Disposition – kann das Verständnis von dessen Funkti-
onsweise ebenso wie die Schaffensfähigkeit an sich verbessern. Eine begleitende Darstellung des Prozesses bildet die Grundlage dieser Auseinandersetzung und die Betrachtung
möglichst verschiedener Aspekte lässt dabei Raum für die Entdeckung unerwarteter Zusammenhänge. Die parallele Betrachtung und Benennung verschiedener Einflussfaktoren
ebenso wie von Prozessmodellen und Arbeitsmitteln fördert die kritische Auseinandersetzung mit dem eigenen Tun ebenso wie mit allgemein Etabliertem. Solcherlei Erkenntnisse
unterstützen eine fortschreitende Optimierung der Schaffensweise – vorausgesetzt die
Neugier erlischt nicht.

Carl Friedrich Gauß' Zitat formuliert gleichzeitig die Essenz meiner Ausführungen, wie
es auch Prämisse dafür ist: „Wahrlich, es ist nicht das Wissen, sondern das Lernen, nicht
das Besitzen sondern das Erwerben, nicht das Da-Seyn, sondern das Hinkommen, was den
größten Genuss gewährt."[7]

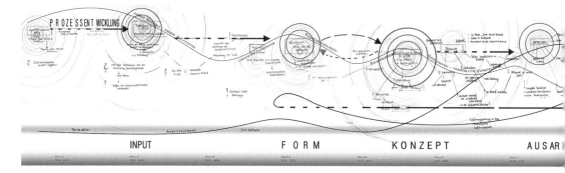

8 | Felicia Steiner Prozessbild | Process graphic Leibniz Universität Hannover 2013

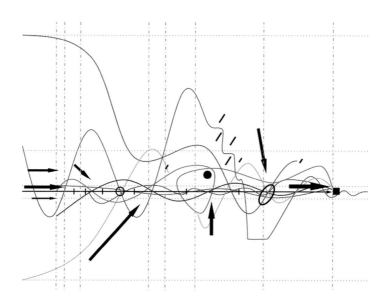

4 | Manuel Scholl Synoptische Prozessdarstellung | Synoptic process illustration 2013

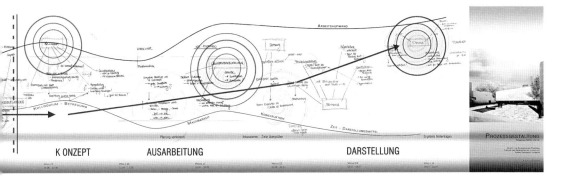

K ONZEPT   AUSARBEITUNG   DARSTELLUNG

ANMERKUNGEN NOTES **1** Wolfgang Welsch, Ästhetik und Anästhetik, in: id., Ästhetisches Denken, Stuttgart: Re-
clam 1990, 30 **2** Vgl. | Cf. Curt Fensterbusch (ed.), Vitruvii De architectura libri decem / Vitruv. Zehn Bücher über
Architektur (1. Buch 3. Kapitel), Darmstadt: Primus 1996, 44–45 **3** Vgl. | Cf. Kees Dorst/Bryan Lawson, Design ex-
pertise, Oxford u.a.: Elsevier 2009, 70–77 **4** Vgl. z.B. | Cf. e.g. Klaus Mainzer, Thinking in complexity. The compu-
tational dynamics of matter, mind and mankind, Berlin u.a.: Springer 2004, passim **5** Manuel Scholl/Christiane
Axer, Institut für Entwurf und Städtebau, Fakultät für Architektur und Landschaft, Leibniz Universität Hannover,
Seminar ‚Prozessgestaltung im Entwurf', 2013 **6** Vgl. | Cf. Kees Dorst/Bryan Lawson, op.cit. (Anm. | note 3), bes.
98–99 **7** Carl Friedrich Gauß, Schreiben Gauß an Wolfgang Bolyai, Göttingen, 2.9.1808, in: Franz Schmidt/Paul
Stäckel (eds.): Briefwechsel zwischen Carl Friedrich Gauß und Wolfgang Bolyai, Leipzig: B.G.Teubner 1899, 94

PERFORMATIVE URBANISM – DESIGNING THE CITY

Sophie Wolfrum

PATTERNS OF STEPS   City and movement have been conceived together for a long time. There is a rich history of productive conceptual alliances. Nikolai Antsiferov, a geographer in St.Petersburg, led city field trips and excursions at the beginning of the nineteen-twenties, in the pursuit of knowledge. The sensory perception of urban space provides insights that are equally significant to those gained by research in libraries and cartography. His book The Soul of Petersburg[1] became a cult book in the late Soviet Union. It can be regarded as one of the precursors to urban and cultural studies, in which travelling, careful observations of everyday life, intense involvement with the locality, and the banality of transitory places play an important role. John Brinckerhoff Jackson rides his motorbike from the east coast to the west coast of the USA, and everything he sees is important.[2] This type of perception is not possible just sitting in libraries. Later in Kassel, Lucius Burckhardt takes up the notion of excursions again, as the science of strolling or promenadology.[3] Michel de Certeau wrote in 1980: "The act of walking is to the urban system what expressing oneself (the act of speaking) is to language or to formulated

PERFORMATIVER URBANISMUS – STADT ENTWERFEN

Sophie Wolfrum

SPIELE DER SCHRITTE   Stadt und Bewegung werden schon seit langem gemeinsam gedacht, es gibt eine reiche Geschichte an produktiven konzeptionellen Allianzen. Nikolai Anziferow, Geograf in St. Petersburg, betreibt Anfang der 1920er Jahre Stadtexkursionen als Exkursionswissenschaft. Die sinnliche Erfahrung des städtischen Raums liefert ebenso wichtige Erkenntnisse wie die Recherche in Bibliotheken und Kartenwerken. Sein Buch ‚Die Seele Petersburgs'[1] wird zum Kultbuch in der späten Sowjetunion. Man kann in ihm einen der Vorläufer der urban und cultural studies sehen, für die das Reisen, das sorgfältige Beobachten des Alltags, das intensive Sich-Einlassen auf den Ort und die Banalität transitorischer Orte wichtig werden. John Brinckerhoff Jackson fährt mit seinem Motorrad von der Ost- zur Westküste der USA und alles, was er sieht, ist wichtig.[2] Für diese Art der Wahrnehmung kann man nicht in den Bibliotheken sitzen bleiben. Lucius Burckhardt greift später in Kassel die Exkursionswissenschaft als Spaziergangs-Wissenschaft oder Promenadologie auf.[3] Michel de Certeau schreibt 1980: „Der Akt des Gehens ist für das urbane System das, was die Äußerung (der Sprechakt) für die Sprache oder für

141

statements. [...] The patterns of steps shape the space. They weave the basic structure of places. In this sense, the movements of pedestrians create one of the physical systems that constitute the core of the city, but cannot be pinpointed to any particular place or located, because they themselves create the space."[4] In contemporary terms, Francesco Careri refers to the same thing as walkscapes, with walking as an esthetic practice[5], and of course he also refers to the situationists, the radical actionists of the nineteen-sixties.

The situationists surrounding Guy Debord put forward an urbanistic approach called 'la dérive', meaning aimless rambling, movement as a perception and as a shaper of space.[6] The aimlessness of the flâneur, who strolled through Parisian alleys at the turn of the century, is reflected half a century later in their concept of aimless rambling. Another fifty years on, the Situationist International is still held without fail.[7] This, together with the concept of psychogeography, the psychosocial shaping of space, has a great influence on urbanism, and its radicality makes it a recurring reference point in the visual arts.

There was an active phase of public performance in art in the nineteen-sixties and seventies, which has been called to mind again recently by a series of exhibitions. These include Performing the city, curated in 2008 by Heinz Schütz, who has now set up an issue of the art magazine KUNSTFORUM focussing on Urban Performance[8], or the scene surrounding the Viennese actionists, shown in the Occupying Space collection in the Haus der Kunst in 2004, or mind expanders – performative bodies – utopian architectures around 1968 held in MUMOK in Vienna in 2008. Gordon Matta Clark was honored with a major exhibition in Chicago in 2008, as a qualified architect who, as an artist, could be described as an urbanist in many of his works. These are just a few examples of a clear trend towards retrospectives, which are accompanied by a renewed wave of performative works. In contemporary art it is now a matter of course to leave the museum and go out into the city.[9] The Munich Kammertheater opens up a venue at a new location in the city every year.

In relation to this, the renewed interest in Henri Lefèvbre's spatial theory (The Production of Space)[10] indicates that space, including the social space of the city, is understood as being continually produced. Beyond the social aspect, we also define space as being physically ("leiblich") produced. What Lefèbvre calls 'l'espace vécu' in his complex spatial theory means experienced space, which describes the active process of both perception and production. Space is shaped in a process of interaction between people, of usage of objects, of daily and everyday life. Evidently there are different cultures behind the current interest in walking and travelling, physical perceptions and experienced space, the

formulierte Aussagen ist. [...] Die Spiele der Schritte sind Gestaltungen von Räumen. Sie weben die Grundstruktur von Orten. In diesem Sinne erzeugt die Motorik der Fußgänger eines jener realen Systeme, deren Existenz eigentlich den Stadtkern ausmacht, die aber keinen Materialisierungspunkt haben. Sie können nicht lokalisiert werden, denn sie schaffen erst den Raum."[4] In der Sprache der Gegenwart nennt Francesco Careri das Gleiche ‚walkscapes‘, Gehen als ästhetische Praxis,[5] und auch er bezieht sich natürlich auf die Situationisten, radikale Aktionisten der 1960er Jahre.

Die Situationisten um Guy Debord entwickeln mit ‚la dérive‘, dem ziellosen Umherschweifen, der Bewegung als Wahrnehmung und als Produktion von Raum, eine urbanistische Methode.[6] Die Absichtslosigkeit des Flaneurs, der zur Jahrhundertwende die Passagen von Paris durchschlendert, findet sich ein halbes Jahrhundert später in ihrem ziellosen Umherschweifen wieder. Weitere fünfzig Jahre später ist die Rezeption der Situationistischen Internationale ungebrochen.[7] Diese übt mit dem Konzept der psychosozialen Produktion des Raumes, der Psychogeografie, großen Einfluss in der Urbanistik aus, und ihre Radikalität macht sie zum immer wiederkehrenden Bezugspunkt in der Bildenden Kunst.

In der Kunst gibt es in den 1960er und 1970er Jahren eine aktive Phase der öffentlichen Performance, die in jüngster Zeit in einer Reihe von Ausstellungen wieder ins Bewusstsein gerufen wird. ‚Performing the city‘, 2008 von Heinz Schütz kuratiert, der aktuell ein Kunstforum mit dem Thema ‚Urban Performance‘ herausgegeben hat.[8] Oder die Szene um die Wiener Aktionisten, gezeigt in ‚Occupying Space‘ Sammlung Generali im Haus der Kunst 2004, oder in Wien im MUMOK 2008 ‚mind expanders – performative Körper – utopische Architekturen um '68'. Gordon Matta Clark wird 2008 in Chicago mit einer großen Werkschau geehrt, ein ausgebildeter Architekt, der als Künstler in vielen seiner Aktionen als Urbanist bezeichnet werden könnte. Dies sind nur einige Beispiele für einen deutlichen Trend zu Retrospektiven, die von einer erneuten Welle an performativen Aktionen begleitet werden. Aus dem Museum hinaus in die Stadt zu gehen ist in der zeitgenössischen Kunst selbstverständlich geworden.[9] Das Münchner Kammertheater macht jedes Jahr an einem neuen Ort der Stadt eine seiner Spielstätten auf.

Das wieder aufgeflammte Interesse für Henri Lefèbvres Raumtheorie[10] zeigt in diesem Zusammenhang, dass Raum, so auch der gesellschaftliche Raum der Stadt, als kontinuierlich produziert verstanden wird: ‚la production de l'espace‘. Auch über den sozialen Aspekt hinaus definieren wir Raum als leiblich produziert. Was Lefèbvre in seiner komplexen Raumtheorie ‚l'espace vécu‘ nennt, entspricht im Deutschen in etwa dem Begriff des

cultural production of space, situational or performative urbanism, as this rather bumpy time journey through the twentieth century shows.

ARCHITECTURE As part of the spatial turn, which started with Foucault's famous lecture 'Of Other Spaces' in 1967 ("The present epoch will perhaps be above all the epoch of space. We are in the epoch of simultaneity, of juxtaposition, of the near and far, of the side-by-side, of the dispersed."[11]), architecture is also regaining significance in urbanism as "the art of articulating space".[12] At the same time, architectural theory is pursuing a line of discourse that stresses the performative aspect of the architectural, a particular esthetic quality of architecture that is described as an esthetics of the performative. In this, architecture is distinctly different from other creative and cultural works: we ourselves are part of the esthetic reality in architecture. We cannot be merely an observer from a distance, because our bodies are part of the architectural space that we are experiencing and of the space that we are creating. We always find ourselves part of a complex architectural situation, in which we experience architecture and do not merely observe it. Architecture is characterized by the fact that it can be perceived not only with the eyes, but with all the senses, and can only be experienced fully through movement. Therefore we are always an active agent at the same time. As the current perception of architecture is so strongly bound up with visual media, we are often disappointed when we see it in reality on site, which does not live up to our vivid esthetic imagination. Architecture can only unfold in reality as a cultural event, in a usage situation.

We are 'co-actors' in architecture, as already described by Dagobert Frey back in the nineteen-twenties.[13] Therefore it is not a new insight, but one that has been upheld in architectural theory for a long time. However, it gains a new relevance through its parallels with the other discourses about the performative, in which architecture and urbanism are related to each other productively again, after urbanism as a social science and planning theory had been separated from architecture in modern times.

The performative aspect emphasizes the components of spatial experience, perception, and behavior, which are an essential part of the architectural reality. Thus architecture disposes of a repertoire of specific architectural means and structures, which only become a reality during a cultural event, in a usage situation, through movement and being part of it while it is being perceived. It is this performative aspect that distinguishes architecture from the fine arts on the one hand, and from systematic planning on the other.

,gelebten Raumes', der den aktiven Prozess von Wahrnehmung und Produktion zugleich beschreibt. Raum entsteht in einem Prozess des Handelns zwischen Personen, in einem Prozess des Gebrauchs von Dingen, in einem Prozess täglichen und alltäglichen Lebens. Offensichtlich gibt es verschiedene Kulturen, die hinter dem gegenwärtigen Interesse an Gehen und Reisen, leiblicher Erkenntnis und gelebtem Raum, kultureller Produktion des Raumes, situativem oder performativem Urbanismus stehen, wie diese etwas holperige Zeitreise durch das 20. Jahrhundert zeigt.

A R C H I T E K T U R   Im Zuge des ,spatial turn', dessen Beginn mit Foucaults berühmtem Vortrag ,Andere Räume' aus dem Jahr 1967 datiert werden kann - „Unsere Zeit ließe sich dagegen eher als Zeitalter des Raumes begreifen. Wir leben im Zeitalter der Gleichzeitigkeit, des Aneinanderreihens, des Nahen und Fernen, des Nebeneinander und des Zerstreuten."[11] - wird auch Architektur als „die Kunst, Raum zu artikulieren"[12] in der Urbanistik wieder aktuell. Zugleich pflegt die Architekturtheorie eine Diskurslinie, die den performativen Aspekt des Architektonischen hervorhebt, eine spezifische ästhetische Begabung von Architektur, die als eine Ästhetik des Performativen beschrieben wird. Architektur unterscheidet sich darin grundsätzlich von andern gestaltenden Kulturtechniken: Wir selbst sind in Architektur Bestandteil der ästhetischen Realität. Wir können nicht einfach nur distanzierter Beobachter sein, denn wir sind mit unserem Körper Teil des architektonischen Raumes, den wir erfahren, und des Raumes, den wir erzeugen. Es ist immer eine komplexe architektonische Situation, in der wir uns befinden, in der man Architektur erlebt und sie nicht lediglich betrachtet. Architektur zeichnet sich dadurch aus, dass sie nicht nur mit den Augen, sondern mit allen Sinnen und erst in der Bewegung vollständig wahrgenommen werden kann. Wir sind also immer zugleich Akteur. Da die Rezeption von Architektur heute so stark an die Bildmedien gebunden ist, tritt dann oft diese schale Enttäuschung ein, wenn wir vor Ort sind und die so geweckten ästhetischen Vorstellungen durch die Wirklichkeit nicht eingelöst werden. Architektur entfaltet sich in der Wirklichkeit erst in einem kulturellen Ereignis – in einer Situation des Gebrauchs.

In der Architektur sind wir ,Mitspieler', so beschreibt Dagobert Frey schon in den 1920er Jahren diese spezifische Begabung von Architektur.[13] Es ist dies also auch keine neue Erkenntnis, sondern eine in der Architekturtheorie seit langem gepflegte. Sie bekommt jedoch in der Parallelität der anderen Diskurse des Performativen eine neue Aktualität, die Architektur und Urbanistik wieder produktiv aufeinander beziehen kann, nachdem sich in der Moderne die Urbanistik als Sozialwissenschaft und Planungstheorie von der Architektur entfernt hatte.

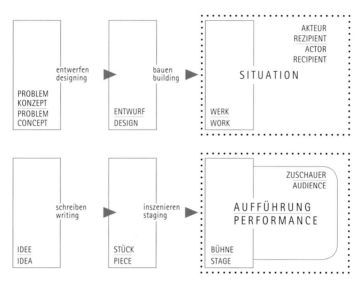

<table>
<tr><td>PROBLEM
KONZEPT
PROBLEM
CONCEPT</td><td>entwerfen
designing ▶</td><td>ENTWURF
DESIGN</td><td>bauen
building ▶</td><td>AKTEUR
REZIPIENT
ACTOR
RECIPIENT

SITUATION

WERK
WORK</td></tr>
</table>

1 | Sophie Wolfrum Analogie zum Performativitätskonzept der Theaterwissenschaften nach Erika Fischer-Lichte | Analogy to the concept of performativity in theater studies   2013

PERFORMATIVE URBANISM   In theater studies, performativity has already been conceptualized for a long time. In architecture and urban development, a comparable discussion has lacked the same degree of clarity so far and is mostly linked to concepts of the scenic or the situational. "[...] scenic space, without which, as we know, buildings would only be structures and the city merely an agglomeration."[14] Performative urbanism refers to urban architecture way beyond its objective or visual features. Situations, uses, processes, and co-actors are the keys to a performative understanding of architecture, including city architecture. Furthermore, the concept of the performative goes back to linguistic philosophy. During the development of its theories, John L. Austin introduced a differentiation between 'performance' and 'performative'. 'Performance' designates the execution of an action or the uttering of a sentence that attributes a particular current meaning to a given situation. 'Performative', on the other hand, refers to a situation in which a new reality is created.[15] A much-used example is that of a wedding ceremony, in which the pronouncement leads to the marriage contract, creating a new reality.

This basic idea was developed further in a number of cultural disciplines and humanities. Especially in theater studies, the contemporary understanding of 'performance' is regarded as a genuine performative cultural practice, as it is more than just a visualization and

Der performative Aspekt betont die Komponente des räumlichen Erlebens, Erfahrens und Handelns, die unabdingbar in die architektonische Wirklichkeit eingeschlossen ist. Architektur verfügt demnach über ein Repertoire von spezifisch architektonischen Mitteln und Strukturen, die erst in einem kulturellen Ereignis, in einer Situation des Gebrauchs, der Bewegung und des Darin-Seins während der Rezeption Wirklichkeitscharakter entfalten. In diesem performativen Akt unterscheidet sich Architektur von den Bildenden Künsten einerseits und von systematischer Planung andererseits.

PERFORMATIVER URBANISMUS In den Theaterwissenschaften wird Performativität bereits seit Längerem konzeptualisiert. Für Architektur und Städtebau ist ein vergleichbarer Diskurs bisher weniger explizit, er wird meist mit den Begriffen des Szenischen oder des Situativen verbunden. „[...] szenischer Raum, ohne den, wie wir wissen, die Gebäude nur Konstruktion wären und die Stadt nur eine Agglomeration."[14] Performativer Urbanismus begreift die Architektur der Stadt weit über ihre objekt- oder bildhaften Eigenschaften hinaus. Situation, Gebrauch, Prozess, Mitspieler sind die Schlüssel zu einem performativen Verständnis von Architektur, die Architektur der Stadt eingeschlossen. Der Begriff des Performativen (performative) geht zudem auf die Sprachphilosophie zurück, in deren Theoriebildung John L. Austin eine Differenzierung zwischen ‚performance' und ‚performative' einführte. ‚Performance' bezeichnet die Ausführung einer Handlung oder das Aussprechen eines Satzes in einer Situation, durch die eine bestimmte Bedeutung erst aktualisiert wird. ‚Performative' bezeichnet dagegen eine Situation, in der eine neue Wirklichkeit überhaupt erst hervorgerufen wird.[15] Vielgebrauchtes Beispiel ist das einer Ehezeremonie, in der der ausgesprochene Satz zum Vertrag der Ehe führt. Eine neue Wirklichkeit wird konstituiert.

Dieser grundlegende Gedanke wurde in zahlreichen Disziplinen der Kultur- und Geisteswissenschaften fruchtbar weiterentwickelt. Insbesondere in den Theaterwissenschaften wird das kontemporäre Verständnis von ‚Aufführung', da sie sich nicht mit einer Verbildlichung und Reproduktion eines gegebenen Textes begnügt, als genuine performative Kulturpraxis begriffen. In einer Theateraufführung werden Schauspieler, Textvorlage, Zuschauer, Bühne und Raum zu einer neuen situativen Einheit verschmolzen, die zu einer neuen Wirklichkeit führt, an der alle genannten Elemente als Akteure beteiligt sind. Die ‚Aufführung' einer Handlung, theatrale Performativität, ist Wirklichkeit konstituierend. Theater sei die ‚Performative Kunst' schlechthin, sagt Erika Fischer-Lichte.[16] Zwar ist der Topos von ‚Stadt als Bühne' oder ‚Stadt als Drama'[17] verbreitet, aber meist blieb es bei der Analogie von Stadt und Theater im Sinne einer Metapher. Jetzt geht es jedoch um das

2 | Markus Lanz Urbane Straßensituation | Urban street setting Buenos Aires 2011

a reproduction of a given text. In a theater performance, the actors, script, spectators, stage, and space merge into a new situational unity, which becomes a new reality that all the aforementioned components are part of. The 'performance' of a scene, theatrical performativity, is what constitutes reality. Theater is the ultimate 'performative art', says Erika Fischer-Lichte.[16] The idea of 'the city as a stage' or 'the city as a play'[17] is widespread, but so far it has mostly been restricted to an analogy between the city and the theater in the sense of a metaphor. Now, however, it is about an understanding of the theater in which the relationship between the script and the play is weighted in favor of the performance and its performative potential. This is directly applicable to urban spaces, which only gain significance in urban situations. An empty stage is of no interest (fig. 1). The everyday urban life of the city, with all its potential and conflicts, is taken into consideration (fig. 2). It is not restricted to the recreational spaces of a hedonistic urban leisure culture. A square is nothing insofar as it is just stones, trees, style, and color. Only when it is used, becomes a stage for urban life, brings actors and spectators together in an event, does its architecture gain significance (fig. 3).

At the forefront of this understanding of architecture and city are the processuality of the spatial experience, the structure of spatial relationships concerning occurrence or event, and the openness of spatial structures. The material structure, haptic, and atmosphere are also significant aspects of this. The architectural substance is the basis and an integral part of events. It is only in performative actions that it unfolds its potential and gains

social and esthetic relevance.[18]

3 | Paolo Mendes da Rocha Stadt als Bühne | The city as a stage Praça do Patriarca São Paulo 1992

Verständnis von Theater, in der das Verhältnis von Stück und Spiel zugunsten der Aufführung und deren performativem Potential gewichtet wird. Dieser Sachverhalt lässt sich direkt übertragen: Urbane Räume werden erst in urbanen Situationen relevant, die leere Bühne ist uninteressant (Abb. 1). Der urbane Alltag der Stadt mit all seinen Potenzialen und Konflikten wird dabei in den Blick genommen (Abb. 2). Er beschränkt sich nicht auf die Freizeiträume einer hedonistischen urbanen Freizeitkultur. Ein Platz ist nichts, soweit er nur Stein, Baum, Stil und Farbe ist. Erst wenn er gebraucht wird, Bühne städtischen Lebens wird, Spieler und Zuschauer in einem Geschehen zusammen finden, Erinnerungen und Praktiken des Gebrauchs aktualisiert werden, erst dann wird seine Architektur entfaltet (Abb. 3).

Im Vordergrund dieses Verständnisses von Architektur und Stadt stehen die Prozesshaftigkeit der räumlichen Erfahrung, die Ereignisstruktur von räumlichen Zusammenhängen, die Offenheit von räumlichen Strukturen. Dabei ist die materielle Struktur, Haptik, Atmosphäre nicht nebensächlich. Die architektonische Substanz ist Voraussetzung und Komponente von Ereignissen. In performativen Akten erst kommt sie zur Entfaltung, erst dann bekommt sie soziale und ästhetische Relevanz.[18]

Es geht also um beides, um die architektonische Substanz und um das Ereignis, um Kontingenz, um deren performativen Zusammenklang, in dem die Wirklichkeit der Stadt gebildet wird. Mit dem Blick auf das Performative und Kontingenz wäre es jedoch ein Irrtum zu glauben, der materielle Aspekt der Architektur wäre nun irrelevant, sie solle

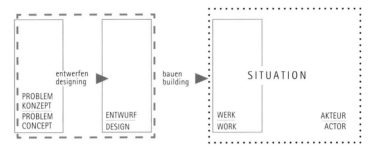

4 | Sophie Wolfrum Entwerfen 1 | Designing 1 2013

It is therefore about both, about the architectural substance and about the event, about the contingency of their performative harmony, which forms the reality of the city. With regard to performativity and contingency it would, however, be erroneous to believe that the material aspect of architecture has become irrelevant and should merely be the scenographic backdrop. On the contrary, it reinforces the conviction that architecture has to demonstrate presence (conciseness), in order to be able to open up possibilities for action. Conciseness encompasses articulated spaces, a dense atmosphere, esthetic complexity, form and material, the architectural repertoire. Contingency encompasses openness, varying usage, shifts in meaning, possibilities for appropriation, flexibility, performance options. Both potentials together generate the urban reality of the particular location in the specific city. Performative urbanism is not restricted to a psychogeographic perception of the city, but also acknowledges the necessity of architectural design.

DESIGNING THE CITY This opens up the question as to whether one should also develop particular design practices that meet these requirements. Can or should performativity be integrated into the design process from the outset, in order to take effect in the 'perception of the work' and to promote and support the performative character of urban spaces in a targeted manner? Is a 'good design' enough? Does this framework in itself not ensure architectural spaces that fulfil the aforementioned criteria, beyond a purely visual architecture or signature architecture? Or is there also a need to take a different approach to design?

DESIGNING 1 Architecture has an inherently performative character. It is genuinely performative. The line of argument about co-actors, stage, and theater studies shows that urban architecture per se can also be understood as performative. There are many examples that illustrate how city architectures become social and urban venues in other eras or in other social contexts, beyond their original purposes and functions. Spaces with a strong presence lend themselves to being appropriated. Either incidentally in

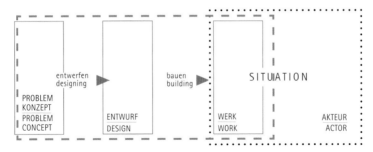

lediglich Hintergrund und bloße szenografische Folie sein. Im Gegenteil wird hier die Überzeugung vertreten, dass Architektur Prägnanz aufweisen muss, um Spielräume im Handeln eröffnen zu können. Prägnanz bedeutet: Artikulierte Räume, dichte Atmosphäre, ästhetische Komplexität, Form und Material, architektonisches Repertoire. Auf der Seite von Kontingenz stehen: Offenheit, Variabilität im Gebrauch, Verschiebung von Bedeutung, Aneignungsmöglichkeiten, Spielraum, Optionen der Performance. Beide Potenziale zusammen generieren jeweils in der spezifischen Situation die urbane Wirklichkeit des konkreten Ortes in der konkreten Stadt. Performativer Urbanismus bleibt nicht bei einer psychogeografischen Rezeption von Stadt stehen, sondern sieht zugleich die Dringlichkeit von architektonischem Entwurf.

STADT ENTWERFEN Vor diesem Hintergrund stellt sich nun die Frage, ob auch besondere Entwurfspraktiken entwickelt werden sollten, die dem gerecht werden. Kann oder sollte Performativität bereits dem Entwurfsprozess eingeschrieben werden, um auch tatsächlich in der ‚Rezeption des Werkes' wirksam zu werden und den performativen Charakter städtischer Räume gezielt zu fördern und zu ermöglichen? Reicht ein ‚guter Entwurf'? Gewähren diese Bedingungen nicht architektonische Räume per se, die die soeben formulierten Ansprüche über eine reine Bild-Architektur oder Signature-Architektur hinaus erfüllen. Oder geht es auch darum, anders zu entwerfen?

ENTWERFEN 1 Der Architektur ist ihr performativer Charakter eingeschrieben. Sie ist genuin performativ. Die Argumentationskette über Mitspieler, Bühne und Theaterwissenschaften zeigt auf, dass auch städtische Architektur per se performativ verstanden werden kann. Es ließen sich genügend Beispiele anführen, wie Architekturen der Stadt über ihre ursprünglichen Zwecke und Aufgaben hinaus in anderen Epochen oder anderen gesellschaftlichen Zusammenhängen zu sozialen und urbanen Orten werden. Starke Räume offerieren die Kapazität, vereinnahmt zu werden. Entweder beiläufig im Alltag oder auch als Stadträume besonderer Aufmerksamkeit, auf diese Unterscheidung kommt es nicht an (Abb. 4).

6–7 | Diller + Scofidio High Line Park New York 2009

everyday life, or also as urban spaces that are a particular focus of attention. This distinction makes no difference (fig. 4).

DESIGNING 2   The aforementioned criteria (openness, varying usage, shifts in meaning,
possibilities for appropriation, flexibility, performance options) apply to an architectural
design, in the sense of a concept for urban spatial situations. The architectural repertoire
provides a vast range of options for this. There are many examples of contemporary designs that explicitly generate locations for urban situations. These designs offer a range
of urban possibilities, incorporating the performative situation explicitly, over which they
then no longer have any control. The design can focus on the performative potential of
the architecture (fig. 5). Three examples:
1. The High Line in New York creates a space for movement, a linear park, which provides
a completely new access to the Chelsea city district that has been in a process of transformation for a long time (fig. 6–7). 2. The new municipal hall in Ghent was conceived as
an open 'living room'[19] for civic society by the architects Robbrecht en Daem and Van Hee,
in a lengthy, fifteen-year design process (fig. 8). They adhered to the design persistently,
against all the setbacks, to striking effect. 3. The Dreirosenbrücke (Bridge of Three Roses)
in Basel carries a wide highway connection at its core, but its roof carries a much narrower urban street, gaining space for very wide sidewalks, making the pedestrian walkway
across the Rhine an incidental leisure area (fig. 9).

DESIGNING 3   As a further development to the 'Urban Performance' projects described at
the start of the text, a culture of urban forms of action has evolved over the last decade,
which 'creates the city' on the basis of the field of architecture. The work of architecture,
in a narrower sense, is ephemeral, like the well-known 'kitchen monument' by Raumlabor
or the 'temporary cinema' by the Assemble group from London. The concept is strong, the
design is very detailed, the building and usage merge, but the work itself is almost invisib-

8 | Robbrecht en Daem / Marie-José Van Hee Stadthalle | Town hall Gent 2013   9 | Steib+Steib Dreirosenbrücke Basel 2004

ENTWERFEN 2   An einen architektonischen Entwurf im Sinne eines Konzeptes für urbane räumliche Verhältnisse werden die oben formulierten Ansprüche herangetragen: Offenheit, Variabilität im Gebrauch, Verschiebung von Bedeutung, Aneignungsmöglichkeiten, Spielraum, Optionen der Performance. Das Repertoire der Architektur liefert dafür unendliche Möglichkeiten. Es gibt genügend Beispiele zeitgenössischer Entwürfe, die explizit Orte für urbane Situationen generieren. Diese Entwürfe offerieren urbane Möglichkeitsräume, denken ihren Entwurf explizit in die performative Situation hinein, die sie dann nicht mehr unter Kontrolle haben werden. Der Entwurf kann das performative Potential der Architektur in seinen Fokus nehmen (Abb. 5). Drei Beispiele:

1. Die High Line in New York schafft einen Bewegungsraum, einen linearen Park, der einen völlig neuen Zugang zu dem seit Längerem sich in Transformation befindlichen Stadtteil Chelsea offeriert (Abb. 6–7).   2. Die neue Stadthalle in Gent wurde in einem langen 15-jährigen Entwurfsprozess von den Architekten Robbrecht en Daem und Van Hee als ein offenes ‚Wohnzimmer'[19] für die Stadtgesellschaft begriffen (Abb. 8). Dafür haben sie den Entwurf durch alle Rückschläge hindurch beharrlich verfolgt und zugleich immer weiter in diesem Sinne prägnant gemacht.   3. Die Dreirosenbrücke in Basel nimmt in ihrem Körper eine breite Autobahnverbindung auf, der Deckel trägt aber eine viel schmälere Stadtstraße, man hat dadurch Platz für sehr breite Trottoirs gewonnen (Abb. 9). Der Bewegungsraum für Fußgänger auf der Mitte des Rheins wird beiläufig zum Aufenthaltsraum.

ENTWERFEN 3   Als Weiterentwicklung zu den am Anfang des Textes beschriebenen Projekten ‚Urbaner Performance' hat sich in der letzten Dekade eine Kultur urbaner Aktionsformen herausgebildet, die aus dem Feld der Architektur heraus ‚Stadt macht'. Das architektonische Werk im engeren Sinne ist ephemer wie das bekannte ‚Küchenmonument' von Raumlabor oder das temporäre Kino der Gruppe Assemble aus London. Das Konzept ist stark, die Detaillierung des Entwurfes umfangreich, Bauen und Gebrauchen gehen ineinander über, das Werk selbst aber ist fast unsichtbar, die Architektur als Werk bekommt

153

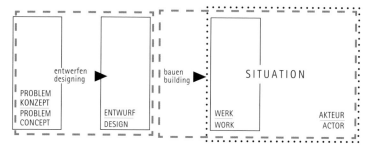

10 | Sophie Wolfrum Entwerfen 3 | Designing 3 2013

le. The architecture as a work only gains a presence as part of the urban situation (fig. 10). The lack of clear visibility that emerges during the process of manufacturing and building is part of the concept. Total control is renounced, but not professional competence.

DESIGNING 4   Further design practices go way beyond what has for a long time been understood as 'participation' or 'involvement' (fig. 11). The IBA Hamburg 2013, for example, has two projects that are explicitly dedicated to this matter, alongside many projects especially in the field of education, which would not have been possible without the participation of the ultimate users in the design process.

Firstly, 'foundation engineering and residents' ('Grundbau und Siedler ') by Bel Architekten seeks to involve the residents into the construction process, thereby not only enabling cost-effective building, but also optimizing the design for the later usage of the building. The drawings by the architects also anticipated a particularly diversified appearance of the future house that, to everyone's surprise, did not materialize with the finished house. The design work for the 'construction documentation' was especially detailed, as laymen worked with these plans. Secondly, the 'university of neighborhoods' built a hotel in a lengthy process with students at the HCU, in which the method of 'putting it together' led directly to an esthetic expression (fig. 12). The temporary nature of this experiment was intended to be visible. As it was temporary, the odd 'mistake' here and there could also be tolerated, which would otherwise be sued as structural damage.

All of these projects will change the culture of building and design. They will change the role of the architect, from the finished plan to the open design. The purpose of the design has shifted towards the process of design, towards design thinking, as is the case in parallel disciplines. Furthermore, 'designing the city' will have the task of recapturing the ground that architecture lost to the producers of functionally one-dimensional infrastructures.

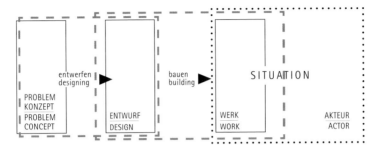

11 | Sophie Wolfrum Entwerfen 4 | Designing 4 2013

erst Präsenz als Bestandteil der urbanen Situation (Abb. 10). Die Unschärfe, die sich im Prozess des Herstellens und Bauens ergibt, ist Teil des Konzeptes. Die totale Kontrolle wird aufgegeben, die professionelle Kompetenz jedoch nicht.

ENTWERFEN 4   Weitere Entwurfspraktiken gehen weit über das hinaus, was schon lange unter ‚Partizipation' oder ‚Beteiligung der Betroffenen' verstanden wurde (Abb. 11). Die IBA Hamburg 2013 zum Beispiel hat neben vielen Projekten insbesondere im Bildungs-bereich, die ohne die Mitwirkung der späteren Nutzer im Prozess des Entwurfes nicht denkbar wären, zwei Projekte, die sich dieser Frage explizit widmen. 1. ‚Grundbau und Siedler' von Bel Architekten will die Bewohner in den Bauprozess integrieren und damit nicht nur kostengünstig bauen, sondern auch den Entwurf auf den späteren Gebrauch hin optimieren. Die Zeichnungen der Architekten antizipierten auch ein besonders viel-fältiges Escheinungsbild des zukünftigen Hauses, das sich zur Überraschung aller beim fertigen Haus dann gar nicht ergeben hat. Die Entwurfsarbeit für die ‚Werkplanung' wurde besonders umfangreich, da Laien mit diesen Plänen arbeiteten. 2. Die ‚Universität der Nachbarschaften' baut ein Hotel, in einem langen Prozess mit Studierenden der HCU, bei der die Methode des ‚Bastelns' direkt zu einem ästhetischen Ausdruck führt (Abb. 12). Diesem Experiment soll man seinen provisorischen Charakter auch ansehen. Und da es temporär sein wird, kann auch der eine oder andere ‚Fehler' toleriert werden, der sonst als Bauschaden verklagt werden würde.

Alle diese Projekte werden die Kultur des Bauens und Entwerfens verändern. Sie werden die Rolle des Architekten verändern. Vom fertigen Plan zum offenen Entwurf. Die Aufgabe des Entwurfes verschiebt sich, wie es in parallelen Disziplinen ebenfalls formuliert wird, hin zum Prozess des Entwerfens, hin zu ‚design thinking'. ‚Stadt Entwerfen' wird darüber hinaus die Aufgabe haben, das Territorium zurückzugewinnen, das die Architektur an die Produzenten funktional eindimensionaler Infrastrukturen verloren hat.

12 | HCU Hamburg Universität der Nachbarschaften | University of Neighborhoods IBA Hamburg 2013

ANMERKUNGEN NOTES **1** Nikolai Anziferow, Die Seele Petersburgs, Petersburg 1922, München: Hanser 2003 **2** John Brinkerhoff Jackson, A Sense of Place, a Sense of Time, New Haven/London: Yale University Press 1994 **3** Lucius Burckhardt, Spaziergangswissenschaft im Vormarsch, in: Hans Höger (ed.), Design = unsichtbar, Ostfildern: Cantz 1995, 150–175. **4** Michel de Certeau, Kunst des Handelns, Berlin: Merve 1988, 188–189 **5** Francesco Careri, Walkscapes. Walking as an Aesthetic Practice, Barcelona: Editorial Gustavo Gili 2002 **6** Guy Debord, Theory of the Dérive, Les Lèvres Nues 9(1956), in: Internationale Situationniste 2(1958), translated by Ken Knabb, http://www.cddc.vt.edu/sionline/si/theory.html 15.01.2014 **7** Situativer Urbanismus. Arch+ 183(2007) **8** Heinz Schütz (ed.) Urban Performance I – Paradigmen, Kunstforum 223(2013), Urban Performance II – Diskurs, Kunstforum 224(2013) **9** Dieter Mersch, Ereignis und Aura. Untersuchungen zu einer Ästhetik des Performativen, Frankfurt a. Main: Suhrkamp 2002 **10** Henri Lefèbvre, La production de l'espace, Paris: Anthropos 1974; The Production of Space, translated by Donald Nicholson-Smith, Oxford UK: Blackwell Publishers Ltd 1991 **11** Michel Foucault, Andere Räume, in: Karlheinz Barck et al. (eds.), Aisthesis. Wahrnehmung heute oder Perspektiven einer anderen Ästhetik, Leipzig: Reclam 1991, 34–46 **12** Umberto Eco, Einführung in die Semiotik. München: Wilhelm Fink Verlag 1972, 326 **13** Dagobert Frey, Wesensbestimmung der Architektur (1926), in: id., Kunstwissenschaftliche Grundfragen – Prolegomena zu einer Kunstphilosophie. Wien: Rohrer 1946, Nachdruck Darmstadt: Wissenschaftliche Buchgesellschaft 1992, 93–106 **14** Jean Baudrillard, Architektur. Wahrheit oder Radikalität? Graz, Wien: Literaturverlag Droschl 1999, 12 **15** Klaus Hempfer, Performance, Performanz, Performativität, in: id./Jörg Volbers (eds.), Theorien des Performativen, Sprache – Wissen – Praxis, Eine kritische Bestandsaufnahme, Bielefeld: transcript Verlag 2011, 13–43 **16** Erika Fischer-Lichte, Ästhetik des Performativen, Frankfurt a. M.: edition suhrkamp 2004; Erika Fischer-Lichte, Performativität. Eine Einführung, Bielefeld: transcript Verlag 2012 **17** Edmund N. Bacon, Stadtplanung von Athen bis Brasilia, Zürich: Arthemis 1968, 19; Hans Paul Bahrdt, Die moderne Großstadt. Soziologische Überlegungen zum Städtebau, Reinbek bei Hamburg: Rowohlt 1961, 39; Lewis Mumford, Die Stadt. Geschichte und Ausblick, Bd. | vol. 2, München: dtv Wissenschaft 1979, 139–140; W. G. Sebald, Schwindel. Gefühle. Prosa. Frankfurt a. Main: Eichborn 2001, 60; Richard Sennett, Verfall und Ende des öffentlichen Lebens. Die Tyrannei der Intimität, Frankfurt a. Main: Fischer 1986, 60–61 **18** Das Konzept des ‚Performativen Urbanismus' beruht auf den Arbeiten von Alban Janson und Sophie Wolfrum, und wurde in ähnlicher Form bereits formuliert in: | The concept of 'performative urbanism' is based on works by Alban Janson and Sophie Wolfrum and has been expressed in a similar form in: Alban Janson, Sophie Wolfrum, Kapazität: Spielraum und Prägnanz, in: Der Architekt 5–6(2006), 50–54; Alban Janson, Sophie Wolfrum, Leben bedeutet zu Hause sein, wo immer man hingeht, in: Jürgen Hasse (ed.), Die Stadt als Wohnraum, Freiburg, München: Verlag Karl Alber 2008; Sophie Wolfrum, Performativer Urbanismus, in: Tilmann Broszat/Sigrid Gareis/Julian Nida-Rümelin/Michael M. Thoss, (eds.), Woodstock of Political Thinking, München: Verlag Theater der Zeit 2010, 57–65 **19** Bauwelt 22(2013)

„Das Denken denkt seine eigene Geschichte (Vergangenheit), jedoch, um sich von dem zu befreien, was es denkt (Gegenwart), um schließlich ‚anders denken' zu können." | 'Thought thinks its own history (the past), but in order to free itself from what it thinks (the present) and be able finally to 'think otherwise' (the future).'

Gilles Deleuze

FOKUS MODERNE   FOCUS MODERNITY

Originating in sociological discourses, the notion of 'reflexive modernization' has been discussed increasingly since the nineteen-nineties on an international level, as a self-transformation of industrial societies, as a process in which the self-critical alteration of habitual ways of thinking and acting and the questioning of their preconditions, phenomena, consequences, and limitations are the central point of focus. In this context, the following contributions provide fresh perspectives and a variety of explanations, analyses, and projections, which query the links between reflexivity and design and the perceptibility of protagonists, theories, and practices in the modern era. Based on the presentation of specific design processes which, as for example with Aldo Rossi and Rem Koolhaas, involve particular design methods regarded as universally valid and therefore also as reproducible procedures, Angelika Schnell introduces the teamwork research project 'Design Paradigm', which employs new forms of meshing theory and practice. Using a reflexive approach that is both investigative and design-based, various design procedures by modern architects are analyzed and studied critically in a (re)construction process, generating insights. Conditions of design practice, as well as insights into the application of knowledge, are conveyed in multimedia presentations. The contribution by Ullrich Schwarz puts forward an understanding of reflexivity in the context of cultural studies and their conceptual history. He discusses currently relevant fields of reference and interpretations of the reflexive, as well as the critical role of architectural theory. His aim is to support critical foundations of theory and research that are culturally and socially based, and a self-reflexive design approach that acknowledges its own relativity and can deal with uncertainty, through the development of discourse qualities and theoretical tools, as is the case in cultural science discourses. Based on a case study oriented towards cultural studies, Christoph Grafe illuminates design in terms of its collective character, using the example of the Kulturhus in Stockholm. With a particular focus on the design task and the design process, he takes the client, the context of the assignment, and the communicative development of the design into special consideration. The heterogeneity of those involved, as well as their competences and interests, determine the content of this design process, which also shows the wider scope of reflexive practice and can provide an incentive for further in-depth studies. MB

Ausgehend von soziologischen Diskursen wurde eine Kondition ‚Reflexiver Modernisierung' seit den 1990er Jahren als Selbstveränderung der Industriegesellschaften international zunehmend diskutiert, als Prozess, innerhalb dessen die selbstkritische Transformation vertrauter Denk- und Handlungsweisen und die Befragung ihrer Voraussetzungen, Phänomene, Folgen und Grenzen im Zentrum stehen. Vor diesem Hintergrund bieten die nachfolgenden Beiträge frische Perspektiven mit differenzierten Explikationen, Analysen und Projektionen, die Reflexivität und Entwerfen mit der Wahrnehmbarkeit von Akteuren, Theorien und Praktiken der Moderne befragend in Verbindung setzen. Ausgehend von der Darlegung spezifischer Entwurfsverfahren, die, wie beispielsweise bei Aldo Rossi und Rem Koolhaas, spezifische Entwurfsvorgänge als allgemeingültige und damit auch wiederholbare Vorgehensweisen entwickelten, stellt Angelika Schnell das im Team ausgeführte Forschungsprojekt ‚Design Paradigm' vor, das mit neuen TheoriePraxisformaten verknüpft ist. In einem gleichermaßen recherchierenden und entwerfenden reflexiven Umgang werden hier unterschiedliche Entwurfsverfahren moderner Architekten in einen ‚Re'-Konstruktionsprozess kritisch untersucht und erkenntnisgenerierend in den Vordergrund gerückt. In Multimediapräsentationen werden dabei Bedingungen vermittelt, in denen

Entwurfspraxis zu verorten ist und Wissenspraxis untersuchbar wird. Der Beitrag von Ullrich Schwarz lädt dazu ein, Reflexivität aus einer kulturwissenschaftlichen Begriffsgeschichte und Einbettung zu verstehen. Er diskutiert zeitgenössisch relevante Referenzbereiche und Bedeutungen des Reflexiven ebenso wie die kritische Rolle der Architekturtheorie mit dem Ziel, durch die Entwicklung von Diskursqualitäten und theoretischen Werkzeugen wie sie in kulturwissenschaftlichen Diskursen gepflegt werden, zu einer kritischen, gesellschaftlich-kulturell verankerten Theorie und Forschung und im weiteren zu einem selbstreflexiven Entwurfshandeln beizutragen, das seine eigene Relativität anerkennt und Ungewissheit integrieren kann. Mit einer kulturwissenschaftlich angelegten Fallstudie beleuchtet Christoph Grafe abschließend am Beispiel des Kulturhus in Stockholm das Entwerfen im Kontext seines kollektiven Charakters, wobei Entwurfsaufgabe und Entwurfsprozess fokussiert werden unter besonderer Berücksichtigung von Auftraggeber, Auftragskontext und der kommunikativen Entwurfsentwicklung. Die Heterogenität der darin versammelten Akteure, Expertisen und Interessen prägt den Gehalt dieses Entwurfsprozesses, der zugleich exemplarisch noch andere Spannweiten einer reflexiven Praxis aufzeigt und Anreiz für weitere vertiefende Studien geben kann. MB

TO DESIGN THE DESIGN

Angelika Schnell

The current interest in 'Research by Design' and 'Design-based Research' in architecture has a historical background. It is closely related to the role of design methods and how they have evolved in the twentieth and twenty-first centuries. Their wide spectrum of different approaches reflects the fundamental issues as well as criticism of modern architecture, both in theory and in practice. The following text will attempt to outline, as an architectural discourse, the role of 'Research by Design', whose roots lie in avant-garde architecture, but whose scope and theoretical influence only became apparent in the nineteen-sixties and seventies through its wide range of interpretations. Two examples from that era, which are understood implicitly as 'artistic research', provide an introduction to the complex subject.

THE ANALOG METHOD   Since the nineteen-sixties, Aldo Rossi's writings have referred repeatedly to a Capriccio by Canaletto from the year 1755 (fig. 1), which for Rossi represents more than just a new design method.[1] The 'Veduta di fantasia con ponte di Rialto e basilica di Vicenza' shows the probably most widely copied city in the world – Venice – and buildings by the probably most widely emulated architect in the world – Palladio – in an imaginary composition. The setting is Venetian, depicting an area around the Grand Canal, with its typical waterside steps and gondolas. The three representative buildings in the foreground are of course not to be found in Venice. The building on

DEN ENTWURF ENTWERFEN

Angelika Schnell

Das aktuelle Interesse in der Architektur an ‚Research by Design' bzw. ‚Design-based Research' ist historisch begründet. Es hängt aufs Engste mit der Rolle der Entwurfsmetho- den zusammen, wie sie sich im 20. und 21. Jahrhundert entwickelt haben. Deren enorme Ausdifferenzierung reflektiert sowohl theoretisch als auch praktisch die grundlegenden Fragen der Architekturmoderne sowie deren Kritik. Der folgende Text wird versuchen, die Rolle von ‚Research by Design' als architekturimmanenten Diskurs zu skizzieren, dessen Wurzeln in der Architektur-Avantgarde liegen, dessen Vielfalt und theoretische Reichwei- te aber erst durch die vielfältigen Positionen der 1960er und 70er Jahre erkennbar ge- worden sind. Zwei Beispiele aus dieser Zeit, die sich implizit als ‚künstlerische Forschung' verstehen, sollen in die Komplexität des Themas einführen.

DAS ANALOGISCHE VERFAHREN   Seit den sechziger Jahren des 20. Jahrhunderts verweist Aldo Rossi in seinen Schriften immer wieder auf ein Capriccio von Canaletto aus dem Jahr 1755 (Abb. 1), das für ihn mehr ist als bloß eine neuerliche Entwurfsmethode.[1] Die ‚Veduta di fantasia con ponte di Rialto e basilica di Vicenza' zeigt die wohl meistkopierte Stadt der Welt – Venedig – und Bauten des wohl meistkopierten Architekten der Welt – Palladio – in einer fiktiven Zusammenstellung. Die Szenerie ist venezianisch, wir sehen ein Quartier um den Canal Grande, dazu die typischen Ufertrep- pen und Gondeln. Die drei repräsentativen Bauten im Vordergrund trifft man freilich in

the right is the 'Basilica Palladiana', Palladio's first major public commission in 1546 in Vicenza. On the left side, just as a detail, one can see the Palazzo Chiericati, which was also built in Vicenza shortly afterwards. Located very prominently in the middle, in place of today's Rialto Bridge, there is Palladio's competition design for it that was never built, but which is the only one of the three buildings that was conceived for Venice itself. Rossi construes the capriccio as programmatic imagery that is a "hypothesis of architectural design in which the components are predetermined and formally defined, but the meaning of the architecture is always new."[2] What Rossi's words mean is that this design method, based on the traditional architecture of the city, overtly questions the drawing board designs of the modern era.

However, Rossi's interpretation goes even further. Usually the Canaletto painting is viewed as a counter-design to the real Venice, as a 'what if'. Rossi, on the other hand, interprets it not as a negation of the real Venice, but more as an exploration of an authentic Venice, because it is composed of very specific elements of itself, even though these are only part of a fictive history of the city. What is significant for Rossi is the fact that the painting is composed of Palladio's architecture. According to Rossi, Palladio created what can be regarded as the 'state architecture' of the Republic of Venice, a universally valid and rational architecture, with which "Venice built itself a home" and from which a new Venice can be built at any time.[3]

"The analog Venice thus created is real and essential. We are witnessing a logical and formal process, a speculative contemplation of the monuments and of the unique character of the city, an alternative history of art and way of thinking. It is a 'collage' of Palladian architectures that form a new city and reinterpret themselves in this new constellation. However, the most important aspect of this painting is its theoretical construct, in that it puts forward a theory of architectural design in which the components are predetermined and formally defined, but the conclusions this approach ultimately leads to represent the authentic, unexpected, and original purpose of the exploration."[4]

A so-called 'design-based research' makes it possible, on the one hand, to explore the city of Venice and Palladio's architecture and, on the other hand, to create something new and unexpected that does not negate the existing reality, but affirms and enhances it by revealing previously unseen aspects or layers of meaning. 'Ricerca' (research) and 'disegno' (design) are one and the same process. Of course, the same collage procedure would not have worked with other Venetian elements and architectures. An artistic design theory

1 | Giovanni Antonio Canal Canaletto Capriccio Palladiana 1755

Venedig nicht an. Das Gebäude rechts stellt die ‚Basilica Palladiana' dar, Palladios erster großer öffentlicher Auftrag 1546 in Vicenza. Auf der linken Seite, stark angeschnitten, sieht man den Palazzo Chiericati, nur wenig später ebenfalls in Vicenza gebaut. Und in der Mitte, ganz prominent, Palladios Wettbewerbsentwurf für die Rialto-Brücke, der nicht realisiert wurde, aber als einziger der drei Bauten für die Stadt Venedig selbst konzipiert war. Rossi deutet das Capriccio als Programmbild, „als Hypothese für das architektonische Entwerfen, wo die Elemente vorgegeben, formal definiert sind, die Bedeutung der Architektur jedoch immer neu ist."[2] Mit dieser Entwurfsmethode, die auf der überlieferten Stadtarchitektur fußt, so muss man Rossis Worte verstehen, werden ganz offenkundig die Reißbrettplanungen der Moderne in Frage gestellt.

Doch Rossi geht in seiner Deutung noch weiter. Gewöhnlich wird das Canaletto-Bild als Gegenentwurf zum realen Venedig gelesen, als ein ‚Was-wäre-wenn'. Rossi interpretiert es aber nicht als Negation des wirklichen Venedigs, sondern vielmehr als Entdeckung eines authentischen Venedigs, weil es aus ganz bestimmten Elementen seiner selbst gebildet ist, auch wenn diese nur Teil der fiktiven Geschichte der Stadt sind. Entscheidend ist für Rossi die Tatsache, dass es die Architektur von Palladio ist, aus der sich das Bild zusammensetzt. Palladio hat nach Rossi so etwas wie die ‚Staatsarchitektur' der Republik Venedig geschaffen, eine allgemeingültige, rationale Architektur, mit der sich „Venetien eine Heimat" gebaut hat und aus der sich jederzeit ein neues Venedig bilden lässt.[3] „Das

and method that is both logical and rational can only work if the architecture it is based on and which it is trying to create is equally rational.[5]

Therefore Manfredo Tafuri criticizes Rossi's design method, which he presented at the Venice Biennale in 1976 as a generalization of his hypotheses regarding Canaletto's Capriccio, as being tautological.[6] 'La città analoga' is a programmatic collage, composed of existing architectural elements that originate from different but carefully selected eras of architectural history, and which are not united in a specific location (fig. 2). Their heterogeneity is underlined by the fact that they also have different methods of representation. Nevertheless, their collocation in the picture is well structured and compositionally arranged. "Ceci n'est pas une ville" ("This is not a city") was Tafuri's criticism. He perceives the collage method used in the picture as alienating and unworldly, as an attempt "to produce magic".[7] In the opinion of the Marxist Tafuri, an architectural design has to portray an alternative, better world, which maintains a critical distance to the existing world. In his view, Rossi's conciliatory design method is neither utopian, nor does it offer "room for the disquieting heterotopias" that "break and tangle up common names".[8] Rossi's collage, according to Tafuri, is merely an intellectual puzzle, whose pieces are easy to decipher.

Tafuri touches on an important point, which has theoretical significance in the context of 'Design by Research'. The historical and philosophical paradigm of progress in modern times stipulates that design must supersede what went before. In the context of criticism of the modern era the question of the design method therefore becomes a far-reaching problem. The protagonists of the ongoing criticism of the modern era are looking for other design legitimizations, and Rossi is not the only one who questions that design should be transcendental.

THE PARANOID-CRITICAL METHOD   Like Aldo Rossi, Rem Koolhaas is also interested in the collage technique and especially in surrealism and its particular artistic methods, which allow innovation based on existing elements and found objects (objets trouvés). Rossi refers specifically to artists such as Max Ernst, Giorgio de Chirico, André Breton, and especially to the language games by the French author Raymond Roussel. Rem Koolhaas, on the other hand, pays tribute in his first major work of architectural theory, 'Delirious New York', to the paranoid-critical method of Salvador Dalí as the last truly rational method of enlightenment, which is at the same time a criticism of it, because it represents the "conquest of the irrational"[9] and "through which analysis becomes identical to creation".[10]

2 | Aldo Rossi/Eraldo Consolascio/Bruno Reichlin/Fabio Reinhart La città analoga Biennale Venedig 1976

analogische Venedig, das daraus entsteht, ist wirklich und notwendig. Wir wohnen einem logisch-formalen Verfahren bei, einem spekulativen Nachdenken über die Baudenkmäler und über die städtische Eigenart, das in der Geschichte der Kunst und im Denken befremdet. Eine ‚Collage' palladianischer Architekturen, die eine neue Stadt ergeben, und, sich verbindend, sich selbst neu bilden. Das Wichtigste aber an diesem Bild: die theoretische Konstruktion, die Hypothese einer Theorie des architektonischen Entwerfens, in der die Elemente vorausbestimmt, formal definiert sind, in der aber die Bedeutung, zu der dieses Verfahren am Ende führt, der authentische, nicht erwartete, originale Sinn der Untersuchung ist."[4]

Durch ein ‚entwerfendes Forschen', wenn man so will, wird es möglich, auf der einen Seite die Stadt Venedig und die Architektur Palladios zu untersuchen, auf der anderen Seite etwas Neues und Unerwartetes zu schaffen, das die existierende Wirklichkeit nicht überwindet, sondern sie bestätigt, indem bisher unsichtbare Teile oder Bedeutungsschichten freigelegt werden. ‚Ricerca' und ‚disegno' sind ein und dieselbe Operation. Freilich: Das gleiche Collage-Verfahren hätte, so die implizite Interpretation, mit anderen venezianischen Elementen und Architekturen offenbar nicht funktioniert. Eine künstlerische Entwurfstheorie und -methode, die zugleich logisch und rational ist, kann es offenbar nur geben, wenn die Architektur, auf der sie fußt und die sie zugleich erzeugen will, ebenso rational ist.[5]

This is again a tautological construction, which generates premises that seem to confirm the outcome. This time the basis for this construction lies in science itself, albeit a discipline whose scientific nature is and was disputed. Dalí refers to the psychoanalytical theories of Eugen Bleuler, Sigmund Freud, and Jacques Lacan, or more precisely to their theories of paranoia, according to which the paranoiac's neurosis is an active condition and not a passive state of suffering, because the paranoiac feels compelled to create a systematic way of thinking that constantly confirms the imaginary persecution, in a completely rational way. For Dalí, this represents the core of artistic creation: the paranoiac or artist turns the usual sequence from A to B upside down, subverting the mechanistic principle of causality, by creating proof for unprovable hypotheses that are then – and this is what makes it methodic and critical – imposed on the world, which is in conflict with them because of the inherent sophistic logic. Dalí counters the "ossification" of rational thinking with the "systematic irrationalism of the paranoid world view"[11], or, as Koolhaas puts it: "The paranoiac always hits the nail on the head, no matter where the hammer blows fall."[12] Koolhaas adopts Dalí's interpretation from the nineteen-twenties and thirties and applies it as a general theory to the development of architecture.

An example of how this method is used in design is the concept of the Maison à Floirac, a luxury villa near Bordeaux, by Koolhaas and the Office for Metropolitan Architecture (OMA), built for a French publisher and his family in the nineteen-nineties. Apart from the clearly psychoanalytical interpretation of the family relationships as a design program, there is a striking similarity between the elaborate and complex support structure and the diagram that Koolhaas presents twice in 'Delirious New York' to illustrate the paranoid-critical method (fig. 3–4). The individual support elements – the U-shaped walls of the upper floor that are mounted just on a beam, the asymmetrical steel girders, the counterweight – indeed form a system of mutual 'foundations' and 'stabilizations', with no discernible sequence of beginning and end, and in which no part could be added, taken away, or changed without causing it to collapse.

As is the case with Rossi's interpretation of Canaletto's Capriccio, it also puts forward first of all a speculative hypothesis about reality, which is then 'verified' by using its elements to create a new reality. Such a design is neither transcendental nor mimetic. It is based on the denial of a positivistic scientific understanding and a teleological philosophy of history. Evidently already influenced by the 'linguistic turn' of postmodern philosophy, it assumes –

Als tautologisch kritisiert Manfredo Tafuri deshalb auch Rossis Entwurfsmethode, die er 1976 – als eine Verallgemeinerung seiner Thesen zu Canalettos Capriccio – auf der Biennale in Venedig vorgestellt hat.[6] ,La città analoga' ist eine programmatische Collage, bestehend aus existierenden Architekturelementen, die zwar aus verschiedenen, jedoch sehr genau ausgesuchten Phasen der Architekturgeschichte stammen und auch nicht an einem konkreten Ort vereint sind (Abb. 2). Ihre Heterogeneität wird durch die Tatsache unterstrichen, dass ihre Darstellungstechniken ebenfalls unterschiedlich sind. Jedoch ist ihre Zusammenstellung im Bild wohlgeordnet und kompositorisch arrangiert. „Ceci n'est pas une ville", so lautet Tafuris Vorwurf. Er findet die dem Bild innewohnende Collagemethode als weltfremd, sieht in ihr den Versuch, „Magie zu erzeugen".[7] Für den Marxisten Tafuri hat ein architektonischer Entwurf eine alternative, bessere Welt aufzuzeigen, die zur existierenden eine kritische Distanz hält. Rossis versöhnende Entwurfsmethode sei weder utopisch noch böte sie „Platz für die beunruhigenden Heterotopien", die „die bekannten Namen aufbrechen und durcheinander bringen".[8] Rossis Collage ist für Tafuri nur ein intellektuelles Puzzle, dessen Bestandteile leicht zu entziffern sind.

Tafuri trifft einen wichtigen Punkt, der im Kontext von ,Design by Research' von theoretischer Bedeutung ist. Das geschichtsphilosopische Fortschrittsparadigma der Moderne fordert vom Entwurf, dass er das Vergangene überschreitet. Im Kontext jener modernekritischen Zeit wird die Frage nach der Entwurfsmethode deshalb zu einem weitreichenden Problem. Die Protagonisten der anhaltenden Modernekritik suchen nach anderen Entwurfslegitimationen, und Rossi ist nicht der Einzige, der den transzendierenden Anspruch des Entwerfens in Frage stellt.

DIE PARANOISCH-KRITISCHE METHODE Wie Aldo Rossi interessiert sich auch Rem Koolhaas für die Collage-Technik und besonders für den Surrealismus und dessen spezifische künstlerische Methoden, die offenbar erlauben, auf der Basis von Gegebenem (objets trouvés) zu etwas Neuem vordringen zu können. Rossi bezieht sich ausdrücklich auf Künstler wie Max Ernst, Giorgio de Chirico, André Breton und ganz besonders auf die Sprachspiele des französischen Schriftstellers Raymond Roussel. Rem Koolhaas hingegen würdigt in seiner ersten großen architekturtheoretischen Schrift, ,Delirious New York' ausdrücklich die paranoisch-kritische Methode von Salvador Dalí als letzte wirklich rationale Methode der Aufklärung, die zugleich deren Kritik ist, weil sie die „Eroberung des Irrationalen"[9] ist und „Analyse und Entwurf in eins setzt".[10]

3 | Rem Koolhaas Die paranoisch-kritische Methode | The Paranoid-Critical Method 1999

unlike Rossi's search for an authentic reality – that there are many layers or interpretations of reality, whose rationality remains recognizable as a logical narrative in itself.

R A T I O N A L I S M   These two examples illustrate the ambivalence of that time, which was critical of modernity and therefore increasingly open to the relativistic points of view of postmodern philosophy and science, whilst still striving for rationalism in architecture and therefore for an ongoing connection to the modern era. At the same time, however, they represent two completely different concepts of rationality.[13] While Rossi's 'neo-rationalism' advocates a kind of renewal of the philosophy and architecture of the late Enlightenment, more or less ignoring any more recent development and interpretation of this idea, Koolhaas implicitly accepts the instrumental rationality of a technologized and modernized world, criticized by Theodor Adorno and Max Horkheimer in 'Dialectic of the Enlightenment', but when liberated, according to Koolhaas, naturally leads to more freedom than the spiritual and moral authority of purely philosophical rationalism could ever grant. This is the message of 'Delirious New York': the "barbaric" early capitalist Manhattan as a modernist laboratory and, in comparison, the failure of "civilized" modernist architecture in Europe.[14]

What Koolhaas and Rossi share, however, is the assumption that it is especially in the design process itself that rational thinking manifests itself. The design process should not be an artistic statement, but a universally valid procedure that theoretically allows others to emulate it. This quasi scientific point of view that 'Design by Research' presupposes has its origins, paradoxically, both in the debate about modernist architecture and in the criticism of it. Tafuri established that the programs of the avant-garde can be understood as a radical rationalization process that has a particular impact on the idea of design itself. The fear of the often alarming outgrowths of modern "metropolises" was eased by the anticipatory internalization of the technical, social, political, and economic forces into

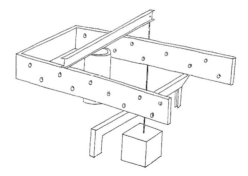

4 | Rem Koolhaas/OMA Tragwerk | Loadbearing structure Maison à Floirac Bordeaux 1996

Erneut scheint eine tautologische Konstruktion auf, bei der Voraussetzungen produziert werden, die Ergebnisse zu bestätigen scheinen. Diesmal stammt die Basis für diese Konstruktion aus den Wissenschaften selbst, wenngleich aus einer Disziplin, deren Wissenschaftlichkeit selbst umstritten war und ist. Dalí bezieht sich auf die psychoanalytischen Theorien von Eugen Bleuler, Sigmund Freud und Jacques Lacan, genauer: auf ihre Thesen zur Paranoia, nach der die Neurose des Paranoikers ein aktiver Zustand und kein passiver des Leidens sei, denn der Paranoiker sieht sich zur Erzeugung eines systematischen Denksystems gezwungen, das in völliger Logik die eingebildete Verfolgung andauernd bestätigt. Für Dalí wird damit der Kern künstlerischen Schaffens definiert: Der Paranoiker/ Künstler dreht die übliche Schrittfolge von A und B um, er erschüttert das mechanistische Kausalprinzip, indem er Beweise für unbeweisbare Hypothesen schafft, die anschließend – und das macht es methodisch und kritisch – der Welt ungefragt aufgedrückt werden, mit der sie sich wegen der innewohnenden sophistischen Logik auseinandersetzen muss. Dalí setzt der ‚Verknöcherung' des rationalistischen Denkens „den systematischen Irrationalismus der paranoischen Weltanschauung entgegen",[11] oder, wie Koolhaas es ausdrückt: „Der Paranoiker trifft den Nagel immer auf den Kopf, egal, wohin der Hammer schlägt."[12] Koolhaas übernimmt Dalís Deutung aus den zwanziger und dreißiger Jahren des 20. Jahrhunderts und überträgt sie als allgemeine Theorie auf die Entstehung von Architektur.

Ein Beispiel für die Nutzung dieser Methode im Entwurf ist die Genese des Maison à Floirac, einer Luxusvilla in der Nähe von Bordeaux, von Koolhaas bzw. dem Office for Metropolitan Architecture (OMA) in den 1990er Jahren für einen französischen Verleger und dessen Familie errichtet. Neben der eindeutig psychoanalytischen Deutung der Familienverhältnisse als Entwurfsprogramm springt die Ähnlichkeit des aufwendigen und komplizierten Tragwerks mit dem Diagramm, das Koolhaas zur Illustration der paranoisch-kritischen Methode in ‚Delirious New York' gleich zwei Mal abbildet, ins Auge (Abb. 3–4). Tatsächlich bilden die einzelnen Tragelemente – die auf nur einem Balken

5 | Desislava Petkova/Paula Strunden   Reenactment von Le Corbusiers diagramm- und comicartiger Zeichenmethode bei Vorträgen | Reenactment of Le Corbusier's diagram and comic-like style of drawing during lectures 2013

the design. According to Tafuri, modern architects become "ideologists of the social"[15], by trying to foresee the changes and transformations of the modern world and to overcome these accordingly in the design.

Tafuri declares the contradictory avant-garde search for autonomous forms that pervade and at the same time transcend reality as ultimately having failed. However, he overlooks the new possibilities that the 'rationalized design methods' open up. Firstly: from that point onwards, the design process has to be conceived and designed exactly like the building itself. Designing gains a political and social agenda, the design method becomes a social passport, which in turn becomes a driving force for the increasing differentiation of design methods up until today. Secondly: as the theories of the nineteen-sixties and seventies are also to be understood as debates about the city, there is still a demand for rationality in design methodology amongst the generation that is critical of modernity (even if research interest has shifted from functions to morphologies and typologies of the city).

DESIGN PARADIGM   Consequently, it is evident that the idea of rationalizing the design process itself, of planning it and making it transparent, is shared by many architects throughout the whole twentieth and twenty-first centuries, even if they belong to quite different movements and architectural trends. We are talking about a very

7 | Nadia Götze/Jasmin Schienegger Performance des ‚As-Found'-Prinzips von | Performance of the concept 'as-found' by Alison/Peter Smithson 2013

gelagerten U-förmigen Wände des Obergeschosses, der asymmetrisch liegende Stahlträger, das Gegengewicht – ein System von gegenseitigen ‚Begründungen' und ‚Stabilisierungen', bei dem keine Reihenfolge von Anfang und Ende erkennbar ist und bei dem kein Teil hinzugefügt, weggenommen oder verändert werden könnte, ohne die Sache zum Einsturz zu bringen.

Wie bei Rossis Deutung des Canaletto-Capriccios wird auch hier zuerst eine spekulative Hypothese über die Realität entwickelt, welche dann ‚verifiziert' wird, indem man sie nutzt, um aus ihren Elementen eine neue Wirklichkeit zu schaffen. Ein solcher Entwurf ist weder transzendierend noch mimetisch. Er fußt auf der Aufgabe eines positivistischen Wissenschaftsverständnisses und teleologischer Geschichtsphilosophie. Als offenbar bereits vom ‚linguistic turn' postmoderner Philosophie geprägt, geht er ganz anders als Rossis Suche nach einer authentischen Wirklichkeit davon aus, dass es mehrere Wirklichkeitsschichten bzw. Deutungen der Wirklichkeit gibt, deren Rationalität als in sich logisches Narrativ erkennbar bleibt.

RATIONALISMUS   Die beiden Beispiele verdeutlichen die Ambivalenz jener Zeit, die zwar modernekritisch und deshalb sich sukzessive den relativistischen Positionen postmoderner Philosophie und Wissenschaft öffnend, gleichwohl weiterhin um Rationalismus in der Architektur und folglich um eine kontinuierliche Verbindung zur Moderne

8 | Avin Fathulla/David Rasner Schwebendes 3D-Modell von Malewitschs suprematistischer Zeichnung ‚Moderne Bauten' (1923) |
Pending 3D Model of Malewitsch's suprematist drawing 'Modern buildings' (1923) 2013

complex field that has been researched surprisingly little up until now, which can be studied from the points of view of architecture theory, aesthetics and philosophy, cultural science, media theory, or social science. This is where 'Design by Research' stems from, in any case. In order to research into this, a research project entitled 'Design Paradigm' was initiated at the Institute of Art and Architecture, which focuses on the conceptual design process itself and on the range of used materials, media, and techniques.[16] 'Design Paradigm' has two research targets.

Firstly, it represents basic research, by contributing to the theory of the history of modernist and contemporary architecture, which manifests itself in design and its methodology, as well as in the sciences that research architecture.[17] In this way, the nature of 'Research by Design', which tends to be tautological, is also to be identified and studied as a philosophical and epistemological problem. Secondly, 'Design Paradigm' is based on the premise that the design process has become a 'social practice' and a production of knowledge, whose outcome only becomes clear when the design process is both the object and the tool of the research. Consequently, 'Design Paradigm' consists of specific 'case studies', in which the employed techniques and media of the design process are reused and redesigned experimentally, in order to re-evaluate and assess their methodological potential.

bemüht ist. Zugleich repräsentieren sie aber auch zwei völlig verschiedene Vorstellungen von Rationalismus.[13] Während Rossis ‚Neo-Rationalismus' an eine Art Erneuerung der Philosophie und Architektur der späten Aufklärung glaubt, jede jüngere Entwicklung und Deutung dieser Idee mehr oder minder ignorierend, akzeptiert Koolhaas implizit die von Theodor Adorno und Max Horkheimer in ‚Dialektik der Aufklärung' kritisierte instrumentelle Rationalität einer technologisierten und modernisierten Welt, die nach Koolhaas in ihrer entfesselten Form freilich zu mehr Freiheit führt als es die geistig-moralische Instanz des rein philosophischen Rationalismus je vermochte. Dies ist die Botschaft von ‚Delirious New York': das ‚barbarische' frühkapitalistische Manhattan als Labor der Moderne und im Vergleich dazu das Scheitern der ‚zivilisierten' Architekturmoderne in Europa.[14]

Gemeinsam ist Koolhaas und Rossi jedoch die Annahme, dass es vor allem der Entwurfsvorgang selbst ist, bei dem sich das rationale Denken manifestiert. Der Entwurfsvorgang soll kein künstlerisches Bekenntnis, sondern ein allgemeingültiges Verfahren sein, das theoretisch erlaubt, durch andere wiederholbar zu sein. Diese quasi-wissenschaftliche Position, die ‚Design by Research' antizipiert, hat ihre Ursachen paradoxerweise sowohl im Diskurs der Architekturmoderne als auch in ihrer Kritik. Dass die Programme der Avantgarde als durchgreifender Rationalisierungsvorgang verstanden werden können, der insbesondere die Idee des Entwurfs selbst erfasst, hat Tafuri prägnant analysiert. Die Angst vor den oftmals erschreckenden Auswüchsen der modernen „Groszstadt" wird durch antizipierende Internalisierung der technischen, sozialen, politischen und ökonomischen Kräfte in den Entwurf gelöst. Die modernen Architekten werden nach Tafuri zu „Ideologen des Sozialen",[15] indem sie versuchen, die Veränderungen und Transformationen der modernen Welt vorauszusehen und entsprechend im Entwurf zu bewältigen.

Bekanntlich erklärt Tafuri die widersprüchliche Suche der Avantgarde nach autonomen Formen, die die Wirklichkeit zugleich durchdringen und übersteigen, letztlich als gescheitert. Er übersieht jedoch die neuen Möglichkeiten, die die ‚rationalisierten Entwurfsmethoden' mit sich bringen. Erstens: Der Entwurfsvorgang musste von nun an genauso konzeptionalisiert und entworfen werden wie das Gebäude selbst. Entwerfen wird zu einer politischen und sozialen Absicht, die Entwurfsmethode zum sozialen Ausweis, und diese die Triebfeder für die zunehmende Ausdifferenzierung der Entwurfsmethoden bis heute. Zweitens: Da die Theorien der 1960er und 70er Jahre ebenso als Auseinandersetzung mit der Stadt zu verstehen sind, bleibt der entwurfsmethodische Anspruch auf Rationalität auch bei der modernekritischen Generation bestehen (auch wenn sich das Forschungsinteresse von Funktionen auf Morphologien und Typologien verlagert hatte).

9 | Kay Sallier/Doris Scheicher Aldo Rossis Erinnerungstheater als Palimpsest interpretiert | Aldo Rossi's memory theater interpreted as palimpsest 2013

The 'case studies' can also be tied in with coursework.[18] In the winter semester of 2012/2013, fifth-semester students had the choice of well-known and lesser known 'conceptual design images' by twentieth and twenty-first century architects.[19] Those by Kasimir Malewitsch, Theo van Doesburg, Le Corbusier, Ludwig Mies van der Rohe, Frederick Kiesler, Alison and Peter Smithson, Superstudio, Aldo Rossi, Peter Eisenman, Rem Koolhaas, Neil Spiller, and Lebbeus Woods were quite different, although they all had in common that they were neither traditional design sketches nor premade design drawings. The students were required to 'research by design', by using the same visual media used in the studied design.

They noticed that the visual media of the 'conceptual design images' were often borrowed from other disciplines with an intrinsic time factor, such as film and photography, theater, dance and performances, as well as literature, comics, or music notation. A well-known example is Le Corbusier's wide-ranging use of new media in the design process: the 'promenade architecturale' was born directly from the cinematographic idea of a body moving through a space.[20] In order to illustrate such motion studies, Le Corbusier often used a drawing and sketching style similar to comic strips, whose communicative and flexible functions were simulated impressively by the students (fig. 5). Ludwig Mies van der Rohe, on the other hand, selected popular photographs from mass media for a whole series of his conceptual design images, such as for the 'Resor House' (1939) or for his study

DESIGN PARADIGM   Wir müssen folglich konstatieren, dass die Idee, den Entwurfsvorgang selbst zu rationalisieren, ihn zu entwerfen und transparent zu machen, viele
Architekten und Architektinnen über das ganze 20. und 21. Jahrhundert hinweg verbindet,
auch wenn sie ganz anderen Strömungen und Architekturpositionen angehören. Es handelt
sich um einen komplexen und bisher noch erstaunlich wenig erforschten Bereich, der gleichermaßen architekturtheoretisch, ästhetisch-philosophisch, kulturwissenschaftlich, me-
dientheoretisch oder sozialwissenschaftlich untersucht werden kann. ‚Design by Research'
jedenfalls hat hier seine Wurzeln. Um diesen auf den Grund zu gehen, ist am Institut für
Kunst und Architektur ein Forschungsprojekt mit dem Namen ‚Design Paradigm' ins Leben
gerufen worden, das sich auf den konzeptuellen Entwurfsvorgang selbst und auf die Vielfalt
der verwendeten Materialen, Medien und Techniken konzentriert.[16] ‚Design Paradigm' hat
zwei Forschungsrichtungen.

Zum einen ist es Grundlagenforschung, indem es einen Beitrag zu den geschichtstheore-
tischen Konstruktionen der Architektur der Moderne und der Gegenwart leistet, die sich
im Entwurf und seiner Methodik, aber auch in den Wissenschaften, die über Architektur
forschen, manifestieren.[17] Auf diese Weise soll auch der zur Tautologie neigende Charakter von ‚Research by Design' als philosophisches und wissenschaftstheoretisches Problem
erkannt und untersucht werden. Zum anderen fußt ‚Design Paradigm' auf der These, dass
der Entwurfsvorgang eine ‚soziale Praxis' und eine Wissensproduktion geworden ist, deren
Ergebnisse nur dadurch erkennbar werden, indem der Entwurfsprozess sowohl Objekt als
auch Instrument der Untersuchung ist. Folglich besteht ‚Design Paradigm' aus konkreten
‚Case Studies', wo die verwendeten Techniken und Medien des Entwurfsvorganges auf ex-
perimentelle Weise erneut entworfen werden, um dessen methodisches Potenzial zur Wissensproduktion neu zu überprüfen und zu bewerten.

Die ‚Case Studies' erlauben auch die Kopplung mit der Lehre.[18] Im Wintersemester 2012/2013
haben Studierende des fünften Semesters bekannte und weniger bekannte ‚konzeptuelle
Entwurfsbilder' von Architekten und Architektinnen des 20. und 21. Jahrhunderts zur Aus-
wahl gehabt.[19] Die Bilder von Kasimir Malewitsch, Theo van Doesburg, Le Corbusier, Ludwig
Mies van der Rohe, Frederick Kiesler, Alison and Peter Smithson, Superstudio, Aldo Rossi,
Peter Eisenman, Rem Koolhaas, Neil Spiller, Lebbeus Woods waren sehr unterschiedlich,
gleichwohl war ihnen gemeinsam, dass sie weder traditionelle Entwurfsskizze noch bereits
fertige Entwurfszeichnung waren. Die Studierenden waren zum ‚entwerfenden Forschen'
aufgefordert, indem sie dieselben visuellen Mittel nutzen sollten, mit denen das von ihnen
untersuchte Bild entstanden war.

'Museum for a small city' (1942), which were often intended to 'construct' the interior space, contrasting them in the same image with his minimalistic freehand drawings of the building's structure. The radically modern spatial impression thus created is characterized by the minimization of perspectival depth and abstractness, as well as a visual knowledge, which is shaped increasingly by the media.[21] By means of computer animations, the students showed that Mies' famous collages do not represent the measurable reality of a residential house, but visualize the conceptual process of the design itself (fig. 6).

Likewise, but in quite a different way, the students simulated Alison and Peter Smithson's 'Patio and Pavilion' concept from 1956 (fig. 7), reconstructed Kasimir Malewitsch's suprematist and two-dimensional architecture drawings by means of three-dimensional analytical and suspended models (fig. 8), and performed Aldo Rossi's theater as an ambivalent memory model (fig. 9). The result was an exhibition of twelve different 're-enactments', which revealed the procedural and conceptual character of the designs more accurately and clearly than any conventional research.

This close link to other media, to other artistic practices and cultural fields, which are used as a resource for 'conceptual design', was upheld throughout the twentieth century. Through digitalization, this relationship has not only widened, it has also made the methods and techniques available to everyone as software, so that one can indeed speak of a 'design paradigm'. All those who have a computer, a smartphone, a webcam, and the corresponding software such as Photoshop or Instagram, have the possibility to manipulate photos and films, thereby to a certain extent constructing their own lives. "Seeing means working", summarizes Jonathan Beller in 'The Cinematic Mode of Production'.[22] According to Beller, we are standing at the threshold of a paradigm shift, whereby society and individuals will experience a "complete reorganization" on the basis of a filmic production of space and time. Design is no longer just expert knowledge (or a creative process that is difficult to understand), but is becoming an everyday practice.

'Design Paradigm' seeks to lay the foundations for a 'material epistemology' of the design process in the twentieth and twenty-first centuries, which is oriented methodologically towards the idea of a 'wild archeology'[23], whereby fragments are excavated and preserved, but certain pieces also have to be reconstructed.

Ihnen fiel auf, dass die visuellen Mittel der ‚konzeptuellen Entwurfsbilder' oft von anderen Disziplinen entlehnt waren, denen der Faktor Zeit immanent ist wie Film und Fotografie, Theater, Tanz und Performances, genauso Literatur, Comics oder Musiknotation. Berühmt ist beispielsweise Le Corbusiers umfassender Gebrauch neuer Medien für den Entwurfsprozess: die ‚promenade architecturale' ist direkt aus der kinematografischen Idee eines Körpers, der sich durch den Raum bewegt, geboren.[20] Um solche Bewegungsstudien zu illustrieren, nutzte Le Corbusier sehr oft einen Zeichen- und Skizzierstil, der eindeutig an Comic Strips erinnert, der von den Studierenden in seinen kommunikativen und flexiblen Funktionen beeindruckend szenisch nachgestellt wurde (Abb. 5). Ludwig Mies van der Rohe hingegen wählte für eine ganze Reihe seiner konzeptuellen Entwurfsbilder wie zum Beispiel für das ‚Resor House' (1939) oder für seine Studie ‚Museum for a small city' (1942) populäre Fotografien aus den Massenmedien aus, die oft den Innenraum ‚konstruieren' sollen, und kontrastierte sie im selben Bild mit seinen minimalistischen Handzeichnungen der Gebäudekonstruktion. Der radikal moderne Raumeindruck, der auf diese Weise entsteht, ist durch die Unterdrückung perspektivischer Tiefe, Abstraktheit und zugleich durch ein visuelles Wissen gekennzeichnet, das zunehmend durch die Medien geprägt wird.[21] Durch Computeranimationen machten die Studierenden sichtbar, wie auf diese Weise Mies' berühmte Collagen nicht die messbare Wirklichkeit eines Wohnhauses repräsentieren, vielmehr den konzeptuellen Prozess des Entwurfs selbst visualisieren (Abb. 6).

Gleichermaßen und doch ganz anders wurde Alison und Peter Smithsons ‚Patio & Pavilion'-Konzept von 1956 nachgestellt (Abb. 7), Kasimir Malewitschs suprematistische Architekturzeichnungen durch dreidimensionale analytisch-schwebende Modelle in ihrer Flachheit rekonstruiert (Abb. 8), Aldo Rossis Theater als ein ambivalentes Erinnerungsmodell vorgeführt (Abb. 9). Das Ergebnis war eine Ausstellung von zwölf unterschiedlichen ‚Reenactments', die genauer und anschaulicher als jede konventionelle Forschung den prozesshaften und konzeptuellen Charakter der Entwurfsbilder verdeutlichten.

6 | Mario Kaya/Julian Nocker Computeranimation zu Ludwig Mies van der Rohes Entwurfscollage für das Resor House (1939) | Computer animation based on the design collage for Resor house by Ludwig Mies van der Rohe (1939) 2013

Diese enge Verbindung zu anderen Medien, zu anderen künstlerischen Praktiken und kulturellen Feldern, die nachgerade wie ein Steinbruch für das ‚konzeptuelle Entwerfen' genutzt werden, bleibt über das ganze 20. Jahrhundert bestehen. Durch die Digitalisierung hat sich diese Beziehung nicht nur stärker ausfacettiert, sie hat darüber hinaus die Methoden und Techniken als Software tatsächlich für alle verfügbar gemacht, so dass man nicht ohne Grund von einem ‚Design Paradigm' sprechen kann. Jeder, der einen Computer, ein Smartphone, eine Webcam und die dazugehörige Software wie Photoshop oder Instagram besitzt, verfügt über die Möglichkeit, Fotos und Filme zu manipulieren und damit gewissermaßen das eigene Leben zu konstruieren. „Sehen heißt arbeiten", resümiert Jonathan Beller in ‚The Cinematic Mode of Production'.[22] Nach Beller stehen wir an der Schwelle zu einem Paradigmenwechsel, nach dem auf der Basis filmischer Produktion von Raum und Zeit sowohl die Gesellschaft als auch der Einzelne eine „komplette Reorganisation" durchlaufen. Entwerfen ist nicht mehr bloß Expertenwissen (oder ein schwer durchschaubarer kreativer Vorgang), sondern wird zu einer alltäglichen Praxis.

Daraus will ‚Design Paradigm' den Grundstein für eine ‚materielle Epistemologie' des Entwurfsprozesses im 20. und 21. Jahrhundert legen, die sich methodisch an der Idee einer ‚wilden Archäologie'[23] orientiert, durch welche Fragmente ausgegraben und gesichert, aber bestimmte Teile auch rekonstruiert werden müssen.

ANMERKUNGEN NOTES **1** U.a. erwähnt Rossi das Capriccio im Vorwort der zweiten italienischen Ausgabe von ‚L'architettura della città' und ist daher fester Bestandteil sämtlicher Übersetzungen. | Amongst others, Rossi mentions the Capriccio in the preface to the second Italian edition of 'L'architettura della città'. Vgl. | Cf. Aldo Rossi, Die Architektur der Stadt. Skizze zu einer grundlegenden Theorie des Urbanen, Düsseldorf: Bertelsmann 1973 **2** Aldo Rossi, Die rationale Architektur als Architektur der Tendenz, in: id., Die venedischen Städte, ETH Zürich, Ausgabe des Lehrstuhls für Geschichte des Städtebaus, Paul Hofer, Zürich 1978, 45 (italienische Erstveröffentlichung: Manlio Brusatin (ed.), L'architettura della ragione come architettura di tendenza, Beitrag zum Katalog der Ausstellung ‚Illuminismo e architettura del '700 veneto' im Palazzo del Monte in Castelfranco Veneto, 1969) **3** ibid., 46 **4** ibid., 43 **5** Es würde an dieser Stelle zu weit führen, Rossis Idee einer ‚Architettura Razionale' in allen Facetten zu beleuchten. Kurz gefasst können nach Rossi sämtliche Architekturen der europäischen Architekturgeschichte, die als klassisch gelten, zur ‚Architettura Razionale' dazugezählt werden, die klassische Antike (eher die griechische als die römische), die Renaissance, die Architektur der Aufklärungszeit (vornehmlich die Architektur von Étienne-Louis Boullée) und die Vertreter einer rationalistischen Moderne wie Le Corbusier, Hannes Meyer, Hans Schmidt usw. Zeitgenössische Beispiele wären neben ihm selbst z.B. Oswald Mathias Ungers, die New York Five, die Gebrüder Krier, alle diejenigen, die er selbst als Kurator der XV. Triennale in Mailand 1973 unter dem Titel ‚Architettura Razionale' zusammengefasst hat. Entscheidend ist, dass für Rossi der Terminus für ein Prinzip steht, das in der Geschichte immer wieder auftaucht und aktualisiert wird. | It would be too much here to elaborate on all aspects of Rossi's idea of 'architettura razionale'. In brief, according to Rossi all architectures in European architectural history that are classical can be regarded as 'architettura razionale' – classical antiquity (the Greek rather than the Roman), the Renaissance, the architecture of the Enlightenment era (especially the architecture of Etienne-Louis Boullée), and the representatives of a rationalist modernism such as Le Corbusier, Hannes Meyer, Hans Schmidt etc. Contemporary examples, apart from himself, are e.g. Oswald Mathias Ungers, the New York Five, the Krier brothers, all those that he brought together himself as curator of the XV. Triennale in Milan 1973 under the title 'architettura razionale'. What is important is that for Rossi the term represents a principle that keeps reappearing and being updated throughout history. **6** Zusammen mit | Together with Eraldo Consolascio, Bruno Reichlin und Fabio Reinhart **7** Manfredo Tafuri, Ceci n'est pas une ville, in: Lotus International 13(1976)/12, 13 **8** ibid. **9** Rem Koolhaas, Delirious New York, Aachen: ARCH+-Verlag 1999, 252. Koolhaas zitiert einen Aufsatztitel von | Koolhaas quotes an essay title by Salvador Dalí: „La Conquête de l'irrational", 1935 **10** Rem Koolhaas,

SMLXL, Stichwort | key word 'Surrealism', Rotterdam: 010 Publishers 1995, 1190 **11** Peter Gorsen, Der ‚kritische Paranoiker', in: Axel Matthes/Tilbert Diego Stegmann (eds.) Salvador Dalí, Unabhängigkeitserklärung der Phantasie und Erklärung der Rechte des Menschen auf seine Verrücktheit. Gesammelte Schriften, München: Rogner & Bernhard 1974 **12** Rem Koolhaas, Delirious New York, op. cit. (Anm. 9 | note 9), 256 **13** Jüngst ist ein ‚Rationalist Reader' erschienen, der Überblick über die verschiedenen rationalistischen Positionen in der Architektur gibt. | Recently a 'Rationalist Reader' was published, which provides an overview over the various rationalistic movements in architecture. Vgl. | Cf. Andrew Peckham/Torsten Schmiedeknecht (eds.), The Rationalist Reader. Architecture and Rationalism in Western Europe 1920–1940/1960–1990, London/New York: Routledge 2013 **14** Rem Koolhaas, Delirious New York, op. cit. (Anm. 9 | note 9), 15 **15** Manfredo Tafuri, Progetto e utopia. Architettura e sviluppo capitalistico, Roma/Bari: Editori Laterza 2007 (1973), 7 **16** ‚Design Paradigm' wurde von | was founded by Angelika Schnell, Waltraud Indrist und Eva Sommeregger gegründet. http://www.designparadigm.net **17** ‚Architekturgeschichte nach Foucault?' war deshalb der Titel einer Vortragsreihe am Institut für Kunst und Architektur, die ‚Design Paradigm' flankierte und um grundlegende methodologische Beiträge ergänzte. | 'Architekturgeschichte nach Foucault?' was therefore the title of a series of presentations at the Institute of Art and Architecture, which accompanied 'Design Paradigm' and added fundamental methodological contributions. https://ika.akbild.ac.at/events/public_activities/Winter_2011 31.10.13 **18** Am Institut für Kunst und Architektur an der Akademie der bildenden Künste Wien gibt es die Möglichkeit, Entwurf mit Theorie an der Plattform HTC (History, Theory, Criticism) zu verbinden. | At the Institute of Art and Architecture at the Academy of Fine Arts in Vienna there is the possibility to combine design with theory, with the HTC platform (History, Theory, Criticism) **19** Das Studio hieß ‚Building the Design'; betreut wurde es von | The studio was called 'Building the Design'; it was led by Angelika Schnell und Eva Sommeregger. http://www.designparadigm.net/portfolio/building-the-design/ 31.10.13 **20** Vgl. u.a. | Cf. e.g.: Tim Benton, The villas of Le Corbusier and Pierre Jeanneret 1920–1930, Basel/Boston/Berlin: Birkhäuser 2007; Flora Samuel, Le Corbusier and the architectural promenade, Basel/Boston/Berlin: Birkhäuser 2010; Elisabeth Blum, Le Corbusiers Wege. Wie das Zauberwerk in Gang gesetzt wird, Bauwelt Fundamente Nr. 73, Braunschweig: Vieweg 1991 **21** Siehe insbesondere | See especially Neil Levine, The significance of facts. Mies's collages up close and personal, in: Assemblage 37(1998), 70–101 **22** Jonathan Beller, The cinematic mode of production. Attention economy and the society of the spectacle, New Hampshire: University Press of New England 2006, 13 **23** Knut Ebeling, Wilde Archäologien. Theorien der materiellen Kultur von Kant bis Kittler, Bd. | vol. 1, Berlin: Kadmos Verlag 2012

REFLEXIVE MODERNITY AND ARCHITECTURE – REVISITED
Prerequisites of reflexive design

Ullrich Schwarz

Just over ten years ago I attempted, in connection with the 'New German Architecture' exhibition, to define the current situation of architecture as reflexive modernity.[1] To do so, I drew and draw on terminology and theorems that stem primarily from social science and the humanities and originally had no connection to the field of architecture. This also applies, of course, to the concept of reflexive modernity itself, which I have borrowed from sociology.

One can establish tentative criteria, at least, in order to evaluate specific architectural approaches, based on the theoretical aspects of reflexive modernity. The concept of reflexive modernity basically means a theory of the historicality of social conditions and the increasing general awareness of this historicality, with at the same time a weakening of structuring, meaningful narrative, and teleological future horizons. The notion of historicality is simplified in the well-known statement by Heinrich Wölfflin back in the nineteenth century: not everything is possible at all times. In this sense, the theory of reflexive modernity in architecture can determine what is possible or not possible in a particular socio-cultural context. This adds a critical function to the analytical function of a theory of reflexive modernity in architecture, which states and must state what

REFLEXIVE MODERNE UND ARCHITEKTUR – REVISITED
Voraussetzungen eines reflexiven Entwerfens

Ullrich Schwarz

Vor etwas mehr als zehn Jahren habe ich im Zusammenhang mit der Ausstellung ‚Neue Deutsche Architektur' den Versuch gemacht, die gegenwärtige Situation der Architektur als eine Situation der reflexiven Moderne zu deuten.[1] Ich griff und greife dabei auf begriffliche Instrumente und Theoreme zurück, die vorrangig aus den Sozial- und Geisteswissenschaften stammen und die in aller Regel ursprünglich ohne Bezug auf das Feld Architektur entwickelt wurden. Das gilt natürlich auch für den Begriff der reflexiven Moderne selbst, den ich der Soziologie entnehme.

Von der theoretischen Ebene der reflexiven Moderne lassen sich zumindest tendenziell Kriterien für die Beurteilung konkreter Architekturansätze gewinnen. Im Kern handelt es sich beim Begriff der reflexiven Moderne um eine Theorie der Geschichtlichkeit gesellschaftlicher Verhältnisse und der wachsenden allgemeinen Bewusstwerdung dieser Geschichtlichkeit bei gleichzeitiger Schwächung sinn- und ordnungstiftender Narrative und teleologischer Zukunftshorizonte. Vereinfacht wird zumindest der Aspekt der Geschichtlichkeit in dem bekannten Satz von Heinrich Wölfflin schon im 19. Jahrhundert formuliert: Nicht zu allen Zeiten ist alles möglich. In diesem Sinne kann die Theorie der reflexiven Moderne in der Architektur Aussagen darüber machen, was in einem bestimmten

works and what does not. From the point of view of the theory of reflexive modernity, it is not particularly difficult to identify what does not work in principle today, which is any attempt to deny or suppress the reflexivity of contemporary circumstances, or to disregard it in any way. Nowadays one cannot not be reflexive. However, on the subjective level, the perspective might go into the opposite direction, which is not surprising. There are understandable reasons for wanting to get away from radical reflexivity, or at least to tone it down and suppress it, also in architecture. However, the criticism of reflexivity has to be reflexive itself. One of the tasks of a reflexive architectural theory is therefore, on the one hand, to acknowledge the value of reflexivity, but at the same time to criticize self-delusions, apparent certainties, and shortcuts.

REFLEXIVE FUNCTIONS IN ARCHITECTURAL THEORY This already touches on a few content-related implications for a theory of reflexive modernity. However, the status of such a theory, applied to architecture, is to be understood principally in terms of its reflexive function. In his inaugural lecture of 1965 in Frankfurt, with the title "Cognition and interest", Jürgen Habermas identified three basic scientific processes, each of which is led by different inherent cognitive interests: the approach of empirical and analytical sciences is based on a technical and prognostic epistemological interest, while that of the historical and hermeneutical sciences is practical, and critically oriented sciences have an emancipatory and self-reflexive aspect.[2] These differentiations can help us to define the basic concepts and objectives of an architectural theory, as part of a reflexive modernity.

The theories of reality based on empirical knowledge are targeted towards directly applicable knowledge, action, and predictability. This satisfies the expectation that architectural theory should deliver direct guidelines for design, practicable rules, prescriptive knowledge, and manuals. This concept of an operative relationship between theory and practice, of a technical and deductive, derivative link between rules and their execution, is based on historical circumstances that were no longer applicable from the start of the modern era, since the 'Querelle des anciens et des modernes' at the end of the seventeenth century at the French Academy of Architecture. Modernity came to the conclusion that a theory, in other words the set of regulations applicable to actions, is constructed historically and no longer cosmologically, divinely, or naturally. However, historical means changeable, requiring justification and reflection. If architectural theory acknowledges this insight, then it can no longer produce any guidelines, perhaps just catalogs like Durand. The propagandistic manifestos designed to promote individual architectural

soziokulturellen Kontext möglich und was auch nicht möglich ist. So kommt zu der analytischen Funktion einer Theorie der reflexiven Moderne in der Architektur eine kritische Funktion hinzu: Sie sagt und muss sagen, was geht und was nicht geht. Aus Sicht der Theorie der reflexiven Moderne ist es nicht besonders schwer zu sagen, was heute ganz grundsätzlich nicht geht. Was nicht geht, das ist jeder Versuch, die Reflexivität gegenwärtiger Verhältnisse zu leugnen, zu verdrängen, aus ihr herauszuspringen und sie auf welche Weise auch immer hinter sich zu lassen. Man kann heute nicht nicht-reflexiv sein – objektiv. Subjektiv wird es auf der empirischen Ebene jedoch häufig völlig gegenläufig sein, und das ist nicht erstaunlich. Für den Wunsch, der radikalen Reflexivität zu entkommen oder sie zumindest abzumildern und tendenziell auszublenden, gibt es nachvollziehbare Gründe. Auch in der Architektur. Aber die Kritik der Reflexivität muss selbst reflexiv sein. Eine der Aufgaben einer reflexiven Architekturtheorie ist es daher, einerseits die ‚Kosten' der Reflexivität zu erkennen, aber dennoch zur gleichen Zeit Selbsttäuschungen und scheinbare Gewissheiten und Kurzschlüsse zu kritisieren.

REFLEXIVE FUNKTIONEN DER ARCHITEKTURTHEORIE Damit berühren wir bereits einige inhaltliche Implikationen einer Theorie der reflexiven Moderne. Der Status einer solchen Theorie – bezogen auf Architektur – ist aber zunächst auch grundsätzlich in seiner reflexiven Funktion zu verstehen. Jürgen Habermas hat in seiner Frankfurter Antrittsvorlesung von 1965 unter dem Titel ‚Erkenntnis und Interesse' drei grundlegende Wissenschaftsprozesse unterschieden, denen jeweils unterschiedliche erkenntnisleitende Interessen innewohnen: In den Ansatz der empirisch-analytischen Wissenschaften geht ein technisch-prognostisches Erkenntnisinteresse ein, in den Ansatz der historisch-hermeneutischen Wissenschaften ein praktisches und in den Ansatz kritisch orientierter Wissenschaften ein emanzipatorisch-selbstreflexives.[2] Diese Unterscheidungen können uns dabei helfen, auch grundlegende Konzepte und Ziele einer Architekturtheorie zu differenzieren, die sich im Rahmen einer reflexiven Moderne bewegt.

Die erfahrungswissenschaftlichen Theorien der Wirklichkeit zielen auf unmittelbar verwertbares Wissen, auf Handeln und Voraussage. Dies würde der Erwartung an Architekturtheorie entsprechen, direkte Anleitungen des Entwurfs zu liefern, umsetzungsorientierte Regeln, Rezeptwissen, Lehrbücher. Dieser Begriff eines operativen Verhältnisses von Theorie und Praxis, eines technisch-deduktiven Ableitungszusammenhangs von Regel und Ausführung basiert auf historischen Voraussetzungen, die sich mit Beginn der Neuzeit auflösen, seit der ‚Querelle des anciens et des modernes' am Ende des 17. Jahrhunderts in der französischen Bauakademie. Die Moderne entdeckt, dass die Theorie, also das Regel-

trends have repeatedly glossed over this insight. However, they constitute a different type of text. In architectural theory we can also find the so-called practical epistemological interest of the historical and hermeneutical sciences. The aim of this interest is for those involved to reach a possible consensus based on a traditional understanding. Tradition mediates the past and the present through the continuity of shared meaning. The Venice Architecture Biennale last year, with the title 'Common Ground', was also seeking an intellectual platform for the architects, with all their differences, to base themselves on. Amongst the more recent compilers of architectural theory texts, perhaps Fritz Neumeyer from Berlin comes closest to this approach. Therefore it is also no coincidence that he is the only one whose collection can open with a text by Vitruv.[3] It is about the establishment of historical continuities, about the safeguarding of meaningful content, the preservation of the universally valid. This is a conservative approach, which of course does not automatically mean conservative in a negative sense.

The issue is not the fact that this attitude implies criticism of a particular modernity. What would be problematic would be the attempt to suppress the historical itself, because the good old traditions are well-chosen, sometimes also invented. However, that does not have to mean per se that one is backward-looking and nostalgic. One just has to be clear about it. Even what is old is only available today in a reflexive dimension.

This brings us to what Habermas calls the critical sciences, which follow an emancipatory epistemological interest. Habermas's choice of terminology has to be explained and somewhat modified for our context. It is about making the terms, conditions, and consequences of our arguments and actions as transparent as possible for ourselves. This is not always fully welcomed by those involved, because it represents an interference, a reflexive disruption of immediacy, sometimes also a demystification of the heroized, a delaying closer examination, whereas one would prefer to pick the ripe fruits off the tree immediately. This critical analysis provides, on the other hand, a considerable enhancement and enrichment of the subject and how to deal with it. This is because architecture is viewed as a complex social and cultural phenomenon that does not just have a passive presence within its context, nor is the architecture determined by this context, but has to play an active and conscious role within it. Architecture has to be positioned not only in a specific location, but also within a cultural sphere. The architecture and the architects themselves are also under an obligation to take this into consideration and have to ascertain whether they are keeping pace with the times, meaning socially and intellectually, not in terms of trendiness. Architectural theory can and must help to establish the

werk des Handelns, historisch konstituiert wird und nicht länger kosmologisch, göttlich oder natürlich. Historisch aber bedeutet: veränderbar, begründungspflichtig, reflexionsbedürftig. Weicht Architekturtheorie dieser Einsicht nicht aus, dann kann sie keine Lehrbücher mehr produzieren, vielleicht noch Kataloge wie Durand. Die propagandistischen Manifeste zur Beförderung einzelner Architekturtrends haben diese Einsicht immer wieder kraftvoll überspielt. Sie gehören aber einer anderen Textsorte an. Auch das sogenannte praktische Erkenntnisinteresse der historisch-hermeneutischen Wissenschaften finden wir in der Architekturtheorie wieder. Dieses Interesse richtet sich auf die Verständigung der Handelnden auf einen möglichen Konsens im Rahmen eines tradierten Selbstverständnisses. Die Tradition vermittelt Vergangenheit und Gegenwart über die Kontinuität gemeinsamen Sinns. So war auch die letztjährige Architekturbiennale in Venedig unter dem Titel ‚Common Ground' auf der Suche nach dem geistigen Fundament, auf dem die Architekten – bei allen Unterschieden – stehen. Unter den neueren Kompilatoren von Texten der Architekturtheorie steht vielleicht der Berliner Fritz Neumeyer diesem Ansatz am nächsten. So ist es auch kein Zufall, dass er als Einziger überhaupt seine Sammlung mit einem Text von Vitruv beginnen lässt.[3] Hier geht es um das Herstellen historischer Kontinuitäten, um das Sichern von Sinnbeständen, um das Bewahren des Gültigen. Dieses ist ein konservierender Ansatz, was ja nicht sofort in einem abwertenden Sinne konservativ bedeutet.

Nicht, dass mit dieser Haltung eine Kritik an einer bestimmten Moderne verbunden wird, ist das Fragwürdige. Problematisch wäre nur die versuchte Ausblendung des Historischen selbst. Denn die beschworenen guten Traditionen sind gewählte, manchmal auch erfundene. Auch das muss nicht per se gleichbedeutend mit rückwärtsgewandt und nostalgisch sein. Man muss es sich nur klarmachen. Auch das Alte ist heute nur noch in der Dimension des Reflexiven zu haben.

Und damit kommen wir nun zu den von Habermas so genannten kritischen Wissenschaften, die einem emanzipatorischen Erkenntnisinteresse folgen. Man muss die habermassche Begriffswahl erläutern und für unseren Kontext etwas modifizieren. Es geht darum, dass wir uns selbst die Voraussetzungen, Bedingungen und Folgen unserer Argumente und unseres Handelns möglichst transparent machen. Das geschieht nicht immer zur reinen Freude der Betroffenen. Denn damit ist eine Störung verbunden, eine reflexive Brechung der Unmittelbarkeit, gelegentlich auch eine Entmystifizierung des Heroisierten, eine aufschiebende Hinterfragung, wo man doch so gern die reifen Früchte sofort vom Baum pflücken möchte. Dieser kritischen Analytik entspricht auf der anderen Seite eine starke

framework for the "spiritual sign of the times", as Karl Jaspers famously put it. It is quite clear that this touches on a number of other scientific disciplines. However, this leads to a fundamental methodological problem. Architectural theory can only be successful today if it is not narrowly limited to architecture as a subject area and reflexive horizon. One has come to expect interdisciplinarity and transdisciplinarity also in this field. However, it depends how this is understood.

HOW REFLEXIVE IS THE INTERDISCIPLINARY? After a 15-year term as dean of the architecture faculty at Columbia University in New York, Bernard Tschumi published a kind of summary of his educational program in the form of a dictionary, with the title 'Index Architecture'.[4] Nobody can accuse Tschumi of restricting architecture to an isolated, self-referential system. The conviction that contemporary architectural practice requires the constant importing of ideas from other disciplines is one of the axioms of the faculty. However, one must note that this always refers to importing from disciplines that are explicitly called "external". Everything external, which is not part of the architectural system in the narrow sense, is tapped into highly selectively, if it appears useful to the logic of its inner workings. However, this selectiveness is often subject to reductive perceptions and, not uncommonly, also arbitrariness. Therefore, in these cases, it cannot seriously be regarded as an interdisciplinary approach that reflects the objectives and potential of architecture within a complex social and cultural context.

The second example are the ten big ANY conferences, held by Peter Eisenman in the nineteen-nineties. These made a major attempt to define the status of architecture on the threshold of the twenty-first century. Architects met with philosophers, sociologists, economists, historians, and representatives of other disciplines, in an unprecedented constellation. There was no shortage of stars, from Koolhaas to Derrida. The intellectual level was extremely high. The quality of the contributions was outstanding. Nevertheless, after the tenth conference, there was general feeling of disappointment, as in the end the conferences did not bring the anticipated results. They did not even come close to producing a discussion or an exchange between the disciplines. There were a number of reasons for this. One of the main reasons must have been the mistaken belief of the organizers that 'name dropping' of stars would automatically lead to the miracle of communication. The opposite was in fact the case. The mere enumeration of individually interesting contributions only cemented the lack of discussion. It would, however, be too easy to blame this outcome in the first instance on poor conference organization. The ANY conferences are just one example of several. This example reveals quite a fundamental failing of architec-

Anreicherung und Bereicherung des Gegenstandes und seiner Behandlung, indem Architektur als ein komplexes gesellschaftliches und kulturelles Phänomen betrachtet wird, das sich nicht nur passiv in Kontexten bewegt und von diesen konstituiert wird, sondern sich diesen Kontexten vor allem auch aktiv und bewusst stellen muss. Architektur muss sich nicht nur an einem konkreten Ort positionieren, sondern auch in einem kulturellen Raum. Die Bringschuld liegt auch durchaus bei der Architektur und den Architekten selbst, die sich selbst vergewissern müssen, ob sie sich – wohlgemerkt gesellschaftlich und intellektuell, nicht modisch – auf der Höhe der Zeit befinden. Bei der Bestimmung dieser Koordinaten der „geistigen Situation der Zeit", wie eine berühmte Formulierung von Karl Jaspers lautet, kann und muss Architekturtheorie helfen. Es liegt auf der Hand, dass sich dabei Berührungen mit zahlreichen anderen wissenschaftlichen Disziplinen ergeben. Hieraus entwickelt sich aber ein methodologisches Grundproblem. Architekturtheorie wird heute nur dann erfolgreich sein können, wenn sie sich nicht in ihrem Gegenstandsbereich und Reflexionshorizont auf Architektur in einem engen Sinne beschränkt. Nun hat man sich daran gewöhnt, dass auch in diesem Bereich von Interdisziplinarität, ja Transdisziplinarität die Rede ist. Es kommt allerdings darauf an, wie man das auffasst.

WIE REFLEXIV IST DAS INTERDISZIPLINÄRE? Unter dem Titel ‚Index Architecture' hat Bernard Tschumi nach einer etwa 15-jährigen Amtszeit als Dekan der Architekturschule der Columbia University in New York eine Art Bilanz seiner Ausbildungsprogrammatik in der Form eines Wörterbuches herausgegeben.[4] Niemand wird Tschumi vorwerfen können, dass er Architektur zu einem isolierten, selbstreferentiellen System verkürzt. Die Auffassung, dass eine zeitgenössische Architekturpraxis nicht ohne einen ständigen Import von Ideen aus anderen Wissensbereichen auskommen kann, gehört zu den Axiomen der Schule. Man darf allerdings nicht übersehen, dass hier durchgängig immer von einem Import aus explizit so bezeichneten ‚externen' Wissensbereichen gesprochen wird. Alles, was nicht im engeren Sinne zum Architektursystem zählt, wird so zur Außenwelt und hoch selektiv angezapft, wenn es aus der Logik des Binnensystems nützlich erscheint. Eine solche Selektivität tendiert jedoch zu einer reduktiven Wahrnehmung und nicht selten auch zur Willkürlichkeit. Man wird daher hier nicht ernsthaft von einem interdisziplinären Ansatz sprechen können, der die Aufgaben und Möglichkeiten von Architektur in einem komplexen gesellschaftlichen und kulturellen Kontext reflektiert.

Das zweite Beispiel sind die zehn großen ANY-Konferenzen, die Peter Eisenman in den 90er Jahren veranstaltet hat. Hier wurde der großangelegte Versuch unternommen, in einer Serie von interdisziplinären und international besetzten Konferenzen den Status

tural theory discourse. This failing is blatantly obvious to anyone from a different disci-pline. Architectural theory discourse, with few exceptions, is not really structured in the sense of a scientific and academic discipline, and especially not as coherent research by a 'scientific community' that is continuously sharing knowledge and views in a systema-tically controlled way, via the forums of journals, books, and conferences. Systematically controlled means that all those involved agree first of all on clearly defined topics and issues of debate, and during the debate they can distinguish between strong and weaker argumentation, appropriate and inappropriate analyses. In architectural theory, as in all other disciplines, statements also have to be falsifiable. It is not enough for the verbose legitimization of the practice of certain current architecture producers to pass itself off as architectural theory. In my opinion, a systematic alternative to the ANY conferences would be the research colloquia that have taken place in Germany since the beginning of the nineteen-sixties, with the title "Poetics and Hermeneutics", and which were amongst the absolute highlights of German academic activities in past decades.

An interim conclusion could therefore be: architectural theory, in the sense of a reflexive modernity, is therefore not prescribed knowledge, not a safeguarding of a verified set of rules, not a research into trends, and not a supplier of 'content' for marketing strategies, but an organized self-reflection and also a process for defining what architecture was, is, and perhaps will be or can be in a broad social and cultural context.

THINKING AND KNOWLEDGE ARE NOT ENOUGH   The principal of St. Gallen University recently explained the curriculum structure of the economics courses at his university. His central assertion was that nowadays management decisions could no longer be based on business management textbooks, especially since globalization has si-gnificantly increased the complexity of the situation . Economic decisions could no longer be made without an understanding of specific contextual circumstances on many levels. This includes not only the underlying political and economic circumstances, but also the history, culture, social structure, and ecology of a country, amongst other aspects. Con-sequently, in St. Gallen 25% of the course consists of events outside of the core subjects of business administration, economics, and law. This is based on the acknowledgement of the true complexity of its field and of the shortcomings of knowledge cultures that are too narrowly subject-specific. This presupposes that the old model of a linear application of a specialized knowledge of rules is fundamentally outdated and obsolete. At the same time, the gaining of knowledge does not automatically generate certainty. This constitu-tes the basic ambivalence of the reflexive.

der Architektur an der Schwelle zum 21. Jahrhundert zu bestimmen. Tatsächlich trafen Architekten mit Philosophen, Soziologen, Ökonomen, Historikern und Vertretern anderer Disziplinen zusammen, in einem so bisher nicht bekannten Rahmen. An Stars von Koolhaas bis Derrida herrschte kein Mangel. Der intellektuelle Anspruch war enorm. Das Niveau der Beiträge war hoch. Dennoch breitete sich nach der 10. Konferenz eine allgemeine Enttäuschung aus. Es war nämlich am Ende nicht das gewünschte Ergebnis herausgekommen, weil ein Gespräch, ein Austausch zwischen den Disziplinen nicht einmal im Ansatz entstand. Das hatte verschiedene Ursachen. Eine Hauptursache muss sicher in dem Grundirrtum der Veranstalter gesehen werden, dass durch ‚name-dropping' auf Starniveau sich wie von selbst das Wunder der Kommunikation ergibt. Das Gegenteil war der Fall. Die bloße Addition von im Einzelnen sehr interessanten Beiträgen zementierte nur die Sprachlosigkeit. Es wäre jedoch vordergründig, dieses Ergebnis in erster Linie auf Mängel der Konferenzorganisation zurückführen zu wollen.

Die ANY-Konferenzen sind auch nur ein Beispiel unter anderen. Es offenbart sich an diesem Beispiel ein ganz grundsätzlicher Mangel des architekturtheoretischen Diskurses. Dieser Mangel fällt jedem, der aus anderen wissenschaftlichen Bereichen kommt, besonders schmerzlich auf. Der architekturtheoretische Diskurs ist – von Ausnahmen abgesehen – nicht wirklich im Sinne einer wissenschaftlich-akademischen Disziplin organisiert, schon gar nicht als Forschungszusammenhang einer ‚scientific community', die sich miteinander über die Foren von Zeitschriften, Büchern und Konferenzen in einem ständigen methodisch kontrollierten Austausch befindet. Methodisch kontrolliert meint, dass sich die Beteiligten überhaupt erst einmal auf klar definierte Themen und Fragestellungen der Debatte einigen und bei dieser Debatte gute von weniger guten Argumenten, schwache von starken Begründungen, zutreffende von nicht zutreffenden Analysen unterscheiden können. Auch in der Architekturtheorie müssen – wie in allen anderen Wissenschaftsbereichen auch – Aussagen falsifizierbar sein. Es genügt nicht, dass sich die wortreiche Legitimation der Praxis von bestimmten Lagern der aktuellen Architekturproduktion als Architekturtheorie ausgibt. Eine methodische Alternative zu den ANY-Konferenzen wären für mich die Forschungskolloquien, die unter dem Titel ‚Poetik und Hermeneutik' seit Anfang der 1960er Jahre in Deutschland stattgefunden haben und zu den absoluten Höchstleistungen des deutschen Wissenschaftsbetriebes der vergangenen Jahrzehnte zählten.

Ein Zwischenfazit könnte also lauten: Architekturtheorie im Sinne einer reflexiven Moderne ist also kein Rezeptwissen, keine Hüterin eines gesicherten Regelkanons, keine Trendforschung und kein ‚content'-Lieferant für Marketingstrategien, sondern eine orga-

In our context, the question arises as to whether what we would like to call 'reflexive' can be achieved, as it were, on a quantitative basis, namely by increasing our bank of knowledge that we draw on, process, and apply. The notion of being able to collect, organize, and grasp at least the 'relevant' knowledge in a particular subject area belongs to the pre-digital era. Today, especially the natural sciences recognize the danger of "data tsunamis" that can no longer be controlled analytically.[5] However, even if the architect draws upon other fields beyond his core specialist knowledge, then what he is doing is still not automatically reflexive, strictly speaking. One is not reflexive by virtue of using grand words or simply knowing a lot, nor is reflexive merely synonymous with 'thinking about something'. In this general sense, one would certainly be able to and indeed have to acknowledge that many architects over the entire course of architectural history thought a great deal about what they were doing and in some cases also recorded the results of their thoughts in writing, without all of them having to be counted as a theory. The antitype would be the artist who is creative spontaneously, of his own accord, without needing theories or lengthy thought processes. This type was referred to as a genius in the eighteenth century. Evidently the concept of the reflexive is not really applicable to the notion of a genius.

It is assumed that every significant architect has to have a theory. However, does that mean that every architect with a theory is therefore a reflexive architect? Of course one could agree on this terminology, but I suggest making a distinction between reflexive and reflective. I expect that from a historical perspective one can find numerous examples of reflective design processes. If that was what was meant, then the notion of reflexive design would in fact refer to something that has been around and known for a long time. I assume, however, that this is not what the term refers to. This requires an explanation of the specificity of this approach, rather than its conventionality. If one would like to use the concept of the reflexive within a theory of reflexive modernity, then the specificity of the reflexive appears as a historical specificity. It is only under particular historical conditions that the reflexive makes an appearance, and so the term also has a string of historical and social implications. Consequently, reflexive design cannot be a mere method or procedure.

HISTORICAL CONDITIONS OF THE REFLEXIVE How recent or old one considers the reflexive to be depends on what concept of modernity one applies. We are familiar with the differentiation between a first modernity and a second modernity put forward by Ulrich Beck and others. I prefer the term reflexive modernity, which

nisierte Selbstreflexion und auch ein Zielfindungsprozess, was Architektur im weitgefass-
ten gesellschaftlich-kulturellen Kontext war, ist und vielleicht sein wird und sein könnte.

NACHDENKEN UND WISSEN SIND NICHT GENUG Der Rektor der
Universität St. Gallen erläuterte vor kurzem den Aufbau des Curriculums der wirtschafts-
wissenschaftlichen Studiengänge an seiner Universität. Seine zentrale These war, dass
sich heute Managemententscheidungen nicht mehr einfach auf betriebswirtschaftliche
Lehrbücher stützen könnten, da nicht zuletzt durch die Globalisierung sich die Komplexität der Verhältnisse enorm erhöht hätte. Ökonomische Entscheidungen könnten nicht
mehr ohne Kenntnis spezifischer Kontextbedingungen in vielerlei Dimensionen getroffen
werden. Dazu gehören nicht nur die politischen und ökonomischen Rahmenbedingungen,
sondern auch Geschichte, Kultur, Sozialstruktur und Ökologie eines Landes und manches
mehr. Konsequenz dieser Haltung ist es, dass in St. Gallen 25 Prozent des Lehrplans aus
Veranstaltungen außerhalb der Kernfächer BWL, Volkswirtschaftslehre und Jura besteht.
Dahinter steht die Einsicht in die tatsächliche Komplexität des eigenen Handlungsfeldes
und die Unzulänglichkeit fachlich zu eng gefasster Wissenskulturen. Damit ist vorausgesetzt, dass das alte Modell einer linearen Anwendung von fachlichem Regelwissen im
Kern überholt ist. Gleichzeitig erzeugt aber die Vermehrung des Wissens nicht automatisch Gewissheit. Dies macht die grundsätzliche Ambivalenz des Reflexiven aus.

In unserem Zusammenhang stellt sich die Frage, ob wir das, was wir ‚reflexiv' nennen
wollen, sozusagen auf quantitativem Weg erreichen können, nämlich durch die Steigerung der Wissensmengen, die wir berücksichtigen und verarbeiten. Die Vorstellung, zumindest das ‚relevante' Wissen zu einem bestimmten Themenbereich sammeln, ordnen
und überschauen zu können, gehört der vor-digitalen Zeit an. Heute erkennen vor allem
die Naturwissenschaften die Bedrohung durch ‚Datentsunamis', die nicht mehr analytisch
beherrschbar sind.[5] Aber auch wenn der Architekt jenseits des Kerns seiner notwendigen
fachlichen Kenntnisse Wissen aus anderen Bereichen heranzieht, dann wird das, was er
nun tut, noch nicht automatisch im engeren Sinne reflexiv. Reflexiv ist man noch nicht,
wenn man viele Worte macht oder einfach vieles weiß. Reflexiv sein ist auch nicht einfach gleichbedeutend mit ‚über etwas nachdenken'. In diesem allgemeinen Sinne wird
man sicher vielen Architekten im Laufe der gesamten Architekturgeschichte zubilligen
können und müssen, dass sie über das, was sie tun, viel nachgedacht haben und die
Ergebnisse ihres Nachdenkens womöglich auch in Schriftform niedergelegt haben, ohne
dass wir hier in jedem Fall gleich von einer Theorie sprechen müssen. Der Gegentypus
wäre der Künstler, der spontan aus sich heraus schöpferisch ist, ohne dazu Theorien oder

in fact generally means what Beck refers to as second modernity. However, here I will nevertheless use the terms first and second modernity. With regard to social history, the first modernity is basically what is known as civil society, or as industrial society. It originated in the seventeenth and eighteenth centuries and evidently transitions smoothly to a different phase in the nineteen-seventies, namely the so-called second modernity, which does not represent a phase after modernity, but instead radicalizes certain aspects of modernity.

In a certain sense, one could by all means venture the hypothesis that modernity has actually always been reflexive. In intellectual history, the already mentioned 'Querelle des anciens et des modernes', which started at the French Academy of Architecture, always provides a historical point of reference. Counter to the assertion of the eternal and natural validity of the aesthetic models of antiquity, the modernists stipulated the historicality and therefore the changeability of these norms. This contention runs through the entire eighteenth century and is expressed explicitly in Schiller's text about naïve and sentimental poetry.[6]

Schiller coins the term of the sentimental to denote the specifically modern aesthetic consciousness that is founded on the awareness of the loss of Greek naturalness and naivety. Those in antiquity - meaning the Greeks - are what we were, says Schiller. We have lost their simple naturalness, because we live in cultural and social circumstances that are artificial through and through. We no longer live as one with our world. Instead, a pervasive awareness and reflexion has intervened between us and the world, ruling out any unquestionableness, in other words what Schiller called the naïve. They are what we were, therefore the naïve and the natural is only perceptible to us as an experience of loss, as a search for what has been lost. This is precisely what Schiller understood as the sentimental. Therefore he can say: in antiquity they felt naturally, while we feel the natural. This sensing and perception of the natural is a reflexive act, as in the process we perceive ourselves as separate from the sought naturalness. However, Schiller does not just mourn this loss, as he considers it to be redeemable. Not by turning back the historical clock, which he regards as neither feasible nor desirable. The present day has an undeniable advantage over the world of antiquity: the freedom of the spirit to rise above the given circumstances. What Schiller calls the naïve or the natural, on the other hand, is at the expense of a restrictiveness that still denies the freedom and independence of the spirit. Nevertheless, Schiller speaks metaphorically about us in modern times as being sick and wounded, referring to the injuries inflicted on us by the freedom of the

zumindest langwieriges Nachdenken bemühen zu müssen. Das 18. Jahrhundert erfand mit dem Begriff des Genies diesen Typus. Wahrscheinlich muss man davon ausgehen, dass wir den Begriff reflexiv nicht besonders gut auf den Fall des Genialischen anwenden können.

Es gibt die These, dass jeder bedeutende Architekt eine Theorie haben muss. Heißt das nun aber, dass jeder Architekt mit Theorie nun damit ein reflexiver Architekt ist? Natürlich könnte man sich auf diese Sprachverwendung einigen, aber ich schlage vor, reflexiv von reflektierend zu unterscheiden. Ich vermute, dass man unter historischer Perspektive zahlreiche Beispiele für ausgesprochen reflektierende Entwurfsprozesse finden kann. Wenn das gemeint sein sollte, dann würde der Begriff reflexives Entwerfen eigentlich etwas seit langem Bekanntes thematisieren. Ich vermute jedoch, dass das nicht so gemeint ist. Somit hätte man nun die Aufgabe, die Spezifität dieses Ansatzes und eben nicht seine Konventionalität zu erklären. Wenn man den Begriff des Reflexiven im Rahmen einer Theorie der reflexiven Moderne anwenden will, dann erscheint die Spezifität des Reflexiven als eine historische Spezifität. Erst unter bestimmten historischen Voraussetzungen tritt das Reflexive auf den Plan, der Begriff enthält demgemäß auch eine Reihe von historischen, gesellschaftlichen Implikationen. Daher kann das reflexive Entwerfen auch nicht nur eine bloße Methode oder ein Verfahren sein.

HISTORISCHE BEDINGUNGEN DES REFLEXIVEN Für wie alt oder wie jung man nun das Reflexive hält, das hängt davon ab, welchen Begriff von Moderne man verwendet. Wir kennen die von Ulrich Beck und anderen vorgeschlagene Differenzierung zwischen einer Ersten und einer Zweiten Moderne. Ich ziehe den Begriff reflexive Moderne vor, der aber im Großen und Ganzen das meint, was Beck unter Zweiter Moderne versteht. Aber an dieser Stelle werde ich dennoch die Begriffe Erste und Zweite Moderne verwenden. Gesellschaftsgeschichtlich ist kurz gefasst die Erste Moderne das, was man im Kern als bürgerliche Gesellschaft, als industrielle Gesellschaft kennt. Sie hat so gesehen ihre Anfänge im 17. Jahrhundert und 18. Jahrhundert und geht möglicherweise in den 70er Jahren des 20. Jahrhunderts gleitend in eine veränderte Phase über, eben die sogenannte Zweite Moderne, die keine Phase nach der Moderne darstellt, sondern vielmehr bestimmte Aspekte der Moderne noch radikalisiert.

In einem bestimmten Sinne könnte man durchaus die These wagen, dass die Moderne eigentlich immer schon reflexiv war. Geistesgeschichtlich bietet sich hier als historischer Bezugspunkt immer die schon erwähnte ‚Querelle des anciens et des modernes' an, die am Ende des 17. Jahrhunderts von der französischen Bauakademie ihren Ausgang nahm.

spirit and reflection: the feeling of being separate from the world, even if the spirit makes us superior, and the feeling of constantly having to reflect, because we have no restful haven of the obvious and the natural.

In his book 'Strömungen in deutscher Baukunst seit 1800' ('Trends in German architecture since 1800'), Fritz Schumacher describes the German situation around 1800 as follows: "At that time, architecture still had clear and certain criteria with regard to its understanding of 'antiquity'. The lack of doubt as to the meaning and consistency of this standard proved to be unsettling. What is significant for us is the point at which this certain ground was lost and the great search began, which architecture pursued restlessly for over a century through all historical art movements."[7] In Germany in the mid-eighteenth century, the "clear and certain criteria" that Schumacher refers to were already being undermined intellectually by Winckelmann. Although Winckelmann advocated the emulation of antiquity, he also recognized the historical relativity of the works, as they are dependent on changing historical circumstances. Since the mid-eighteenth century, knowledge about the true heterogeneity of historical eras has increased substantially, including in relation to architectural history. This increased knowledge of history has not only revealed a whole pantheon of styles and art forms, but also made them accessible. This has led to a new relationship between architecture and history, as the architecture historian Winfried Nerdinger states: "There is no longer a 'true' solution to an architectural assignment, instead the entire world of architecture can be imagined and produced at the same time."[8] This is of course an ambivalent process, which can also be seen as an undermining of all liabilities.

This free access to the whole of architectural history was systemized like a catalog by Jean Nicolas Louis Durand (1760 - 1834) at the beginning of the nineteenth century in a groundbreaking work, and the same approach in principle applies to the most significant German architect of the first half of the nineteenth century, Karl Friedrich Schinkel. The already quoted Fritz Schumacher recognized that Schinkel's approach, which he refers to as "an art historical view", no longer viewed the past as an ideal to aspire to, but as a repertoire. Schumacher notes quite rightly that, at the latest since the beginning of the nineteenth century, this art historical view superseded "what was formerly tradition".[9] In other words, the normativity of historical tradition was broken and the relationship to the past became principally reflexive. At the beginning of the nineteenth century, the philosopher Friedrich Schelling stated on this subject: "When such a joyful era of pure production is over, then reflection emerges, and with it general

Gegen die Behauptung der ewigen, weil natürlichen Geltung der ästhetischen Vorbilder der Antike wurde von der Partei der Modernen die Geschichtlichkeit und damit Veränderbarkeit dieser Normen gestellt. Diese Auseinandersetzung zieht sich durch das ganze 18. Jahrhundert und findet noch einmal einen dezidierten Ausdruck in Schillers Text über naive und sentimentalische Dichtung.[6]

Schiller prägt den Begriff des Sentimentalischen für die spezifisch moderne ästhetische Bewusstseinslage, die ihren Seinsgrund gerade im Bewusstsein des Verlustes der griechischen Natürlichkeit beziehungsweise Naivität hat. Die Alten – also die Griechen – sind, was wir waren, sagt Schiller. Wir haben deren selbstverständliche Natürlichkeit verloren, denn wir leben in kulturellen und gesellschaftlichen Verhältnissen, die durch und durch künstlich sind. Wir leben nicht mehr in einer Einheit mit unserer Welt, sondern zwischen uns und die Welt ist in allem das Bewusstsein, die Reflexion getreten, die jede Fraglosigkeit unmöglich macht, also das, was Schiller das Naive nennt. Sie sind, was wir waren; daher ist uns das Naive, das Natürliche nur als Verlusterfahrung zugänglich, als Suche nach einem Verlorenen. Eben dies versteht Schiller als das Sentimentalische. Und daher kann er sagen: Die Alten empfanden natürlich, wir empfinden das Natürliche. Dieses Empfinden des Natürlichen ist ein reflexiver Akt, da wir uns dabei als von dem gesuchten Natürlichen getrennt empfinden. Schiller ist jedoch kein bloß Trauernder. Er hält den Verlust für heilbar. Und zwar nicht durch ein historisches Zurück – das hält er weder für machbar, noch für wünschenswert. Aber die Gegenwart kann gegenüber der Welt der Alten einen unverzichtbaren Vorzug aufweisen: den der Freiheit des Geistes, sich über vorgegebene Verhältnisse zu erheben. Denn der Preis für das, was Schiller das Naive oder das Natürliche nennt, ist eine Eingeschlossenheit, die die Freiheit und Selbstständigkeit des Geistes noch nicht kennt. Dennoch spricht Schiller metaphorisch von uns, den Modernen, als Kranken und er hat dabei die Wunden vor Augen, die die Freiheit des Geistes, die Reflexion schlägt: das Gefühl der Getrenntheit von der Welt, auch wenn uns der Geist überlegen macht, das Gefühl des ständigen Reflektieren-müssens, weil wir nicht auf dem Selbstverständlichen, dem Natürlichen ausruhen können.

Fritz Schumacher charakterisiert in seinem Buch ‚Strömungen in deutscher Baukunst seit 1800' die deutsche Situation um 1800 in folgender Weise: „Zu dieser Zeit besaß die Baukunst noch ein klares und sicheres Geschmacksprogramm in dem, was sie unter ‚Antike' verstand; keine Zweifel an der Bedeutung und der Beständigkeit dieser Richtschnur beunruhigten die Gemüter. Was für uns bedeutsam wird, ist der Punkt, wo dieser sichere Boden verlorengeht und das große Suchen beginnt, das die Baukunst über ein Jahrhun-

divisiveness. What used to represent a vibrant spirit becomes handed down tradition."[10] Present-day modernity therefore has to define itself in its own terms.

And here it is again, the concept of reflection. With regard to Schelling, reflection is connected to the notion of a split or division, a pairing that is so typical of that time, and which indicates that reflection in this sense means more than the rather formal definition by Fichte of watching ourselves think. What is meant, in any case, is the "separation" of a direct and self-evident oneness of thought and action. Schiller had called it naivety. Hegel goes further and views the "emergence of reflection in our current lives"[11], as he puts it, as a social phenomenon. What he refers to as the development of reflection is at the core of a post-feudal civic society. Statehood, a superordinate legal system, and not least an increasingly specialized form of economy and the market trading of goods, take over from direct interaction and people-oriented ways of life. Hegel demonstrates this historical transition by referring to the novel Don Quixote by Cervantes. For Hegel there is no doubt: "The beautiful days of Greek art, as well as the golden age of the late Middle Ages, are over."[12] What is new is that this is not mourned anymore. The ambivalence that could still be felt with Schiller is now gone. This is the end of the 'querelle des anciens et des modernes'. Modernity is no longer looking backwards, but from now on just forwards. This first modernity, also called industrial modernity, developed a robust sense of unquestioned progress - this does not need to be explained again here.

ACTING IN UNCERTAINTY The second modernity took hold when this development model started showing signs of erosion, which became obvious at the latest in the nineteen-seventies. Its developmental limits became evident, not just in relation to the environment and the use of resources, but also economically. What became equally clear were the limits to the controllability of social processes. The concept of political planning experienced a crisis, not least because global interdependencies were becoming increasingly uncontrollable.[13] What Habermas calls the New Obscurity is an objective and not a purely subjective phenomenon, which in principle cannot be revoked simply through more information. The limits of knowledge also became apparent at this point. In the first modernity, the traditional place to produce so-called objective insights regarded as 'truth' was in science. However, owing to internal and external criticism, science lost this authority, at the latest during the last third of the twentieth century. Science lost the function of delivering conclusive and verified knowledge and no longer had the final word.

dert lang ruhelos durch alle historischen Bezirke der Kunst trieb."[7] In Deutschland wurde bereits Mitte des 18. Jahrhunderts das von Schumacher so genannte „klare und sichere Geschmacksprogramm" durch Winckelmann intellektuell unterminiert. Zwar plädiert Winckelmann für die Nachahmung der Antike. Aber gleichzeitig erkennt er die historische Relativität der Werke, da sie abhängig sind von sich wandelnden geschichtlichen Rahmenbedingungen. Seit Mitte des 18. Jahrhunderts nimmt das Wissen über die tatsächliche Verschiedenartigkeit der historischen Epochen auch in der Baugeschichte sprunghaft zu. Die gewachsene historische Bildung macht nun ein ganzes Pantheon der Stile und Kunstformen nicht nur bekannt, sondern auch verfügbar. So entsteht ein neues Verhältnis von Architektur und Geschichte, wie der Architekturhistoriker Winfried Nerdinger formuliert: „Es gibt nicht mehr eine ‚wahre' Lösung für eine Bauaufgabe, sondern die gesamte Weltarchitektur kann gleichzeitig imaginiert und inszeniert werden."[8] Dies ist natürlich ein ambivalenter Prozess, der eben auch als Unterminierung aller Verbindlichkeiten aufgefasst werden kann.

Diese freie Verfügung über die gesamte Architekturgeschichte wird dann von Jean Nicolas Louis Durand (1760–1834) am Anfang des 19. Jahrhunderts in einem geradezu epochemachenden Werk katalogartig systematisiert. Und wir finden diese Haltung im Grundsatz auch bei dem bedeutendsten deutschen Architekten der ersten Hälfte des 19. Jahrhunderts, Karl Friedrich Schinkel. Der bereits zitierte Fritz Schumacher erkennt hier auch bei Schinkel eine Haltung, die er als „kunstgeschichtliche Auffassung" bezeichnet, eine Haltung also gegenüber der Vergangenheit, die diese nicht mehr als Vorbild, sondern als Repertoire wahrnimmt. Schumacher bemerkt zu Recht, dass spätestens zu Beginn des 19. Jahrhundert diese kunstgeschichtliche Auffassung an die Stelle dessen trat, „was früher Tradition war".[9] Anders gesagt: Die Normativität der geschichtlichen Überlieferung ist durchbrochen, das Verhältnis zur Vergangenheit ist prinzipiell reflexiv. Bei dem Philosophen Friedrich Schelling heißt es am Beginn des 19. Jahrhunderts dazu: „Wenn ein solches Zeitalter des Glücks und der reinen Produktion vorbei ist, so tritt die Reflexion und mit ihr die allgemeine Entzweiung ein; was dort lebendiger Geist war, wird hier Überlieferung."[10] Die Gegenwart der Moderne muss sich somit aus sich selbst heraus bestimmen.

Und hier ist er wieder, der Begriff der Reflexion. Er erscheint bei Schelling in der für diese Zeit so charakteristischen Paarung mit dem Begriff Entzweiung, eine Koppelung, die anzeigt, dass Reflexion hier noch mehr meint als die eher formale Bestimmung Fichtes, dass

Consequently, the reflexivity of modernity took a further step forwards. Following on from the demise of tradition, modernity also saw the decline of a further source of certainty that it had created itself, namely science. Therefore the second modernity lacked the means to provide definitiveness or certainty. What remains is discourse. Discourse cannot conjure up certainty either, but it can and must lead to decisions. This is because, contrary to a cheerful postmodernism that restricted its dabbling with various possibilities to a casual aesthetic game, a reflexive modernity recognizes the seriousness of the situation and the need to act. However, this action is aware of its own temporariness and inconclusiveness, as well as of the risk of making mistakes. Acting in uncertainty - this is what the philosopher Ludger Heidbrink once called the new reflexivity.[14]

Forty years ago, the planning theorist Horst Rittel produced a type of social ontology on planning and design. Given that planning and design always take place within a social context and cannot be reduced to technical matters that would provide supposed clear and definite answers, we are left with what he calls 'wicked problems'. Wicked or nasty problems, however, are not unusual. They are typical and normal in a social context. These problems are characterized by the fact that they are difficult to quantify and therefore their solutions are very varied and never linear. The complexity of present-day society, and not least the large number of points of view put forward by all the real or even just virtual parties who are involved in a so-called problem, make the complete cognitive controllability of a situation impossible from the outset. Therefore there can also be no conclusive and final solutions, or as some politicians would say: solutions without any alternative. Rittel's theory of wicked or nasty problems is directed against the authoritarian claims of science and technology that they are able to offer precisely that: 'objective' and indisputable answers.

At the end of the nineteen-sixties, albeit against a different theoretical background, the philosopher Habermas had described technology and science as an 'ideology', as a way of eliminating social questioning from public discussion, by smothering the discussion with the aura of an irrefutable truth. Rittel goes in a similar direction, albeit with different arguments. He dismisses the fiction that problems can be solved through linear planning, as this merely veils the complexity in a way that is removed from reality, and instead he argues in favor of a conscious increase in complexity, in order to enable solutions that are more realistic. Rittel wrote as early as 1967:

wir uns beim Denken selbst zusehen. Gemeint ist aber in jedem Fall das Herausgetreten-sein aus einer unmittelbaren und selbstverständlichen Einheit von Denken und Handeln. Schiller hatte das Naivität genannt. Hegel geht weiter und fasst die – wie er sagt – „Reflexionsbildung unseres heutigen Lebens"[11] als ein gesellschaftliches Phänomen. Was er als Reflexionsbildung bezeichnet, das sind die Grundstrukturen einer nachfeudalen bürgerlichen Gesellschaft. Staatlichkeit, ein übergeordnetes Rechtssystem und nicht zuletzt eine zunehmend arbeitsteilige Wirtschaftsform und der Warentausch über den Markt treten an die Stelle von unmittelbar vor Augen liegenden und personenbezogenen Lebensformen. Hegel demonstriert diesen historischen Übergang anhand des Romans ‚Don Quichotte' von Cervantes. Für Hegel gibt es keine Zweifel: „Die schönen Tage der griechischen Kunst, wie die goldene Zeit des späten Mittelalters sind vorüber."[12] Neu ist, dass hier keine Trauer mehr mitschwingt. Die Ambivalenz, die noch bei Schiller spürbar ist, ist hier verschwunden. Das ist das Ende der ‚Querelle des anciens et des modernes'. Die Moderne blickt jetzt nicht mehr zurück, sondern nur noch nach vorn. Diese Erste Moderne, oder auch kurz Industriemoderne genannt, entwickelt eine robuste Fortschrittsgewissheit – das muss hier nicht noch einmal ausgeführt werden.

HANDELN IN DER UNGEWISSHEIT Die zweite Moderne setzt ein, wo dieses Entwicklungsmodell beginnt, größere Erosionserscheinungen zu zeigen. Spätestens in den 70er Jahren des 20. Jahrhunderts werden diese Erosionen unübersehbar. Die Grenzen des Wachstums werden sichtbar – keineswegs nur in Bezug auf Umwelt und Ressourcenverbrauch, sondern auch ökonomisch. Ebenso deutlich werden nun die Grenzen der Steuerbarkeit und Kontrolle gesellschaftlicher Prozesse. Der Begriff der politischen Planung gerät in die Krise, nicht zuletzt weil die Unbeherrschbarkeit der globalen Interdependenzen zunimmt.[13] Die von Habermas so titulierte Neue Unübersichtlichkeit ist ein objektives, kein nur subjektives Phänomen, das sich im Prinzip nicht einfach durch mehr Informationen aufheben ließe. So offenbaren sich jetzt auch die Grenzen des Wissens. Der klassische Ort, sogenannte objektive Erkenntnisse als ‚Wahrheit' zu produzieren, war in der Ersten Moderne die Wissenschaft. Durch interne und externe Kritik büßte die Wissenschaft spätestens im letzten Drittel des 20. Jahrhunderts nun aber genau diese Autorität ein. Die Wissenschaft verliert die Funktion, abschließend gesichertes Wissen zu liefern, sie hat nicht mehr das letzte Wort.

Damit erreicht die Reflexivität der Moderne eine weitere Stufe. Nach der Tradition zerfällt nun auch die von der Moderne selbst erzeugte Sicherungsinstanz: die Wissenschaft. So

"It still seems as if the technician or the artist were making the plans, conceived by some kind of higher source of knowledge and therefore possessing an expert imperative. Almost all planners nowadays still share this view. However, this is not the case at all. To redress this, one should analyze and publicize the designs. In America, we are investigating at the moment whether all plans should be accompanied by a counter plan upon publication. This could systematically bring about a debate that reveals the pros and cons of both viewpoints and shows the outcome of these concepts. It is not always about resolving conflicts, but also about creating them."[15]

This stipulation not to avoid contradictions, but to actually seek them out, was regarded as heretical around 1970, when planning euphoria was at its political climax. Rittel's standpoint was backed up by the argumentation of the Austrian philosopher of science Karl Popper, who had already shown in the nineteen-thirties that theories cannot be verified, but only falsified. This leads to the insight that a theory is only strengthened further the more it withstands a bombardment by criticism, doubts, and counter-concepts. Rittel recognizes not only the limits of verifiability, but also the fundamental limits of knowledge, especially in a social context. Awareness of these limits is at the heart of modern reflexivity.

A reflexive design should address, in a productive manner, the issue of acting in uncertainty. Furthermore, it should incorporate aspects such as inconclusiveness, tolerance of mistakes, risk intelligence, openness, changeability, and underdetermination instead of overdetermination, without making them into an idealistic world view.

fehlt in der Zweiten Moderne die Möglichkeit, Letztgültigkeit zu schaffen oder anders gesagt, Gewissheit. Was bleibt, ist der Diskurs. Der Diskurs kann auch keine Gewissheit herbeizaubern, aber er kann und muss Entscheidungen herbeiführen. Denn anders als eine fröhliche Postmoderne, die den Umgang mit den vielen Möglichkeiten auf ein luxurierendes ästhetisches Spiel beschränkte, erkennt eine reflexive Moderne den Ernst der Lage und die Notwendigkeit des Handelns. Doch dieses Handeln durchschaut seine eigene Vorläufigkeit und Nicht-Endgültigkeit, auch das Risiko des Irrtums. Handeln in der Ungewissheit – so hat der Philosoph Ludger Heidbrink die neue Reflexivität einmal genannt.[14]

Der Planungstheoretiker Horst Rittel hatte schon vor 40 Jahren so etwas wie eine Sozialontologie des Planens und Entwerfens geliefert. Da Planen und Entwerfen sich immer in einem sozialen Kontext vollzieht und sich eben nicht auf technische Fragen reduzieren lässt, die angebliche eindeutige Antworten erlauben, gibt es hier nur die von ihm sogenannten ‚bösartigen Probleme'. Bösartige Probleme sind aber nichts Außergewöhnliches, sie sind im sozialen Raum das Übliche, das Normale. Bösartige Probleme zeichnen sich dadurch aus, dass sie schon als Problem nicht vollständig beschreibbar sind und daher auch die Wege zu ihrer Lösung variantenreich und niemals linear sind. Die Komplexität der heutigen Gesellschaft und nicht zuletzt die nicht reduzierbare Perspektivenvielfalt aller realen oder auch nur virtuellen Akteure, die in den Zusammenhang eines sogenannten Problems involviert sind, machen eine vollständige kognitive Beherrschbarkeit einer Situation von vornherein unmöglich. Dafür kann es auch keine eindeutigen und geradezu endgültigen Lösungen geben, oder wie manche Politiker sagen würden: alternativlose Lösungen. Rittels Theorie der bösartigen Probleme richtet sich gegen den Autoritätsanspruch von Wissenschaft und Technik, genau das bieten zu können: ‚objektive', nicht mehr hinterfragbare Antworten.

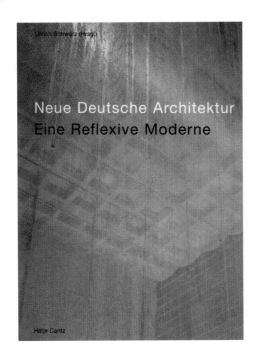

Ullrich Schwarz (Hrsg.)

Neue Deutsche Architektur
Eine Reflexive Moderne

Hatje Cantz

ANMERKUNGEN NOTES **1** Ullrich Schwarz, Reflexive Moderne. Perspektiven der Architektur am Beginn des 21.Jahr-
hunderts, in: id., (ed.), Neue Deutsche Architektur. Eine Reflexive Moderne, Ostfildern-Ruit: Hatje Cantz 2002, 18–31
2 Jürgen Habermas, Erkenntnis und Interesse, in: id., Technik und Wissenschaft als „Ideologie", Frankfurt a. Main:
Suhrkamp 1969, 146–168 **3** Fritz Neumeyer (ed.), Quellentexte zur Architektur. München u.a.: Prestel 2002 **4** Bernard
Tschumi/Matthew Berman (ed.), INDEX Architecture, New York: MIT Press 2003 **5** Vgl. | cf. Joachim Müller-Jung,
Wird „Big Data" zur Chiffre für den digitalen Gau?, in: FAZ, 6.3.2013, Beilage Natur und Wissenschaft, 1 **6** Friedrich
Schiller, Über naive und sentimentalische Dichtung, in: id., Theoretische Schriften. Dritter Teil, dtv-Gesamtausgabe
Bd. 19, München: Deutscher Taschenbuchverlag 1966, 118–196 **7** Fritz Schumacher, Strömungen in deutscher Bau-
kunst seit 1800, Braunschweig: Vieweg 1982, 13 **8** Winfried Nerdinger, Historismus oder: Von der Wahrheit der Kunst
zum richtigen Stil, in: Das Abenteuer der Ideen. Architektur und Philosophie seit der industriellen Revolution, Berlin:
Fröhlich & Kaufmann 1984, 38 **9** Schumacher, op.cit. (Anm. | note 7), 40 **10** F. W. J. Schelling, Philosophie der Kunst,
Darmstadt: Wiss. Buchgesellschaft 1974, 4 **11** G. W. F. Hegel, Vorlesungen über die Ästhetik, Bd. | vol. 1, Theorie
Werkausgabe Bd. | vol. 13, Frankfurt a. Main: Suhrkamp 1970, 24 **12** ibid., 24 **13** Vgl. z.B. | cf. e.g. Konrad H. Jarausch
(ed.), Das Ende der Zuversicht? Die siebziger Jahre als Geschichte, Göttingen: Vandenhoeck & Ruprecht 2008; Tim Scha-
netzky, Die große Ernüchterung. Wirtschaftspolitik, Expertise und Gesellschaft in der Bundesrepublik 1966 bis 1982,
Berlin: Akademie 2007; Bernd Faulenbach, Das sozialdemokratische Jahrzehnt. Von der Reformeuphorie zur Neuen
Unübersichtlichkeit. Die SPD 1969–1982, Bonn: Dietz 2011; Wolfgang Streeck, Gekaufte Zeit. Die vertagte Krise des
demokratischen Kapitalismus, Frankfurt a. Main: Suhrkamp 2013 **14** Ludger Heidbrink, Handeln in der Ungewissheit.
Paradoxien der Verantwortung, Berlin: Kadmos 2007; vgl. auch | cf. Gerd Gigerenzer, Risiko. Wie man die richtigen
Entscheidungen trifft, München: Bertelsmann 2003; grundlegend dazu | fundamental on this Horst Rittels Begriffe der
‚bösartigen Probleme' und des ‚argumentiven Planungsprozesses'. Vgl. | cf. Wolf D. Reuter/Wolfgang Jonas (eds.), Horst
W. J. Rittel, Thinking Design. Transdisziplinäre Konzepte für Planer und Entwerfer, Basel: Birkhäuser 2013 **15** ibid, 69

Der Philosoph Jürgen Habermas hatte – wenn auch vor einem anderen theoretischen Hintergrund Ende der 1960er Jahre Technik und Wissenschaft als ‚Ideologie' beschrieben, eben als eine Weise, in Wirklichkeit gesellschaftliche Fragen der öffentlichen Diskussion zu entziehen, indem eben diese Diskussion durch die Aura der nun umstößlichen Wahrheit erstickt wird. Wenn auch mit anderen Argumenten, geht Rittel in eine ähnliche Richtung. Er verabschiedet die Fiktion der Lösbarkeit der Probleme durch lineare Planung, weil diese nur die Komplexität in einer realitätsfernen Weise reduziert und er plädiert demgegenüber für eine bewusste Erhöhung der Komplexität, um wirklichkeitsnähere Lösungen möglich zu machen. Rittel schreibt schon 1967:

„Immer noch scheint es so, als mache der Techniker oder der Künstler die Pläne, und diese würden aus irgendeiner höheren Erkenntnisquelle zu ihren Konzeptionen geführt und hätten deshalb eine fachmännische Notwendigkeit. Dieser Ansicht ist auch heute noch fast jeder Planer. Das aber ist gar nicht der Fall. Um dem abzuhelfen, sollte man die Entwürfe analysieren und publizieren. In Amerika untersuchen wir zur Zeit, ob man nicht jedem Plan bei seiner Veröffentlichung einen Gegenplan beigeben sollte. So könnte systematisch eine Debatte zustande gebracht werden, die das Für und Wider beider Standpunkte offenlegt und die Konsequenzen dieser Konzeptionen darstellt. Es kommt nicht immer nur darauf an, Konflikte zu lösen, sondern auch, sie zu erzeugen."[15]

Die Forderung, Widersprüche nicht zu vermeiden, sondern geradezu zu suchen, war um 1970 – also als sich die Planungseuphorie auf ihrem auch politischen Höhepunkt befand – geradezu ketzerisch. Hinter Rittels Position stand die Argumentation des österreichischen Wissenschaftstheoretikers Karl Popper, der schon in den 30er Jahren des 20. Jahrhunderts gezeigt hatte, dass sich Theorien nicht verifizieren, sondern nur falsifizieren lassen. Daraus folgt die Strategie, dass eine Theorie nur stärker wird, je besser sie ein Bombardement mit Kritiken, Zweifeln und Gegenkonzepten übersteht. Rittel erkennt nicht nur die Grenzen der Verifizierbarkeit, sondern er erkennt die prinzipiellen Grenzen des Wissens – vor allem im sozialen Raum. Sich dieser Grenzen bewusst zu sein, das macht den Kern der modernen Reflexivität aus.

Ein reflexives Entwerfen hätte sich in produktiver Weise mit dem Thema Handeln in der Ungewissheit auseinanderzusetzen und sollte Aspekte wie Nicht-Endgültigkeit, Fehlertoleranz, Risikointelligenz, Offenheit, Veränderbarkeit und Unter- statt Überdetermination in sich aufnehmen, ohne nun daraus wiederum eine idealistische Weltanschauung zu machen.

AN ENCOUNTER OF TWO MINDS
Avant-garde curatorship and architectural
craft in the invention of the Kulturhus in Stockholm

Christoph Grafe

Buildings are usually the result of a collective effort. The recent infatuation with celeb-
rated individual author-architects, who are presented as being single-handedly respon-
sible for the iconic buildings populating the architectural media, is quite easily exposed
as a fiction. However, it fits in well with a practice that provides the icons for a global
consumption, and which covers the fact that in the mainstay of building production the
architect is, at best, one of many experts. The cult of the star architect, much criticized
yet also powerfully sustained by journalists, critics, and professional associations, is a
fitting response to these global practices as they have emerged over the past fifteen
years. However much an 'end to the system of star architecture' has been announced in
the wake of the global financial crisis, it certainly remains with us and so do the cala-
mities which it is producing - not just in far-off places like China or Dubai, but also in
a European capital like London, where large financial interests have all but eliminated
traditional systems of planning.

If building is understood as a collective activity, we would have to look at it as the outcome of a process of negotiation between designers and their clients, between different
kinds of experts (let's note that these experts are predominantly from various technical
disciplines, while the social sciences are only very rarely involved), between 'users' and

EINE BEGEGNUNG ZWEIER DENKANSÄTZE

Die Erfindung des Stockholmer Kulturhus zwischen der
Praxis der Kunstavantgarde und dem architektonischen Entwurf

Christoph Grafe

Gebäude sind für gewöhnlich Ergebnis einer kollektiven Anstrengung. Die seit einiger Zeit
herrschende Begeisterung für berühmte, individuell arbeitende Autoren-Architekten, die
als allein verantwortlich für die in Architekturzeitschriften präsentierten Gebäudeikonen
dargestellt werden, erweist sich bei näherer Betrachtung schnell als fiktional. Dennoch
passt sie gut in eine Praxis, die die Ikonen eines globalisierten Konsums generiert und dabei die Tatsache verdeckt, dass unter den für die Entstehung von Gebäuden maßgeblichen
Kräften der Architekt bestenfalls einer von vielen Experten ist. Der Kult um den Stararchi-
tekten, viel kritisiert und dennoch auch durch Journalisten, Kritiker und Berufsverbände
nach Kräften unterstützt, passt zu diesen in den letzten 15 Jahren aufgekommenen globalen Praktiken. Wie laut ein ‚Ende des Systems der Stararchitektur' infolge der globalen
Finanzkrise auch verkündet worden sein mag, bleibt es uns doch erhalten und mit ihm
die Probleme, die es bereitet – nicht nur an weit entfernten Orten wie China oder Dubai,
sondern auch in einer europäischen Hauptstadt wie London, wo starke Finanzinteressen
die traditionellen Planungssysteme nahezu ausgehebelt haben.

Wenn man Bauen als eine kollektive Unternehmung begreift, dann wäre es als Ergebnis
eines Verhandlungsprozesses zwischen Entwerfern und ihren Kunden, zwischen verschiedenen Experten (wobei anzumerken ist, dass diese meist aus unterschiedlichen techni-

a wide range of local interested parties. In most European contexts these parties, and the interest which they represent, are part of established procedures that are more or less transparent. This transparency also implies that the different types of knowledge and, types of knowledge production, are clearly represented in the procedures and the documents produced in due course. In most cases the give-and-take between experts is well-documented in the various idioms that each of the disciplines use.

The entanglement of disciplines in the production of spaces is probably at its most com-plex – and most productive – in the design processes for public buildings. The Kulturhus in Stockholm, designed and built in the late 1960s and early 1970s and housing a variety of cultural activities, provides an illustration for the cumbersome, not to say tortuous confrontations between actors that play a part in the gestation and realization of such a building. Realized in what must be one of the most collectivized societies of Western Europe, the Kulturhus saw the involvement of technical experts and arts administrators, of local pressure groups and municipal bureaucrats, of church leaders, intellectuals and, at least, one prime minister. It was indeed a very collective project representing a whole society at a moment of dynamic development.

At the same time, the Kulturhus is also a project of two men, the museum director Pontus Hultén and the architect Peter Celsing, whose combined vision was crucial for the entire project to come into existence. Their collaboration is an example of combined author-ship, with both contributing essential elements to the concept of the building. Indeed the Kulturhus could be described as the result of two distinct practices – architectural design as form finding and tectonic conceptualization on the one hand and the practice of 'avant-garde curatorship' on the other – that encountered each other in this project. This reading of the conceptualization and realization of the Kulturhus is an attempt to understand how the two different practices, their languages and what might be described as knowledge systems came together in envisioning a radically new institutional concept, as well as the material construction of the building.

CULTURE AS AN AGENT OF SOCIAL CHANGE   The Kulturhus in Stockholm is a cultural center designed by the architect Peter Celsing in close collaboration with Pontus Hultén, who could be described as its 'inventor'. The building developed out of a intensive public debate reflecting the dynamics of the discourses on culture in the period, and the social and cultural transformations affecting much of Western Europe in this period. Histori-cally, the institutional proposal of the Kulturhus is a direct outcome of the broad discus-

1 | Peter Celsing Kulturhuset Stockholm 2002

schen Disziplinen kommen, während die Sozialwissenschaften nur sehr spärlich vertreten sind), zwischen ‚Nutzern' und allen möglichen örtlichen Interessensgruppen zu betrachten. Im europäischen Kontext sind diese Gruppen und die von ihnen vertretenen Interessen meist Teil von festgelegten Prozessen der Planung und öffentlichen Diskussion, die mehr oder weniger transparent sind. Diese Transparenz beinhaltet auch, dass unterschiedliche Arten von Wissen und Wissensproduktion während dieser Verfahren sowie in ihren ordnungsgemäß durchgeführten Dokumentationen offen dargelegt werden. Meist wird der Austausch zwischen den Experten in der der jeweiligen Disziplin entsprechenden Fachsprache sorgfältig dokumentiert.

Die Verflechtung der Disziplinen bei der Entstehung von Gebäuden ist wohl am komplexesten – und produktivsten – beim Entwurfsprozess für öffentliche Gebäude. Das Kulturhus in Stockholm, entworfen und gebaut in den späten 1960er und frühen 1970er Jahren, beherbergt eine ganze Palette an kulturellen Aktivitäten und ist ein anschauliches Beispiel für die mühsamen, wenn nicht quälenden Auseinandersetzungen zwischen den Akteuren, die bei der Erfindung und Realisierung eines solchen Gebäudes eine Rolle spielen. Entstanden in einer der wohl kollektivistischsten Gesellschaften Westeuropas, war das Kulturhaus dem Einwirken von technischen Experten und Kunstverwaltern, von lokalen Interessensgruppen und städtischen Bürokraten, von Kirchenführern, Intellektuellen und mindestens einem Premierminister ausgesetzt. Auf jeden Fall war es ein sehr gemeinschaftliches Projekt, das eine ganze Gesellschaft in einem Moment dynamischer Entwicklung repräsentierte.

215

2 | Peter Celsing Kulturhuset Stockholm 2014

sions in 1960s Sweden on how the welfare system needed to address the condition of an emerging consumer society. Reflecting surveys of cultural participation, both in Sweden and by Pierre Bourdieu in France, showing that the systems of state-sponsored cultural provision by no means reached all social groups in equal measure, the Kulturhus proposed the elimination of all obstacles, symbolic as well as functional, that allegedly or in reality prevented people not accustomed to visiting galleries or theaters from entering. Set up as an explicitly interdisciplinary institution, with a modern art gallery as its 'back bone', the Kulturhus was to represent 'culture' not as a range of autonomous practices, but as one phenomenon encompassing all types of intellectual and creative activity. Surrounded by department stores, banks or corporate headquarters and overlooking a square that was to develop into a modern agora, the physical center of political action in the public sphere, the Kulturhus epitomized the claim of cultural producers that their activity was not operating in an ideal, autonomous area, but explicitly intervened in political and economic questions. Finally the Kulturhus combined these ideas of culture as a force of critique with the promise that distinctions between professionals and amateurs, or between producers and audiences, would become blurred, suggesting that ultimately they would cease to exist altogether (fig. 1–2).

INTERROGATIONS: AVANTGARDE PRACTICE AND THE ARCHITECTURE OF THE CITY The two main actors in the genesis of the Kulturhus each represented the distinct practices of avant-garde art and architecture. Pontus Hultén, the energetic and successful director of

Gleichzeitig ist das Kulturhus auch das Projekt zweier Persönlichkeiten, des Museumsdirektors Pontus Hultén und des Architekten Peter Celsing, deren gemeinsame Vision entscheidend zur Entstehung des gesamten Projekts beigetragen hat. Ihre Zusammenarbeit ist das Beispiel einer gemeinsamen Autorschaft, zu der beide grundlegende konzeptuelle Elemente für das Gebäude beigetragen haben. Tatsächlich könnte man das Kulturhus als das Ergebnis zweier unterschiedlicher, sich in diesem Projekt begegnender Herangehensweisen beschreiben – der architektonische Entwurf als Formfindung und tektonische Konzeption auf der einen, die Tätigkeit des ‚Avantgarde-Kurators' auf der anderen Seite. Dieser Text über die Entwicklung und Realisierung des Kulturhus ist der Versuch, zu verstehen, wie die beiden unterschiedlichen Ansätze, ihre Sprache und das, was man als Wissenssysteme beschreiben könnte, zusammenkamen, um gemeinsam sowohl ein radikal neues, institutionelles Konzept als auch die eigentliche Konstruktion des Gebäudes voranzutreiben.

KULTUR ALS VERMITTLER SOZIALER VERÄNDERUNG Das Kulturhus in Stockholm ist ein vom Architekten Peter Celsing entworfenes Kulturzentrum, das in enger Zusammenarbeit mit Pontus Hultén entstanden ist, der als sein ‚Erfinder' beschrieben werden könnte. Das Gebäude entwickelte sich aus einer intensiven öffentlichen Debatte heraus, die die Dynamik der Kulturdiskurse der Zeit sowie kulturelle, auf weite Teile Westeuropas einwirkende Transformationen widerspiegelte. Historisch betrachtet ist der Vorschlag für eine Institution wie das Kulturhus das direkte Resultat der im Schweden der 1960er Jahre breit geführten Diskussion darüber, wie das Wohlfahrtssystem den Bedingungen einer sich entwickelnden Konsumgesellschaft begegnen sollte. Wie Untersuchungen zur kulturellen Teilhabe, die sowohl in Schweden als auch von Pierre Bourdieu in Frankreich durchgeführt wurden, zeigten, erreichten die Systeme staatlich subventionierter Kulturversorgung keineswegs alle sozialen Gruppen im gleichen Maße. In Reaktion darauf wollte man mit dem Kulturhus alle symbolischen und funktionalen Hürden beseitigen, die vermeintlich oder tatsächlich an Galerie- oder Theaterbesuche nicht gewöhnte Menschen am Besuch hinderten. Als explizit interdisziplinäre Institution mit einer modernen Kunstgalerie als ‚Rückgrat' geplant, sollte das Kulturhus ‚Kultur' nicht als eine Palette separater Praktiken repräsentieren, sondern als ein einziges, alle Arten intellektueller und kreativer Aktivität umfassendes Phänomen. Umgeben von Kaufhäusern, Banken oder Konzernzentralen und mit Blick auf einen Platz, der sich zu einer modernen Agora entwickeln sollte, einem physischen Zentrum politischer Aktivität im öffentlichen Raum, verkörperte das Kulturhus den Anspruch der Kulturproduzenten, dass ihre Aktivitäten nicht in einer idealen, autonomen Sphäre stattfinden, sondern explizit in politische und ökonomische Fragen eingreifen

Moderna Museet, Stockholm's post-war museum of modern art, and the architect Peter Celsing, an artist-architect operating in the specifically Swedish modern tradition of Gunnar Asplund and Sigurd Lewerentz. Celsing's approach, as learned from his teachers, was that of architecture of mastership handed down from one generation to another one. It is, in other words, one of the great surprises of the design process of the Kulturhus that Celsing engaged thoroughly and passionately with a proposal for a radical questioning of traditional concepts of culture and with finding an architectural expression for this social and political programme.

The origins of this proposal came from the idea of moving Stockholm's Moderna Museet from its temporary home in a former navy building on the idyllic island of Skeppsholmen to the center of the city. This proposal, formulated by Pontus Hultén in 1965, was not merely an initiative for the relocation of the museum, but entailed a radically expanded concept of presenting and engaging with modern art.[1] The new building, which was to be arranged around the permanent collection of the museum, was intended to also offer temporary exhibitions, show films 'connected with the modern arts', and be used for concerts. It was to be open 'from 10 to 10' and people were invited to spend the day inside or pop in for their lunch break or after work. The new building, the 'culture house', was to be a 'kulturellt vardagsrum' (a 'cultural living room') for the city (fig. 12). Hultén developed a more detailed description for this project and published this on a number of occasions in different newspapers, probably to find support across the political spectrum and in public opinion. In various statements Hultén advertised his idea of a new kind of cultural institution as a cultural focus in the center of the city, "offering a pleasurable and festive accent in the otherwise uniform attitude of the area". The Kulturhus, in other words, was conceived as a direct response to the intense questioning of cultural institutions which had been characteristic of the broader societal debates in Sweden and elsewhere in the mid 1960s.

PONTUS HULTÉN: THE MUSEUM AS WORKSHOP Under the directorship of Pontus Hultén, Moderna Museet developed in the mid 1960s into a place for events, musical performances, film screenings, and parties. This practice reflected an interest in the neo-avant-gardes of the period. Hultén mentions that contemporary visual art relied on its close relationships with the performing arts, which in turn are held together by the unifying character of the permanence of the collection.[2] In itself the questioning of boundaries between, say, the visual and performing arts was not unique. The presentation of experimental atonal music, for example, was a reasonably established phenomenon in museums dedicated to contemporary art after World War II. At Moderna Museet, however, the

sollten. Schließlich vereinte das Kulturhus diese Kulturkonzepte zu einer kritischen Kraft, die versprach, die Unterschiede zwischen Profis und Amateuren oder zwischen Kulturproduzenten und dem Publikum verwischen und letztendlich vollkommen verschwinden zu lassen (Abb. 1–2).

BEFRAGUNGEN: DIE PRAXIS DER AVANTGARDE UND DIE ARCHITEKTUR DER STADT Die beiden Hauptakteure der Entstehung des Kulturhus standen für die jeweilige Verfahrensweise der Avantgardekunst und ihrer Präsentation bzw. der Architektur. Es handelte sich um Pontus Hultén, den energiegeladenen, erfolgreichen Direktor von Moderna Museet, des in der Nachkriegszeit in Stockholm entstandenen Museums für moderne Kunst, und den Architekten Peter Celsing, einen Künstler-Architekten, der in der spezifischen Tradition der schwedischen Moderne von Gunnar Asplund und Sigurd Lewerentz arbeitete. Celsings von seinen Lehrern übernommener Ansatz folgte dem Konzept des Architekten als Künstler-Baumeister, dessen implizites Wissen von einer Generation an die nächste weitergegeben wird. So betrachtet ist es eine der großen Überraschungen im Entwurfsprozess des Kulturhus, dass Celsing sich intensiv und leidenschaftlich mit dem Projekt einer radikalen Hinterfragung traditioneller Kulturkonzepte und der Suche nach einem architektonischen Ausdruck für dieses soziale und politische Programm befasste.

Ursprünglich entstand dieses Projekt aus der Idee, das Stockholmer Moderna Museet von seiner temporären Unterbringung in einem ehemaligen Marinegebäude auf der idyllischen Insel Skeppsholmen ins Zentrum der Stadt umzusiedeln. Dieser 1965 von Pontus Hultén vorgeschlagene Plan war nicht nur eine Initiative für den Umzug des Museums, sondern umfasste auch ein radikal erweitertes Konzept der Präsentation von und Beschäftigung mit moderner Kunst.[1] Für das neue Gebäude, in dessen Zentrum die permanente Sammlung des Museums stehen sollte, waren auch temporäre Ausstellungen, Filme, die „mit moderner Kunst zu tun hatten", und Konzerte geplant. Es sollte „von 10 bis 10" geöffnet sein und die Besucher dazu einladen, entweder den ganzen Tag dort zu verbringen oder auch in der Mittagspause oder nach der Arbeit kurz vorbeizuschauen. Das neue Gebäude, das ‚Kulturhaus', sollte das ‚kulturellt vardagsrum' (ein ‚kulturelles Wohnzimmer') der Stadt werden (Abb. 12). Hultén entwickelte eine detailliertere Beschreibung dieses Projekts und veröffentlichte sie verschiedentlich in der Presse, wahrscheinlich um Unterstützung aus dem gesamten politischen Spektrum und der Öffentlichkeit zu bekommen. Hultén warb in verschiedenen Statements für seine Idee einer neuartigen Kulturinstitution, die als kultureller Fokuspunkt im Zentrum der Stadt fungieren sollte, der „einen vergnüglichen und festlichen Akzent in dem ansonsten uniformen Gestus der Umgebung setzen sollte".

3 | Pontus Hultén (rechts) und Kuratoren mit Marcel Duchamp (sitzend) | Pontus Hultén (right) and curators with Marcel Duchamp (seated) 1961

elimination of disciplinary boundaries between creative practices took a different, more radical turn. It questioned the boundaries of what had been referred to as the fine arts and reached out to previously separate, even suspicious areas of popular entertainment. Hultén later explained the reasons for opening up the museum to fields other than those conventionally presented by them, as something 'natural' and fulfilling a tangible need:

"People were capable of coming to the museum every evening; they were ready to absorb everything we could show them. There were times when there was something on every night. We had many friends who were working in music, dance, and theater, for whom the museum represented the only available space, since opera houses and theaters were out of the question – their work was viewed as too 'experimental'. So interdisciplinarity came about all by itself. The museum became a meeting ground for an entire generation."[3]

Yet, despite this commitment to the museum as a site for events, performances, and happenings, Hultén was unequivocal about the crucial importance of the permanent collection if the institution was to take its educational role seriously. In the conversation with Obrist he states: "The collection is the backbone of an institution; it allows it to survive a difficult moment – like when the director is fired." The presence of this collection in the center of the city, visible and accessible to all, would increase the significance of the collection as a representation of memory, ensuring continuity and providing the background for temporary activities (fig. 3–6).

4 | Pontus Hultén Ausstellung | Exhibition 'Bewogen beweging' Stedelijk Museum Amsterdam 1961

Anders gesagt fasste man das Kulturhus als direkte Reaktion auf die intensive Infragestellung von Kulturinstitutionen auf, die für die breite gesellschaftliche Debatte in Schweden und anderswo Mitte der 1960er Jahre so charakteristisch war.

PONTUS HULTÉN: DAS MUSEUM ALS WERKSTATT   Unter der Leitung von Pontus Hultén entwickelte sich das Moderna Museet Mitte der 1960er Jahre zu einem Ort für Veranstaltungen, musikalische Darbietungen, Filmaufführungen und Partys. Diese Praxis spiegelte das Interesse an der damaligen Neo-Avantgarde wider. Hultén merkt an, dass die bildende Kunst sich damals auf ihre enge Verbindung zu den darstellenden Künsten stützte, die wiederum durch die Anwesenheit einer ständingen Sammlung vereint und zusammengehalten wurden.[2] Das Infragestellen der Grenzen zwischen den bildenden und den darstellenden Künsten war eigentlich nichts Ungewöhnliches. Die Präsentation experimenteller atonaler Musik zum Beispiel war ein recht etabliertes Phänomen in den in der Nachkriegszeit entstandenen Museen für moderne Kunst. Im Moderna Museet nahm die Beseitigung der disziplinären Grenzen zwischen den kreativen Praktiken jedoch eine andere, radikalere Wendung. So wurden die Grenzen dessen, was bis dahin als Kunst definiert worden war, hinterfragt und zuvor ausgeschlossene, sogar suspekte Bereiche der populären Unterhaltung mit einbezogen. Später bezeichnete Hultén die Gründe für die Öffnung des Museums für andere als üblicherweise präsentierte Bereiche als etwas ‚Natürliches', das ein konkretes Bedürfnis befriedige:

5 | Jean Tinguely ‚Ballett der Armen' in der Ausstellung | 'Ballet of the Poor' in the exhibition 'Bewogen beweging' 1961

Despite their often explicitly light-hearted and irreverent presentation, the events at Moderna Museet were informed by an educational and enlightening impulse and stemmed from a critical attitude towards consumer society. Many of the exhibitions were not merely showing works of art, but included a large amount of documentary material. The erudite catalog for the exhibition 'Rörelse i konsten' (Movement in the arts) in 1961 includes an extensive discussion of art movements from cubism and Dada to Kinetic art after World War II and underpins the argument by quotations from the writings of, among others, Leibniz, Wittgenstein, Sartre, and Cage. In Hultén's view, this art demonstrated the role of the arts in 1960s Swedish society, exemplifying "a pure anarchy when it is at is most beautiful. As far as one can see it is a part of real life, which has managed to wind itself out of the realms of good or bad, right or wrong, beautiful or ugly." This art, in Hultén's words, is "a piece of pure existence, eternally changing, which does not need to mean anything and does not relate to anything. But it would be wrong to assume that it is not dangerous. It is a latent attack on the established order."[4]

Making large public exhibitions as a pretext for documentary work helped establish Moderna Museet not only as a place of collecting art works, but also as an institution that could generate knowledge and which could address an extended audience. The seriousness of this approach was also evident from the policy of establishing the library and the museum workshops, the essential role of which was emphasised by Hultén. The museum director noted: "This approach to installing exhibitions began to create a phenomenal collective spirit - we could put up a new show in five days. That energy helped protect us when hard times came at the end of the 1960s. After '68, things got rather murky – the cultural

6 | Arne Holm et al. Rekonstruktion des Tatlin Turms | Reconstruction of Tatlin Tower Moderna Museet 1968

„Die Leute konnten jeden Abend in das Museum kommen; sie waren bereit, alles aufzunehmen, was wir ihnen bieten konnten. Es gab Zeiten, in denen jeden Abend etwas auf dem Programm stand. Wir hatten viele Freunde, die im Bereich Musik, Tanz und Theater arbeiteten, für die das Museum der einzig mögliche Auftrittsort war, da die Opernhäuser und Theater nicht in Frage kamen – ihre Arbeit wurde als zu ‚experimentell' betrachtet. So entstand Interdisziplinarität ganz von selbst. Das Museum wurde zum Treffpunkt für eine ganze Generation."[3]

Trotz dieses Bekenntnisses zu dem Museum als Ort für Events, Performances und Happenings trat Hultén eindeutig für die essenzielle Bedeutung der permanenten Sammlung ein, wenn die Institution ihre aufklärerische Rolle ernst nehmen sollte. Im Gespräch mit Obrist merkt er an: „Die Sammlung ist das Rückgrat einer Institution; sie garantiert ihr Überleben auch in schwierigen Momenten – zum Beispiel, wenn ihr Direktor gefeuert wird." Die Präsenz dieser Sammlung im Zentrum der Stadt, sichtbar und für alle zugänglich, würde ihre Bedeutung als Repräsentant der Erinnerung verstärken, Kontinuität garantieren und eine Kulisse für temporäre Aktivitäten bilden (Abb. 3–6).

Trotz ihrer oft explizit heiteren und respektlosen Präsentation waren die Events im Moderna Museet von einem didaktischen, aufklärerischen Impuls geleitet und entsprangen einer kritischen Haltung der Konsumgesellschaft gegenüber. Viele der Ausstellungen zeigten

223

climate was a sad mixture of conservatism and fishy leftist ideologies – museums were vulnerable, but we also withstood the tempest by doing more research-oriented projects." In 1966 'Hej Stad' (Hi, City!) presented the effect of the enormous predicted scale of urbanization on human society. The exhibition had been curated by three young architects, Sture Balgård, Eva Björklund, and Jöran Lindvall, who invited their audience to examine the consequences of the uncontrolled growth of the large cities, especially outside the developed countries, and hugely contrasting with the planning tradition of Sweden. In order to communicate this, the museum was redesigned as a dark interior, a labyrinth, 700 square metres of black plastic foil mounted to temporary walls, against which thousands of images from magazines and newspapers, architectural drawings, and documentary photography were mounted. Electronic music specially composed for the exhibition complemented the presentation of an urban world that was beyond the experiences of most Swedish visitors, raising awareness of the challenges faced by populations of what was becoming known as 'The Third World'. Yet, as the writer Kurt Bergengren noted: "the tone of the exhibition was positive: planning the metropolis was possible".[5]

The next large exhibition at Moderna Museet, 'Hon, en katedral' (She, a cathedral), was a particularly spectacular event. The main feature was the statue of a woman, 27 metres long and lying on her back, conceived by Niki de Saint Phalle, Jean Tinguely, Per Olof Ultvedt, and Hultén himself. Visitors could enter the figure, take a soft drink from a vending machine placed in the belly, watch a man watching TV in the heart, and proceed to an art salon and love tunnel, and a small cinema showing Greta Garbo's first feature film.[6] The art salon in the leg was furnished with "fake old masters".[7] Hultén described the process of conceiving and making the exhibition as a mixture of mischievous play and a tour de force, as far as the production was concerned, leaving artists and staff exhausted on the day of the opening. Initially the Stockholm critics were either unimpressed or plainly baffled; according to Hultén there was no reaction at all in the papers when the exhibition opened. Then, however, "Time wrote a favorable piece and everybody liked her". Through the summer 82,855 visitors came to see the woman and enter her fiberglass body.[8] Hultén and his staff had managed to create their public, and caused a furore. Bergengren remembers the effect of the events in the museum: "Moderna Museet received its shape. One evening a piano was sawn into two and that was music. One summer ladies in narrow skirts climbed their bicycles which were riding engines and that was Movement in the Arts. An art critic copied a famous dada art work called 'The Bride Stripped Bare by Her Bachelors (The Great Glass)' and this was shown side by side with the work of Matisse and Picasso. An egg was being bought for 181 thousand Swedish crowns, causing a storm of letters to the newspapers."

nicht nur Kunstwerke, sondern umfassten auch umfangreiches dokumentarisches Material. Im kenntnisreichen Katalog zu der Ausstellung ‚Rörelse i konsten' (Bewegung in den Künsten) von 1961 findet sich eine extensive Erörterung von künstlerischen Bewegungen von Kubismus und Dada bis hin zur kinetischen Kunst der Nachkriegszeit. Die Ausführungen werden durch Zitate aus Schriften von Leibniz, Wittgenstein, Sartre, Cage und anderen untermauert. Aus Hulténs Sicht verkörperte diese Kunst die Rolle der Künste in der schwedischen Gesellschaft der 1960er Jahre, ein Beispiel „purer Anarchie, wenn sie sich in ihrer schönsten Form darbietet. So weit man sehen kann, ist sie ein Teil des wirklichen Lebens, der sich von der Notwendigkeit der Beurteilung von gut oder schlecht, richtig oder falsch, schön oder hässlich befreien konnte." Diese Kunst ist in Hulténs Worten „ein Stück purer Existenz, das sich permanent verändert, nichts bedeuten muss und sich auf nichts bezieht. Es wäre aber falsch anzunehmen, dass sie ungefährlich ist. Sie ist ein latenter Angriff auf die etablierte Ordnung."[4]

Die Ausrichtung großer öffentlicher Ausstellungen als Deckmantel für dokumentarische Arbeit etablierte das Moderna Museet nicht nur als Ort der Sammlung von Kunstwerken, sondern auch als Institution, die Wissen generieren und ein breiteres Publikum ansprechen konnte. Die Ernsthaftigkeit dieses Ansatzes wurde auch durch die Etablierung der Bibliothek und der Museumswerkstätten evident, deren zentrale Rolle von Hultén unterstrichen wurde. Der Museumsdirektor merkte dazu an: „Diese Herangehensweise an die Einrichtung von Ausstellungen begann, einen phänomenalen kollektiven Geist zu schaffen – wir konnten innerhalb von fünf Tagen eine neue Schau zusammenstellen. Diese Energie schützte uns, als die harten Zeiten Ende der 60er kamen. Nach 68 wurden die Dinge eher trübe – das kulturelle Klima war eine traurige Mischung aus Konservatismus und zweifelhaften linken Ideologien –, die Museen wurden angreifbar, aber wir trotzten dem Sturm, indem wir eher forschungsorientierte Projekte in Angriff nahmen."

1966 thematisierte ‚Hej Stad' (Hi, City!) das als enorm prognostizierte Ausmaß der Auswirkungen der Urbanisierung auf die menschliche Gesellschaft. Die Ausstellung war von den drei jungen Architekten Sture Balgård, Eva Björklund and Jöran Lindvall kuratiert worden, die ihr Publikum dazu aufforderten, die Konsequenzen des unkontrollierten Wachstums großer Städte zu untersuchen, vor allem jener, die außerhalb der ersten Welt lagen und in krassem Gegensatz zu den Planungstraditionen Schwedens standen. Um dies zu kommunizieren, wurde der Innenraum des Museums in ein dunkles Interieur verwandelt, ein Labyrinth aus 700 Quadratmetern schwarzer, auf temporäre Wände aufgebrachter Plastikfolie, auf der Tausende von Bildern aus Magazinen und Zeitungen,

The reference to the storm in the newspapers demonstrated that Hultén's policy of transforming the museum into a center for critical activity and social events was not uncontroversial. As early as the autumn of 1962, a violent debate about the direction of the museum had been played out in public, on the editorial pages of the Stockholm broadsheets. Hultén was attacked for his 'one-sided' acquisition policies and the intellectualism of projects such as the re-enactment of Duchamp's Bride, conceived by the art critic and artist Ulf Linde. For their critics, Hultén and the artists he had attracted towards the museum were "a belligerent group", who could be accused of "anarchism, of using the nihilism of values as a weapon to attack serious art and of aiming at superficial sensationalism, instead of works of art with any real value."[9] The museum director fended off the criticism with confidence: Bergengren describes how Hultén and Derkert welcomed visitors to the museum, and their critics in the press, "arms crossed and tired as if they had just got off their horses after a ride across the ranch in a TV Western".

CULTURAL DISCOURSE AS AN IMPULSE FOR QUESTIONING ARCHITECTURE   The architect Peter Celsing was initially reluctant to join the competition for Sergels Torg, because of the vagueness of the brief.[10] It must have been the conversations with Pontus Hultén on the potential of the site and the possibility of a new type of cultural institution that eventually persuaded Celsing to take the competition seriously. There are no written records of how these conversations developed into the proposal for a Kulturhus, but the accounts of those witnessing the period of the competition suggest that Hultén and Celsing became increasingly engaged in the project.[11] It appears that the architect identified strongly with the programmatic vision of the museum director, while Hultén clearly found Celsing's architectural ideas congenial. That the collaboration of the two men with their different professional backgrounds developed into an extraordinarily productive and close working relationship during the phase of elaborating the design is illustrated by the fact that Hultén came to see Celsing at his office almost daily.

In July 1967, when a definitive decision to build the Kulturhus, had been taken, Hultén and Celsing both contributed an article to the journal 'Arkitektur'. The two texts differ from each other in tone and in the way they argue for the project. Celsing concentrates on the concrete architectural form of his design against the background of the debate on the 'citysanering', whereas Hultén's article makes an argument for the progressive vision of a Kulturhus as a response to developments in artistic and curatorial practice. Despite these differences, both texts appear as a coordinated communication effort, each of them making the case for the project. In his article, Hultén offers an interpretation of the architectural design of the Kulturhus

Architekturzeichnungen und dokumentarische Fotografien befestigt waren. Eigens für die Ausstellung komponierte elektronische Musik ergänzte die Präsentation einer urbanen Welt, die den Erfahrungsbereich der meisten schwedischen Besucher sprengte und diese für die Wahrnehmung der Herausforderungen sensibilisierte, denen sich die Bevölkerung dessen, was als ‚die Dritte Welt' bekannt werden sollte, stellen musste. Dennoch, so merkte der Autor Kurt Bergengren an, „war der Ton der Ausstellung positiv: die Planung der Metropole war möglich."[5]

Die nächste große Ausstellung des Moderna Museet, ‚Hon, en katedral' (Sie, eine Kathedrale), war ein besonders spektakuläres Ereignis. Zentraler Gegenstand war die 27 Meter lange Statue einer auf dem Rücken liegenden Frau, die von Niki de Saint Phalle, Jean Tinguely, Per Olof Ultvedt und Hultén selbst konzipiert worden war. Die Besucher konnten in die Figur hineingehen, einen Softdrink aus einem im Bauch platzierten Automaten ziehen, im Herz einem Mann beim Fernsehen zuschauen und weiter in einen Kunstsalon und Liebestunnel sowie ein kleines Kino, das Greta Garbos ersten Spielfilm zeigte, vordringen.[6] Der Kunstsalon im Bein war mit ‚gefälschten alten Meistern' ausgestattet.[7] Hultén beschrieb den Planungs- und Realisierungsprozess der Ausstellung als eine Mischung aus schalkhaftem Spiel und einer Tour der Force, was die Produktion anging, sodass Künstler und Mitarbeiter den Tag der Eröffnung recht erschöpft erlebten. Zunächst reagierten die Kritiker in Stockholm unbeeindruckt oder einfach ratlos; laut Hultén gab es überhaupt keine Resonanz in den Zeitungen, als die Ausstellung eröffnete. Dann aber „schrieb Time einen positiven Artikel und alle mochten sie". Während des Sommers kamen 82.855 Besucher, um die Frau zu sehen und ihren Fiberglaskörper zu betreten.[8] Hultén und seinen Mitarbeitern war es gelungen, sich ein Publikum zu schaffen und Furore zu machen. Bergengren erinnert sich an die Auswirkungen der Ereignisse im Museum: „Das Moderna Museet fand seine Form. Eines Abends wurde ein Klavier in zwei Teile zersägt und das war Musik. Eines Sommers bestiegen Damen in engen Röcken ihre Fahrräder, die Maschinen antrieben und das war Bewegung in der Kunst. Ein Kunstkritiker kopierte ein berühmtes Dada-Kunstwerk, Die Braut, von ihren Junggesellen entkleidet, sogar (Das große Glas), das Seite an Seite mit Arbeiten von Matisse und Picasso gezeigt wurde. Ein Ei wurde für 181.000 Schwedische Kronen gekauft und löste eine Flut von Leserbriefen in den Zeitungen aus."[9]

Die Erwähnung der Leserbriefflut zeigt, dass Hulténs Politik der Umwandlung des Museums in ein Zentrum für kritische Aktivitäten und soziale Events nicht unumstritten war. Schon im Herbst 1962 war in den Leitartikeln der großen Stockholmer Zeitungen

as a modern reworking of archetypical forms, describing the main volume as 'mur-hus', a 'wall house', that reminds him of troglodyte houses in Central France. Unlike the inhabited pre-historic caves, the new wall house presents its contents in a zone of glass, its interior rendered fully visible to the square and the city, but held together by the monumental wall behind it. The combination of the solidity of concrete and the openness of the glass is presented not only as new, but also as a solution establishing the Kulturhus as a unique object, distinguishing itself from the "structurally and intellectually standardized" buildings dominating modern city centers.

Celsing, by contrast, describes the Kulturhus in more conventional terms as "a department store, flexible and adaptable to new situations". Indeed, the glass façade was reminiscent of the curtain wall enveloping the PUB department store situated nearby and built in 1960 according to a design by Erik and Tore Ahlsén. In Celsing's description, the transparent façade becomes an essential element in the strategy to position the Kulturhus as different from traditional cultural institutions. "The façade [...] which actually only indicates various activities within a technically conditioned framework, illustrates my attitude, which might be applied to the whole area of Nedre Norrmalm [the area of Central Stockholm where the building is situated, CG], that in the urban plan a consideration of the localization of activities is the primary concern." Celsing's view of the Kulturhus as a building fully connected to its surrounding city is illustrated by references to the open entrance situations and the visual connections to the city: "It was the aim of the Kulturhus to expose its activities through building up a series of levels with more or less the same freedom and opportunities for contact as the large city square has to offer, and it is this ambition that has provided the structural logic of the building. The fact that it has been possible to render both the one and the other into this design perhaps testifies to the fact that the Kulturhus has spontaneously given expression to something which is not indifferent, but marked by the adventure and excitement that a new objective entails – giving the center of the metropolis a richer content."[12]

The Kulturhus was to be a house for everyone. However, if one reads the articles by Hultén and Celsing more carefully, there is also a certain contradiction. While explicitly addressing the 'man in the street', the concrete proposals clearly privilege a sector of cultural commerce almost catering to an educated, wealthy, middle-class public. This contradiction is also reflected in the references to the informal cultural activities and types of entertainment to be found at the Kulturhus. Hultén's list includes activities such as listening to recorded lectures on cubism, Italian neo-realism, or atonal music and using a jazz

eine heftige Debatte um die Ausrichtung des Museums entbrannt. Hultén wurde wegen seiner ‚einseitigen' Ankaufspolitik und des Intellektualismus von Projekten wie der von dem Kunstkritiker und Künstler Ulf Linde konzipierten Nachbildung von Duchamps Braut angegriffen. In den Augen ihrer Kritiker waren Hultén und die Künstler, die er für das Museum gewonnen hatte, eine ‚aggressive Gruppe', die des „Anarchismus, des nihilistischen Gebrauchs von Werten, der sich gegen die ernsthafte Kunst wendet, und des Abzielens auf oberflächliche Sensationen anstelle von Kunstwerken von wirklichem Wert" zu bezichtigen war.[9] Der Museumsdirektor wehrte die Kritik selbstbewusst ab: Bergengren beschreibt, wie Hultén und Derkert sowohl Museumsbesuchern als auch Pressekritikern mit „verschränkten Armen und müde, so als wären sie in einem Fernsehwestern gerade erst nach einem Ritt über die Ranch von ihren Pferden gestiegen" entgegentraten.

DER KULTURELLE DISKURS ALS IMPULS ZUR HINTERFRAGUNG DER ARCHITEKTUR Der Architekt Peter Celsing hatte ursprünglich gezögert, an dem Wettbewerb für den Sergels Torg teilzunehmen, weil ihm das Konzept sehr vage erschien.[10] Es müssen die Gespräche mit Pontus Hultén über das Potenzial des Ortes und die Möglichkeiten eines neuen Typs von Kulturinstitution gewesen sein, die Celsing schließlich dazu brachten, den Wettbewerb ernst zu nehmen. Es gibt keine Aufzeichnungen darüber, wie diese Gespräche schließlich in den Entwurf für das Kulturhus einflossen, aber die Berichte der Zeitzeugen des Wettbewerbs legen nahe, dass Hultén und Celsing sich mehr und mehr für das Projekt engagierten.[11] Es scheint, dass der Architekt sich sehr mit der programmatischen Vision des Museumsdirektors identifizierte, während Hultén sich Celsings architektonischen Ideen anschließen konnte. Die Tatsache, dass Hultén Celsing fast jeden Tag in seinem Büro aufsuchte, zeigt, dass die Zusammenarbeit der beiden Männer mit ihren unterschiedlichen beruflichen Hintergründen sich während der Entwurfsausarbeitung zu einer außergewöhnlich produktiven und engen Arbeitsbeziehung entwickelte.

Im Juli 1967, als die definitive Entscheidung zum Bau des Kulturhuset gefallen war, schrieben sowohl Hultén als auch Celsing einen Beitrag für die Zeitschrift ‚Arkitektur'. Die beiden Texte unterscheiden sich im Ton und in der Art und Weise, wie sie für das Projekt eintreten. Celsing konzentriert sich vor dem Hintergrund der Debatte um die Stadtsanierung auf die konkrete architektonische Form seines Entwurfs, während Hulténs Artikel sich für die fortschrittliche Vision eines Kulturhauses als Reaktion auf die Entwicklungen in der künstlerischen und kuratorischen Praxis stark macht. Trotz dieser Unterschiede wirken die beiden Texte wie ein koordinierter Kommunikationsversuch, der für das Projekt werben sollte.

7 | Peter Celsing Skizze des Kilen Theaters | Sketch of the Kilen theatre 1971

studio, all of these activities taken up by the progressive middle classes who had found a social and cultural home in Moderna Museet. His references, in other words, remain firmly within the accepted limits of the modern avant-garde. Peter Celsing, by contrast, shows himself more at ease with popular forms of culture and explicitly invites a wide range of leisure and entertainment activities, such as the brass bands and displays of amateur art.

In their articles, Celsing and Hultén describe and picture the Kulturhus as a building and as an everyday reality. It was most probably Hultén whose contribution was decisive, as he had already experimented for some years with opening up the existing Moderna Museet to new forms of arts practice. But Celsing's statement shows that the architect had adopted this vision with enthusiasm. Compared to the abstract terms which dominate Hultén's statement, the narrative is concrete and suggests that it was the architect who had an acute sense of how the building needed to fit into the existing city. His description of how the Kulturhus was to become a building that could attract people with different social and cultural backgrounds is vivid and concrete. Celsing explicitly embraces the large city, both in its traditional nineteenth-century form and in its post-war incarnation, for its complexity, anonymity, and openness. Perhaps it is this faith in the beneficial effects of human contact, the adventure and excitement of the variety of the modern metropolis, that allowed the architect to develop his particular architectural approach to the Kulturhus. The reference to informal and popular entertainment and to the established commercial patterns, which he wished to retain, extended the scope of the building beyond curatorial innovations. This broader, more open-minded concept of

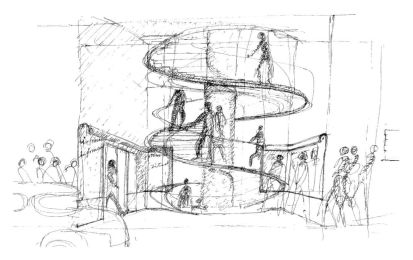

8 | Peter Celsing Skizze der Haupttreppe | Sketch of the main staircase 1971

Hultén interpretiert in seinem Artikel den Architekturentwurf des Kulturhus als moderne
Variante archetypischer Formen und beschreibt dessen Hauptvolumen als ‚mur-hus', ein
‚Mauerhaus', das ihn an die Höhlenwohnungen in Zentralfrankreich erinnert. Anders als
die bewohnten prähistorischen Höhlen präsentiert das neue Mauerhaus sein Innenleben
in einer Zone aus Glas. Das Innere ist vom Platz und der Stadt aus vollkommen einseh-
bar, wird jedoch durch die monumentale Mauer im Hintergrund zusammengehalten. Die
Kombination aus der Solidität des Betons und der Offenheit des Glases beschreibt er nicht
nur als neuartig, sondern auch als eine Lösung, die das Kulturhus als einzigartiges Objekt
etabliert, das sich von den ‚strukturell und intellektuell standardisierten', die modernen
Stadtzentren dominierenden Gebäuden unterscheidet.

Celsing hingegen beschreibt das Kulturhus in eher konventionellen Begriffen als „ein Wa-
renhaus, flexibel und auf neue Situationen anpassbar". Tatsächlich erinnert die Glasfas-
sade an die Vorhangfassade des PUB-Kaufhauses, das 1960 nach einem Entwurf von Erik
und Tore Ahlsén in der Nähe entstanden war. Celsing beschreibt die transparente Fassade
als essenziell für die Strategie, das Kulturhaus von traditionellen kulturellen Institutionen abzuheben. „Die Fassade, [...] die eigentlich nur verschiedene Aktivitäten innerhalb
eines technisch bedingten Systems sichtbar macht, illustriert meinen Ansatz, der auf das
gesamte Gebiet der Nedre Norrmalm (das Gebiet im Stadtzentrum Stockholms, in dessen
Zentrum sich das Gebäude befindet, CG) angewendet werden könnte, dass nämlich in der
Stadtplanung die Berücksichtigung der Verortung von Aktivitäten von vorrangiger Bedeutung ist." Celsing verdeutlicht seine Auffassung des Kulturhuses als vollkommen mit

9 | Peter Celsing Skizze für ein Straßentheater aus einem Container | Sketch for a street theatre made from a container 1971

the building as a series of public spaces is very strongly apparent in the sketches Celsing made of everyday situations that were to occur in the new building and its surroundings.

With these sketches, Celsing opened a completely new trajectory in the communication of the project. Vivid depictions of crowds gathering around street performers or of variety performers occupying the stage of the popular theater 'Kilen' envisaged by the architect (but never quite realized) appeared alongside more traditional sketches of the staircase. One specific series of sketches is particularly significant. Faced with opposition from activists, who in the early 1970s questioned the whole idea of the Kulturhus, Celsing showed how his building could act as a home base for a decentralized cultural provision, with containers facilitating theatre performance in the various parts of the city. Celsing here used his own means to engage in the debate about the role of architecture as a backdrop for cultural action, but was also trying to defend his own design (fig. 7–10).

ARCHITECTURE AS AN AGENT OF SOCIAL CHANGE In the process of realizing the Kulturhus, the original radical concept of the institution was watered down. In the course of 1967 Hultén was increasingly sidelined and eventually left the scene altogether to take up the job of the first director of the Centre Pompidou in Paris. Even so, the Stockholm project constitutes a unique attempt at renegotiating the role of culture in a developed consumer society, which ultimately might have involved a radical questioning of the definitions of productive and creative labor and the value of the cultural industries. Hultén did not explicitly state that a revolutionary overhaul of the political and economic arrangements of

seiner Umgebung verbundenes Gebäude durch Bezugnahmen auf die offene Eingangssitu-
ation und die Sichtverbindungen zur Stadt: „Ziel war es, die Aktivitäten des Kulturhus auf
mehreren, übereinander konstruierten Ebenen zu zeigen, die mehr oder weniger die gleichen Freiheiten und Kontaktmöglichkeiten bieten wie der große Stadtplatz. Daraus ergab
sich die strukturelle Logik des Gebäudes. Die Tatsache, dass sowohl das eine wie auch das
andere in den Entwurf einfließen konnte, bestätigt vielleicht, dass das Kulturhus spontan
etwas Ausdruck verliehen hat, das nicht indifferent ist, sondern durch das Wagnis und die
Begeisterung gekennzeichnet ist, das durch eine neue Zielsetzung ausgelöst wird und so
das Zentrum der Metropole bereichert."[12]

Das Kulturhus sollte ein Haus für jedermann sein. Wenn man allerdings die Artikel von
Hultén und Celsing genauer liest, stößt man auf einen gewissen Widerspruch. Während
der ‚einfache Mann von der Straße' angesprochen wird, geben die konkreten Vorschläge
einem kommerziellen Kultursektor den Vorzug, der eher auf ein gebildetes, wohlhabendes
Mittelklasse-Publikum ausgerichtet scheint. Dieser Widerspruch zeigt sich auch in den
Referenzen auf die informellen kulturellen Aktivitäten und Unterhaltungsangebote, die
sich im Kulturhus finden. Hulténs Liste umfasst Aktivitäten wie das Anhören von aufge-
zeichneten Vorträgen über Kubismus, italienischen Neo-Realismus oder atonale Musik
und die Nutzung eines Jazzstudios – lauter Angebote, die von der progressiven Mittel-
klasse wahrgenommen wurden, die schon im Moderna Museet eine soziale und kulturelle
Heimat gefunden hatte. Genau genommen bleiben seine Bezüge also streng innerhalb
der akzeptierten Grenzen der modernen Avantgarde. Celsing hingegen zeigt sich Formen
der Populärkultur gegenüber offener und lädt explizit zu einer ganzen Reihe von Frei-
zeit- und Unterhaltungsaktivitäten ein, wie etwa Blaskapellen und Ausstellungen von
Amateurkunst.

In ihren Artikeln beschreiben Celsing und Hultén das Kulturhus als Gebäude und als all-
tägliche Wirklichkeit. Höchstwahrscheinlich war Hulténs Beitrag dazu ausschlaggebend,
da er sich am Moderna Museet schon einige Jahre zuvor um die Öffnung für neue Formen
der Kunstpraxis bemüht hatte. Celsings Statement zeigt allerdings, dass der Architekt diese
Vision weitgehend übernommen hatte und sich mit ihr identifizierte. Verglichen mit den
abstrakten Begriffen, die Hulténs Artikel bestimmen, ist seine Schilderung konkret und
legt nahe, dass es das sichere Gespür des Architekten war, das die Eingliederung des Gebäudes in die existierende Stadt ermöglichen sollte. Lebendig und konkret beschreibt er
das Kulturhus als Gebäude, das Menschen mit unterschiedlichem sozialen und kulturellen
Hintergrund anziehen sollte. Celsing bricht explizit eine Lanze für Komplexität, Anonymität

10 | Peter Celsing Skizze für ein Straßentheater aus einem Container | Sketch for a street theatre made from a container 1971

society was seriously intended. The proposal of a building where fundamental rules of relations of power would be suspended did, however, imply the proposal of culture as an agent
of critique, stepping out of its traditional territory and radically questioning the political
and economic model of the Swedish welfare state. That such a proposal should have been
seriously considered and materialized in a building project invests the Kulturhus with a historically unique status among the many cultural centers of the 1960s in Western Europe.
The Kulturhus is the product of the encounter of two personalities with strong convictions
and established social and cultural positions, and of an engagement between them that is
rather unique in the European architecture of the 1960s. The fact that Celsing was both open
to Hultén's cultural agenda, and managed to integrate it into his own interest in anchoring
modern architectural projects in longer traditions, invests the Kulturhus with a particular
richness, embodying both the shift of Swedish society towards a radical egalitarianism and
a subtle resistance against the elimination of historical urban relationships and associations.
It is this particular contribution of an architect, whose maturity and formal confidence as a
designer allowed him to collaborate productively with Hultén and artists from other disciplines, that elevates the Kulturhus from being a manifestation of egalitarianism in Swedish
culture in the late 1960s and early 1970s.

und Offenheit der Großstadt, sowohl in ihrer traditionellen Form des 19. Jahrhunderts als auch in ihrer Nachkriegsgestalt. Vielleicht ist es dieser Glaube an die positiven Effekte des zwischenmenschlichen Kontakts, des Wagnisses und der Begeisterung für den Varianten-reichtum der modernen Metropole, die es dem Architekten ermöglichten, seine spezielle architektonische Herangehensweise an das Kulturhus zu entwickeln. Die Einbeziehung in-formeller und populärer Unterhaltung sowie etablierter kommerzieller Strukturen, die er erhalten wollte, eröffnete dem Gebäude neue Möglichkeiten jenseits kuratorischer Inno-vationen. Das erweiterte, aufgeschlossenere Konzept des Gebäudes als Abfolge von öffent-lichen Räumen wird sehr deutlich in den Skizzen, die Celsing von alltäglichen Situationen anfertigte, die in dem neuen Gebäude und seiner Umgebung entstehen sollten. Mit diesen Skizzen eröffnete Celsing der Vermittlung des Projekts eine vollkommen neue Ebene. Le-bendige Darstellungen von Menschenmengen, die sich um Straßenkünstler scharen, oder von Varietédarstellern, die sich auf der Bühne des Volkstheaters ‚Kilen' versammeln, – vom Architekten geplant, aber nie so recht umgesetzt – standen neben eher traditionellen Skizzen vom Treppenhaus. Eine Serie von Zeichnungen war besonders bezeichnend. Kon-frontiert mit der Kritik von Aktivisten, die in den frühen 1970ern die ganze Idee des Kul-turhauses infrage stellten, zeigte Celsing, wie sein Gebäude durch Container, die Theater-aufführungen in verschiedenen Teilen der Stadt ermöglichten, zum Ausgangspunkt für eine dezentralisierte kulturelle Versorgung werden könnte. Celsing nutzte hier die ihm eigenen Mittel, um sich in die Debatte über die Rolle der Architektur als Kulisse für kulturelle Ak-tivitäten einzubringen, versuchte jedoch auch, seinen Entwurf zu verteidigen (Abb. 7–10).

ARCHITEKTUR ALS VERMITTLER SOZIALER VERÄNDERUNGEN   Im Realisierungsprozess des Kulturhus verwässerte sich das ursprüngliche, radikale Konzept der Institution. Im Lauf des Jahres 1967 wurde Hultén zunehmend ausgegrenzt und verließ schließlich das Unternehmen ganz, um als erster Direktor des Centre Pompidou in Paris tätig zu werden. Doch auch so stellt das Stockholmer Projekt einen einzigartigen Versuch dar, die Rolle der Kultur in einer entwickelten Konsumgesellschaft neu zu verhandeln, was letztlich zu einer radikalen Hinterfragung der Definition von produktiver und kreativer Arbeit und des Werts der Kulturindustrie hätte führen können. Hultén sprach nicht ausdrücklich von einer ernsthaft beabsichtigten revolutionären Revision des politischen und ökonomischen Gefüges der Gesellschaft. Der Plan für ein Gebäude, in dem die grundlegenden Regeln der Machtverhältnisse aufgehoben wären, implizierte eine Vorstellung von Kultur als Ver-mittler einer Kritik, die über ihren traditionellen Rahmen hinausgeht und das politische und ökonomische Modell des schwedischen Wohlfahrtsstaats radikal hinterfragt. Dass ein solcher Vorschlag ernsthaft in Betracht gezogen und sich als Gebäudeprojekt materiali-

11 | Peter Celsing Skizze für ein Straßentheater aus einem Container | Sketch for a street theatre made from a container 1971

The building, therefore, is not merely a radical institutional concept for the march towards a just society, but an urban artefact. It represents a moment of social and cultural experiment, yet it also makes connections to the past, using its city as a repository of urban precedents and establishing associations with existing buildings. By absorbing different images, from a department store or palace to a prehistoric wall or a living room (all these references being offered by the architect and critics), the Kulturhus evokes not only a multiplicity of meanings. It also reveals itself as a building that has retained its original significance as a social condenser for an egalitarian culture and as a monument that, at the same time, detaches itself from this purpose. As such, and despite the absence of an explicit connection to Aldo Rossi's Architecture of the City, the Kulturhus emerges as a rare example of a building that succeeds in retaining its position as an enduring collective monument, a Palazzo della Ragione produced by what was probably the most developed European welfare state at the time of its construction. Is the Kulturhus the outcome of design as a reflexive practice? One could argue that Peter Celsing's understanding of architectural design as a practice that is both artistic and professional is far too intuitive to warrant being described as reflexive. After all, Celsing never quite analyzed or even theo-

sieren sollte, verleiht dem Kulturhus einen historisch einmaligen Status unter den vielen in den 1960ern entstandenen Kulturzentren Westeuropas.

Das Kulturhus ist das Ergebnis der Begegnung zweier Persönlichkeiten mit starken Überzeugungen und etablierten sozialen und kulturellen Positionen sowie ihrer in der europäischen Architektur der 1960er Jahre recht einzigartigen Kooperation. Celsings Offenheit für Hulténs kulturelle Agenda sowie sein Vermögen, diese mit seinem Anspruch der Verankerung moderner Architekturprojekte in ältere Traditionen zu verknüpfen, verleiht dem Kulturhaus eine besondere Vielfalt. Hierin spiegelt sich sowohl die Tendenz der schwedischen Gesellschaft hin zu einem radikalen Egalitarismus als auch ein subtiler Widerstand gegen die Eliminierung historischer urbaner Beziehungen und Verbindungen. Eben dieser Beitrag eines Architekten, dessen Reife und formales Selbstvertrauen als Entwerfer ihm die produktive Zusammenarbeit mit Hultén und Künstlern anderer Disziplinen ermöglichten, bewahrte das Kulturhus davor, eine Manifestation des Egalitarismus der schwedischen Kultur der späten 1960er und frühen 1970er Jahre zu werden.

Daher ist das Gebäude nicht nur eine radikal konzipierte, den Weg zu einer gerechten Gesellschaft ebnende Institution, sondern auch ein urbanes Artefakt. Es repräsentiert ein soziales und kulturelles Experiment, stellt aber auch Verbindungen zur Vergangenheit her, indem es die Stadt als Aufbewahrungsort urbaner Paradigmen begreift und Beziehungen zu bereits existierenden Gebäuden herstellt. Durch die Integration verschiedener Bilder, vom Kaufhaus oder Palast über die prähistorische Mauer bis zum Wohnzimmer (all diese Bezüge stammen sowohl vom Architekten als auch den Kritikern), evoziert das Kulturhus nicht nur vielfältige Bedeutungen. Es erweist sich auch als Gebäude, das sich einerseits seine ursprüngliche Bedeutung als sozialer Kondensator für eine egalitäre Kultur erhalten hat, andererseits ein sich von diesem Zweck lösendes Monument ist. Dadurch erscheint das Kulturhus trotz des Fehlens einer expliziten Verbindung zu Aldo Rossis Architektur der Stadt als rares Beispiel für ein Gebäude, dem es gelingt, sich seinen Status als dauerhaftes kollektives Monument zu erhalten, ein Palazzo della Ragione, der von dem wohl höchstentwickelten europäischen Sozialstaat seiner Zeit realisiert wurde.

12 | Peter Celsing Interior Kulturhuset Stockholm 2014

rized his design approach. If the design process of the Kulturhus can be seen as reflexive, and I would argue that this is justified, it is because of the interaction between different practices and a variety of cultural, political, and artistic discourses which are directly addressed in the conversations between Pontus Hultén and Peter Celsing, and which were published and publicized. These discourses – on the role of culture in society, on new in-stitutional models, on the contribution of the building to Stockholm's urban life, to name just three – were thrust upon the architect, who addressed them with the instruments he felt most comfortable with: sketches, drawings, models, and written statements. Despite Celsing's understanding of himself as an architect, the design therefore is the product of an intensive and continuous interrogation, of ideas launched in the public domain, to be discussed, discarded, and altered. The Kulturhus, as an institution that was based on the idea of culture as reflexive practice, could not become a building without being questioned and altered along the way. Perhaps it is an illustration of how architectural design is, or even has to be, reflexive, despite its ingrained tendency to fend off being questioned and questioning.

Ist das Kulturhus nun Ergebnis einer reflexiven Entwurfspraxis? Man könnte argumentieren, dass Peter Celsings Verständnis des architektonischen Entwerfens als sowohl künstlerische als auch professionelle Praxis zu intuitiv ist, um als reflexiv beschrieben zu werden. Letztlich hat Celsing seinen Entwurfsansatz nie richtig analysiert oder gar theoretisiert. Wenn man den Entwurfsprozess des Kulturhuses als reflexiv bezeichnen kann – was durchaus gerechtfertigt ist –, dann beruht dies auf der Interaktion zwischen verschiedenen Verfahrensweisen und einer Vielzahl kultureller, politischer und künstlerischer Diskurse, die in den Gesprächen zwischen Pontus Hultén und Peter Celsing direkt thematisiert sowie publiziert und publik gemacht wurden. Diese Diskurse – über die Rolle der Kultur in der Gesellschaft, über neue institutionelle Modelle, über den Beitrag des Gebäudes zum Stockholmer Stadtleben, um nur drei zu nennen – ‚warfen' sich dem Architekten entgegen, der ihnen mit den Instrumenten begegnete, die ihm am vertrautesten waren: Skizzen, Zeichnungen, Modelle und geschriebene Beiträge. So ist der Entwurf trotz Celsings Selbstverständnis als Architekt das Produkt einer intensiven und anhaltenden Auseinandersetzung mit von der Öffentlichkeit angestoßenen Ideen, die diskutiert, verworfen und verändert werden sollten. Das Kulturhus als auf der Idee von Kultur als reflexive Praxis basierende Institution konnte nicht gebaut werden, ohne während des Entstehungsprozesses infrage gestellt und verändert zu werden. Vielleicht veranschaulicht es, inwiefern architektonisches Entwerfen reflexiv ist – oder sogar sein sollte, trotz der ihm eigenen Tendenz, Infragestellungen und Fragen abzuwehren.

ANMERKUNGEN NOTES **1** Pontus Hultén, Moderna Museet i centrum, in: Dagens Nyheter, 17.2.1965 **2** N.N. (ed.), Önskemuseet, Stockholm: Moderna Museet 1963, 8 **3** Hans-Ulrich Obrist, The Hang of it – museum director Pontus Hultén (Interview), in: ArtForum (1997)/April, 77 **4** Pontus Hultén, Introduction to Rörelse i konsten, Stockholm: Moderna Museet 1961, passim **5** Die Botschaft der Ausstellung scheint der 2006 von Richard Burdett kuratierten Hauptausstellung für die Biennale Venedig sehr ähnlich gewesen zu sein. Bergengren merkt auch an, dass von den Kuratoren in Stockholm keine Lösungen für die von ihnen signalisierten Probleme angeboten wurden. | The message of the exhibition seems to have been very similar to the main show curated by Richard Burdett at the 2006 Venice Biennale. Bergengren also notes that the curators in Stockholm were not offering any concrete solutions to the problems they signalled. | Kurt Bergengren, När skönheten kom till city, Stockholm: Aldus 1976, 175 **6** ibid., 176 **7** Obrist op.cit. (Anm. 3 | note 3), 79 **8** Bergengren op.cit. (Anm. 5 | note 5), 176 **9** Lars Gustafsson, The Public Dialogue in Sweden – Current issues of Social, Esthetic and Moral Debate, Stockholm: Norstedt 1964, 75 **10** Jan Henriksson, Arbetet på kontoret, in: Peter Celsing. En bok om en arkitekt och hans verk, Stockholm: Arkitekturmuseet 1980, 100 **11** Gespräche des Autors mit | Conversations of the author with | Per Ahrbom & Johan Celsing, 18/20 April 2005 **12** Peter Celsing, Struktur för Kultur, in: Arkitektur 7(1967), 355–357

APPENDIX

BIOGRAFIEN | BIOGRAPHIES

Margitta Buchert, Leibniz Universität Hannover, ist Professorin für Architektur und Kunst 20./21. Jahrhundert am Institut für Geschichte und Theorie der Architektur an der Fakultät für Architektur und Landschaft. Lehrinhalte fokussieren Architekturtheorie, Entwurfstheorie, Grundlagen der Gestaltung sowie Spannweiten der Moderne. Forschungsschwerpunkte bilden ‚Reflexives Entwerfen', ‚Urbane Architektur' sowie Ästhetik und Kontextualität von Architektur, Kunst, Stadt und Natur. | **Margitta Buchert**, Leibniz Universität Hannover, is professor in Architecture and Art 20th/21st Centuries at the Institute of Architectural History and Theory in the Faculty of Architecture and Landscape Sciences. The contents focus on architectural theory, design theory, and design principles. The primary fields of research are 'reflexive design', 'urban architecture', as well as the aesthetics and contextuality of architecture, art, cities, and nature. Selected publications include | Auswahl an Publikationen: Margitta Buchert/Laura Kienbaum (eds.), Einfach Entwerfen. Simply Design, Berlin: Jovis 2013; Margitta Buchert, Archive. Zur Genese architektonischen Entwerfens, in: Fakultät für Architektur und Landschaft/ Leibniz Universität Hannover (eds.), hochweit 12, Hannover: Internationalismus Verlag 2012, 9–15; Formen der Relation. Entwerfen und Forschen in der Architektur, in: Ute Frank et al. (eds.), EKLAT, Berlin: Universitätsverlag 2011, 76–86; Mobile und Stabile, in: Anett Zinsmeister (ed.), Gestalt der Bewegung. Figure of motion, Berlin: Jovis 2011, 50–73; Actuating. Koolhaas' urban aesthetics, in: Jale Erzen (eds.), Mimarlikta Estetik Düsünce, Ankara: SANART 2010, 223–231; Margitta Buchert/Carl Zillich (eds.), Performativ? Architektur und Kunst, Berlin: Jovis 2007.

Christoph Grafe, seit 2013 Professor für Architekturgeschichte und –theorie an der Bergischen Universität Wuppertal. Studium der Architektur an der TU Delft und Architekturgeschichte und -theorie an der Architectural Association School in London. Neben mehrjähriger Praxis in Architekturbüros in Amsterdam und Lehraufträgen in Mailand, London und Antwerpen von 1999 bis 2013 tätig als Associate Professor an der TU Delft. Leitet seit 2011 das Flämische Architekturinstitut in Antwerpen. Herausgeber der Zeitschrift OASE seit 1992. Forschungsschwerpunkte bilden u.a. europäische Kulturzentren der Nachkriegszeit. | **Christoph Grafe**, professor in architecture history and theory at the 'Bergische Universität Wuppertal' since 2013. Studied architecture at the TU Delft and architecture history and theory at the Architectural Association School in London. In addition to several years of experience in architectural practices in Amsterdam and lectures in Milan, London, and Antwerp, he has been associate professor at the TU Delft from 1999 to 2013. Head of the Flemish Architecture Institute in Antwerp

since 2011. Editor of OASE since 1992. A main research interest is post-war European cultural centers. Selected publications include | Auswahl an Publikationen: People's Palaces. Architecture Culture and Democracy in two cultural centres in post-war Europe, Amsterdam: Heritage Consultants 2010; Christoph Grafe/Franziska Bollerey (eds.), Cafés and Bars. The architecture of sociability, London: Routledge 2007; Christoph Grafe/Bernard Leupen et al., Design and Analysis, New York: Van Nostrand Reinhold 1997; Christoph Grafe/Michael Speaks, Nine + One. Ten young Dutch architectural offices, Rotterdam: NAI Publishers 1997; Christoph Grafe/Nicola Körnig/Marc Lampe et al. (eds.), Ontwerp en analyse, Rotterdam: NAi Publishers 1995.

Alban Janson studierte Architektur in Darmstadt und Karlsruhe. Studium der Freien Kunst in Frankfurt. Seit 1989 als Architekt selbstständig, gemeinsames Büro für Architektur und Stadtplanung mit Sophie Wolfrum. Seit 1994 Professor für Grundlagen der Architektur an der Universität Karlsruhe (KIT). Forschung und Publikationen im Rahmen einer Phänomenologie der Architektur. | **Alban Janson** studied architecture in Darmstadt and Karlsruhe and fine arts in Frankfurt. Since 1989 he runs an office for architecture and urban design together with Sophie Wolfrum. Professor in architecture at the University of Karlsruhe (KIT) since 1994. Research and publications on a phenomenology in architecture. Selected publications include | Auswahl an Publikationen: Alban Janson/Florian Tigges, Fundamental Concepts of Architecture. The Vocabulary of Spatial Situations, Basel: Birkhäuser 2014; Grundbegriffe der Architektur: Das Vokabular räumlicher Situationen, Berlin: Birkhäuser 2013; Alban Janson/Carsten Krohn/Le Corbusier. Unité d'habitation, Marseille, Fellbach: Edition Axel Menges 2008; Angelika Jäkel/Alban Janson (eds.), Mit verbundenen Augen durch ein wohlgebautes Haus: Zur szenischen Kapazität von Architektur, Frankfurt: Peter Lang 2007; Alban Janson, Vergewisserung und Piraterie, in: Fakultät für Architektur und Landschaft/Leibniz Universität Hannover (eds.), hoch 6, Hannover: Internationalismus Verlag 2006, 35–41; Alban Janson/Thorsten Bürklin, Auftritte. Interaktionen mit dem architektonischen Raum. Die Campi Venedigs; Interaction with Architectural Space: the Campi of Venice, Berlin et al.: Birkhäuser 2002.

Wolfgang Jonas studierte Schiffbau an der Technischen Universität Berlin. 1984 Promotion über die Formoptimierung von Strömungskörpern, 1994 Habilitation für Designtheorie. Seit 1994 Professuren in Halle, Bremen und Kassel. Seit 2010 Professor für Designwissenschaft an der

HBK Braunschweig. Arbeitsschwerpunkte sind Designmethodik, systemische und Szenarioansätze, sowie die Entwicklung des Konzepts ,Forschung durch Design'. | **Wolfgang Jonas** studied shipbuilding at the TU Berlin. 1984 doctorate on the forming optimization of flow profiles, 1994 habilitation treatise on design theory. Appointed to professorships in Halle, Bremen, and Kassel since 1994. Since 2010 professor of design sciences at HBK Braunschweig. Fields of research include design methods, systemic and scenario approaches and the development of the concept 'Research through design'. Selected publications include | Auswahl an Publikationen: Wolfgang Jonas et al., Thinking Design. Transdisziplinäre Konzepte für Planer und Entwerfer, Basel: Birkhäuser, 2013; Wolfgang Jonas/Felicidad Romero-Tejedor, Positionen zur Designwissenschaft, Kassel: Kassel University Press 2010; Wolfgang Jonas/Jan Meyer-Veden, Mind the Gap! On knowing and not-knowing in design, Bremen: Hauschild Verlag 2004; Design – System – Theorie. Überlegungen zu einem systemtheoretischen Modell von Design-Theorie, Essen: Verlag die blaue Eule 1994; Schiffe Sehen. Ein Versuch zu Technik und Ästhetik, Berlin: Hochschule der Künste 1991.

Angelika Schnell ist Architekturtheoretikerin und -historikerin. Studium der Theaterwissenschaften und Architektur in München, Berlin und Delft. 1993 bis 2001 Redakteurin der Architektur- und Städtebauzeitschrift ARCH +. Seit 1999 Lehrtätigkeit in Architekturgeschichte, -theorie und Entwurf an der Staatlichen Akademie der Bildenden Künste Stuttgart und den Universitäten Berlin, Groningen und Innsbruck; seit Oktober 2009 Professur an der Akademie der bildenden Künste Wien. Forschungsschwerpunkte bilden: Architektur und Städtebau 20. Jahrhundert; Architekturtheorie der 1960er und 70er Jahre; Medien und Architektur; Entwurfsmethoden in der Architektur. | **Angelika Schnell** works in architectural theory and history. She studied dramatics and architecture in Munich, Berlin, and Delft. 1993 to 2001 editor of the journal ARCH+, focusing on architecture and urban design. Since 1999 she has been teaching architectural history, theory and architectural design at the Academy of Fine Arts in Stuttgart, and the universities Berlin, Groningen, and Innsbruck; since 2009 at the Academy of Fine Arts in Wien. Her research fields include: Architecture and urban design in the 20th century; architectural theory of 1960s and 70s; media and architecture; design methods in architecture. Selected publications include | Auswahl an Publikationen: Angelika Schnell, Von Janssen zu Rossi: Eine hochschulpolitische Affäre an der ETH Zürich, in: ARCH+ 215(2014), 18–25; Wat met geschiedenis bedoeld wordt – What is meant by history?, in: Oase 87(2012), 57–76; The mirror stage in the stadium: Medial spaces of television and architecture, in: Sybille Frank / Silke Steets, Stadium worlds. Football, space and the built environment (eds.), London: Routledge 2010, 98–113; The Socialist Perspective of the XV Triennale di Milano, in: Candide

2(2010), 33–71; Die Konstruktion des Wirklichen. Eine systematische Untersuchung der ge-
schichtstheoretischen Position in der Architekturtheorie Aldo Rossis, Stuttgart: Staatliche Akademie der Bildenden Künste Stuttgart 2009; De fantomen van Rotterdam, in: Wijnand Galema/
Piet Vollaard (eds.), Rotterdam herzien. 30 jaar architectuur, Rotterdam: 010 Publishers 2007,
36–51; Der Berg muss ein Buch werden. 10 Jahre S,M,L,XL, in: ARCH+ 175(2005/2006), 78–82.

Manuel Scholl, Professor für Städtebauliches Entwerfen an der Leibniz Universität Hannover
seit 2009; Diplom in Architektur an der ETH Zürich 1988, nach Auslandaufenthalten in USA, In-
dien und Spanien Teilhaber von agps architecture mit Prof. Marc Angélil und Sarah Graham seit
1992, Assistent und Wissenschaftlicher Mitarbeiter an der ETH Zürich 1994–1997, , Mitglied im
Bund Schweizer Architekten BSA seit 2002, Mitglied des Gestaltungsbeirats der Stadt Wolfsburg
seit 2013, ist tätig in den Bereichen Städtebau, Architektur und Objektgestaltung und interes-
siert sich im Speziellen für die integrale Betrachtung komplexer Gestaltungsprozesse. | **Manuel
Scholl**, professor of urban design at the Leibniz Universität Hannover since 2009; architecture
diploma at the ETH Zürich in 1988, he spent periods abroad in the US, India, and Spain before becoming a partner in agps architecture in 1992. Research assistant at the ETH Zürich 1994-1997,
member of the foundation board of the Ernst Schindler foundation Zürich since 1995. Member
of the Fédération des Architectes Suisses (FAS) since 2002 and of the municipal design advisory
committee of the city of Wolfsburg since 2013. He works in the fields of urban design, architecture, and object design and his main research interests include the integral consideration of
complex design processes. Selected publications include | Auswahl an Publikationen: agps/Ma-
nuel Scholl et.al., agps clues. Ausstellungskatalog, Berlin: Aedes 2012; agps architecture/Manuel
Scholl et.al. (eds.), Blickwechsel. 17 Kurzgeschichten über Architektur/Another Take, 17 Short
Stories on Architecture, Zürich: Scheidegger & Spiess 2011; Im offenen Raum, Manuel Scholl
und Andreas Sonderegger im Gespräch, in: Werk, Bau + Wohnen 10(2010) 4–11; Marc Angélil/
Manuel Scholl/Reto Pfenninger, Prozessorientiertes Projektieren, Entwerfen als interdisziplinäre Teamarbeit, in: Bauen in Stahl, Zürich: Schweizerische Zentralstelle für Stahlbau 1(1996).

Lara Schrijver ist Professorin für Architekturtheorie an der Universität Antwerpen und DAAD
Gastprofessorin am Architekturinstitut Dessau von 2013–2014. 2008–2013 war sie Fakultäts-
mitlied an der TU Delft. Schrijver war Mitorganisatorin der Konferenz ‚The Projective Landscape'
2006 in Delft, zehn Jahre lang Herausgeberin der Zeitschrift OASE und für vier Jahre Mitglied
im Beirat des Netherlands Fund for Architecture. Ihre Arbeiten wurden im Journal of Architecture, Footprint und Volume veröffentlicht. Forschungsschwerpunkte bilden Architekturtheorie,

Designtheorie und Architektur der 1960er und 70er. | **Lara Schrijver** is professor of architecture theory at the University of Antwerp, and DAAD Guest Professor at the Dessau Institute of Architecture in 2013–2014. From 2008–2013, she was a faculty member at Delft University of Technology. Schrijver co-organized the 2006 conference 'The Projective Landscape' in Delft, was an editor for OASE for ten years, and served four years on the advisory committee of the Netherlands Fund for Architecture. Her work has been published in the Journal of Architecture, Footprint, and Volume. Her research interests include architecture theory, design theory and architecture of the 1960s and 70s. Selected publications include | Auswahl an Publikationen: Deborah Hauptmann/Lara Schrijver (eds.), Footprint Delft Architecture Theory Journal 10/11(2012): Architecture Culture and the Question of Knowledge: Doctoral Research Today, Footprint , Delft: TU Delft; Lara Schrijver, Radical Games. Popping the bubble of 1960s architecture, Rotterdam: NAi Publishers 2009; Architecture. Projective, critical or craft?, in: Lehrstuhl für Theorie und Geschichte der modernen Architektur (ed.), Die Architektur der neuen Weltordnung, Bauhaus Kolloquium 2009, Weimar: Bauhaus-Universitätsverlag 2009, 353–367; Prina Avidar/ Lara Schrijver (eds.), Oase 66(2005): Virtually here. Space in cyberfiction, Rotterdam: NAi Publishers; Lara Schrijver (ed.) Oase 59(2002): Scratching the surface, Rotterdam: NAi Publishers.

Ullrich Schwarz studierte Germanistik und Soziologie in Hamburg. Promotion zum Begriff der ästhetischen Erfahrung bei Adorno, Benjamin und Mukarovsky (1981). 1984 wurde er Geschäftsführer der ‚Hamburgischen Architektenkammer'. Mitbegründer und seit 1993 organisatorischer Leiter des Hamburger Architektur Sommers. 1992 bis 1998 Gastprofessor für Architekturtheorie an der Hochschule für bildende Künste Hamburg. 2003/04 Vorsitzender des Fördervereins Bundesstiftung Baukultur. 2004 bis 2008 Leiter des Instituts für Architekturtheorie und Kunst- und Kulturwissenschaften, seit 2008 tätig an der HafenCity Universität Hamburg. Vorsitzender der Sektion Baukunst der Freien Akademie der Künste in Hamburg. | **Ullrich Schwarz** studied German philology and sociology in Hamburg. Doctorate on the idea of an esthetic experience in the works of Adorno, Benjamin, and Mukarovsky (1981). Director of the Hamburg Architectural Association since 1984. Co-founder and director of the 'Hamburg Architecture Summer' since 1993. 1992 to 1998 guest professor for architecture theory at the Academy of Fine Arts in Hamburg. 2003/04 president of the Friends of 'Federal Foundation of Baukultur'. 2004 to 2008 director of the Institute architecture theory, arts and cultural studies, since 2008 member of the HafenCity University Hamburg. President of the Architecture Section at the 'Freie Akademie der Künste' in Hamburg. Selected publications include | Auswahl an Publikationen: Christian Frederik Hansen und die Ar-

chitektur um 1800, München/Berlin: Deutscher Kunstverlag 2003; Neue Deutsche Architektur. Eine Reflexive Moderne, Ostfildern: Hatje Cantz 2002; Jahrbuch Ingenieurbaukunst in Deutschland, Hamburg: Junius Verlag 2001–2012; Martina Kögl/Ullrich Schwarz (eds.), Aura und Exzeß: Peter Eisenman. Zur Überwindung der Metaphysik der Architektur, Wien: Passagen Verlag 1995; Ullrich Schwarz (ed.), Risiko Stadt. Perspektiven der Urbanität, Hamburg: Junius Verlag 1995; Hartmut Frank/Ullrich Schwarz, Schriftenreihe des Hamburgischen Architekturarchives; Mitherausgeber des Jahrbuches Architektur in Hamburg (seit 1989).

Sophie Wolfrum studierte Raumplanung an der Universität Dortmund, absolvierte die Große Staatsprüfung Städtebau in Hessen, nach Verwaltungspraxis in Tansania und Deutschland seit 1989 Büro für Architektur und Stadtplanung mit Prof. Alban Janson. Seit 2003 Professorin für Städtebau und Regionalplanung an der TU München, seit 2011 Dekanin der Fakultät für Architektur. Mitglied der Deutschen Akademie für Städtebau und Landesplanung DASL. Mitglied von Gestaltungsbeiräten in Städten sowie des Beirats Wissenschaft und Zeitgeschehen des Goethe-Instituts. Forschungsschwerpunkte bilden Performativer und Architektonischer Urbanismus, StadtLandschaft, Stadt mit Eigenschaften. | **Sophie Wolfrum** studied spatial planning at the university of Dortmund and passed the state examination in urban design in 1984. Work experiences in administration in Tanzania and Germany. In 1989, she and Prof. Alban Janson founded their office for architecture and urban design. Since 2003 professor for urban design and spatial planning at the TU München. She has been the Dean of the Faculty of Architecture TUM since 2012. Member of the German Academy for Urban Regional Spatial Planning (DASL). Expert adjudicator on several juries. Main research areas include contextual and performative urbanism and cityscapes, urban landscape, the defining characteristics of a city (place, identity, image). Selected publications include | Auswahl an Publikationen: Sophie Wolfrum, Über Entwerfen. About Designing, in: Fakultät für Architektur (ed.), Jahrbuch Architektur TUM 2013, 7–11; Performativer Urbanismus. Ein Interview von Heinz Schütz mit Sophie Wolfrum, in: Urban Performance I. Paradigmen, in: Kunstforum 223(2013), 160–164; Sophie Wolfrum, Urban void. un | planbar, in: Hans-Georg Lippert et al. (eds.), Agora und Void. Die Inszenierung der Mitte in Architektur und Städtebau, Dresden: Thelem 2013, 149–158; Obdach, in: Deutsches Historisches Museum (ed.), Verführung Freiheit, Dresden: Sandstein 2012, 230–233; Sophie Wolfrum et al., Theodor Fischer Atlas. Städtebauliche Planungen München, München: Schiermeier 2012; Sophie Wolfrum/Winfried Nerdinger (eds.), Multiple City. Stadtkonzepte 1908 bis 2008. Katalog zur Ausstellung, Berlin: Jovis 2009.

'That being the case, the said work consists in recognizing the stable in the unstable, equilibrium in movement, the spinning top upright as it whirls around, the system stable even when it is animated by a variety of irregular rhythms – the invariant in variation.'

„Von daher besteht jene Arbeit darin, das Stabile im Instabilen zu erkennen, das Gleichgewicht in der Bewegung, den Kreisel, der aufrecht steht, auch wenn er um seine Achse rotiert, das System, das stabil bleibt, obwohl es durch Rhythmen mit diversen Ungleichheiten belebt wird, das Invariante in der Variation."

Michel Serres

REFERENZEN REFERENCES

ZITATE CITATIONS

KREATIVITÄT | WISSEN | CREATIVITY | KNOWLEDGE Herbert A. Simon, Die Wissenschaften vom Künstlichen, Berlin: Kammerer & Unverzagt 1990, 143 | Herbert A. Simon, The sciences of the artificial, 3. ed. Cambridge, MA: MIT Press 1996, 167 REFLEXIVES ENTWERFEN ? | REFLEXIVE DESIGN ? Übersetzung Margitta Buchert | John Zeisel, Inquiry by design, New York et al.: Norton 2006, 33 | Maurice Merleau-Ponty, Phänomenologie der Wahrnehmung, Berlin: De Gruyter 1966, 281 | Maurice Merleau-Ponty, Phenomenology of perception, London: Routledge 2012, 250 PRAKTIKEN | FACETTEN | PRACTICES | FACETS Übersetzung Felix Hoepner | Bruno Latour, Der Pedologenfaden von Boa Vista, in: Hans-Jörg Rheinberger et al. (eds.), Räume des Wissens. Repräsentation, Codierung, Spur, Berlin: Akademie Verlag 1997, 213–263, 218 FOKUS MODERNE | FOCUS MODERNITY Gilles Deleuze, Foucault, 7.ed. Frankfurt a. Main: Suhrkamp 2013, 169 | Gilles Deleuze, Foucault, Minneapolis: University of Minnesota Press 1988, 119 APPENDIX Michel Serres, Die fünf Sinne. Eine Philosophie der Gemenge und Gemische, Frankfurt a. Main: Suhrkamp 1998, 390 | Michel Serres, The five senses. A philosophy of mingled bodies, London et al.: Continuum 2008, 288

ABBILDUNGEN INDEX OF ILLUSTRATIONS

ALBAN JANSON: 1 Alban Janson/Florian Tigges, Grundbegriffe der Architektur. Das Vokabular räumlicher Situationen, Basel: Birkhäuser 2013, 68 2 ibid., 105 3 ibid., 100 4 ibid., 140 5 ibid., 106 6 ibid., 156 7 ibid., 347 CHRISTOPH GRAFE: 1 Christoph Grafe 2 Christoph Kuhr 3 Iris Müller-Westermann et al. (eds.), The Pontus Hultén Collection, Stockholm: Moderna Museet 2004, 141 4 ibid., 143 5 ibid., 390 6 ibid., 407 7 Peter Celsing, Celsing Archive, Stockholm, fotografiert von Christoph Grafe 8 id. 9 id. 10 id. 11 id. 12 Christoph Kuhr WOLFGANG JONAS: 1|2|5 Wolfgang Jonas 3 Jürgen Gausemeier/Alexander Fink/Oliver Schlake, Szenario-Management: Planen und Führen mit Szenarien. München Wien: Carl Hanser Verlag 1996 4 Wolfgang Jonas, in: Design Issues 17(2001)/2, 78 ANGELIKA SCHNELL: 1 Centro Internazionale di Studi Architettura Andrea Palladio, Royal Academy of Arts (ed.), Palladio. Ausstellungskatalog, Venedig: Marsilio Editori 2012, 369 2 Frédéric Migayrou (ed.), La Tendenza. Architectures Italiennes 1965–1985, Ausstellungskatalog, Paris: Éditions du Centre Pompidou 2012, 6 3 Rem Koolhaas, Delirious New York, Aachen: ARCH+-Verlag 1999, 253 4 id., in: ARCH+ 132(1996), 61 5|7 Romana Prokop 6|9 Angelika Schnell 8 Avin Fathulla MANUEL SCHOLL: 1 Manuel Scholl 2 Robin Zeidler 3 Jakob Grelck 4 Manuel Scholl 5 Jakob Grelck, Vera Kiegeland, Victoria Schmidt, Felicia Steiner 6 Jakob Grelck 7 Robin Zeidler 8 Felicia Steiner LARA SCHRIJVER: 1 Turner Entertainment Co., Filmstill aus: The Fountainhead, 1949, in: Dietrich Neuman (ed.), Filmarchitektur. Von Metropolis bis Blade Runner, München, New York: Prestel 1996, 131 2 Sidney Harris, 2006, in: www.sciencecartoonsplus.com 3 Robert Venturi/Denise Scott Brown, Venturi, Scott Brown & Associates, On houses and housing, London: Academy Editions 1992, 65 4 Oswald Mathias Ungers et al., Die Stadt in der Stadt. Berlin das Grüne Stadtarchipel, Köln: Studioverlag für Architektur L. Ungers 1977, 24 5 Eugène Emmanuel Viollet-le-Duc, Entretiens sur l'Architecture, 1872 in: id., Discourses on Architecture, Bd. | vol. 2, Benjamin Bucknall, transl., Boston: Ticknor and Co., 60 6 Barend van der Meulen et al., Evaluating research in context. Pilot study at the Faculty of Architecture TU Delft. Final report, The Hague: Rathenau Institute 2010 SOPHIE WOLFRUM: 1|4|5|10|11 Sophie Wolfrum, vgl. auch | cf. Erika Fischer-Lichte, Ästhetik des Performativen, Frankfurt a. Main: edition suhrkamp 2004; Erika Fischer-Lichte, Performativität. Eine Einführung, Bielefeld: transcript Verlag, 2012 2|9 Markus Lanz 3|6–7|12 Sophie Wolfrum

Impressum

© 2014 by jovis Verlag GmbH
Das Urheberrecht für die Texte liegt bei den Autoren.
Text by kind permission of the authors.
Das Urheberrecht für die Abbildungen liegt bei den Fotografen/Inhabern der Bildrechte.
Copyright for all images reside with the photographers/holders of the picture rights.

Alle Rechte vorbehalten. All rights reserved.

Herausgeber Editor: Margitta Buchert,
Architektur und Kunst 20./21. Jahrhundert, Architecture and Art 20th | 21st Centuries
Leibniz Universität Hannover Leibniz University Hanover,
http://www.igt-arch.uni-hannover.de/a_ku

Übersetzungen Translations: Lynne Kolar-Thompson, Stephanie Rupp
Gestaltung Design: Margitta Buchert, Julius Krüger, Hannover
Satz Setting: Julius Krüger, Hannover
Lithographie Lithography: Bild1Druck, Berlin
Druck und Bindung Printing and Binding: GRASPO CZ, a.s., Zlín
Bibliographische Information der Deutschen Bibliothek Bibliographic information
published by the Deutsche Nationalbibliothek
Die Deutsche Nationalbibliothek verzeichnet diese Publikation in der Deutschen National-
bibliographie; detaillierte bibliographische Daten sind im Internet über http://dnb.ddb.de
abrufbar.
The Deutsche Nationalbibliothek lists this publication in the Deutsche Nationalbiblio-
grafie; detailed bibliographic data are available on the Internet at http//dnb.d-nb.de.

jovis Verlag
Kurfürstenstraße 15/16
10785 Berlin

www.jovis.de

ISBN 978-3-86859-298-6